权威·前沿·原创

皮书系列为
"十二五""十三五""十四五"时期国家重点出版物出版专项规划项目

BLUE BOOK

智库成果出版与传播平台

中原科技学院、许昌市城乡融合共同富裕发展研究院联合组织编写

许昌蓝皮书
BLUE BOOK OF XUCHANG

许昌发展报告
（2024~2025）

ANNUAL REPORT ON DEVELOPMENT OF XUCHANG
(2024-2025)

加快构建城乡融合发展新格局

Accelerate the Construction of a New Pattern of
Urban–rural Integration Development

主　编／李香枝　赵　健
副主编／李淮嵩　王建国

社会科学文献出版社
SOCIAL SCIENCES ACADEMIC PRESS (CHINA)

图书在版编目（CIP）数据

许昌发展报告 . 2024~2025：加快构建城乡融合发
展新格局 / 李香枝，赵健主编 . -- 北京：社会科学文
献出版社，2024.12 . --（许昌蓝皮书） . -- ISBN 978
-7-5228-4812-9

Ⅰ . F127.613

中国国家版本馆 CIP 数据核字第 2024PM4924 号

许昌蓝皮书

许昌发展报告（2024~2025）
——加快构建城乡融合发展新格局

主　　编／李香枝　赵　健
副 主 编／李淮嵩　王建国

出 版 人／冀祥德
组稿编辑／任文武
责任编辑／丁　凡　郭　峰
责任印制／王京美

出　　版／社会科学文献出版社·生态文明分社 （010）59367143
　　　　　地址：北京市北三环中路甲 29 号院华龙大厦　邮编：100029
　　　　　网址：www.ssap.com.cn
发　　行／社会科学文献出版社 （010）59367028
印　　装／天津千鹤文化传播有限公司

规　　格／开 本：787mm×1092mm　1/16
　　　　　印 张：20　字 数：300 千字
版　　次／2024 年 12 月第 1 版　2024 年 12 月第 1 次印刷
书　　号／ISBN 978-7-5228-4812-9
定　　价／128.00 元

读者服务电话：4008918866
▲ 版权所有 翻印必究

许昌蓝皮书编委会

主　任　李香枝　赵　健

副主任　仉建涛　李淮嵩　王建国

委　员　邵书峰　高新战　杜建松　左丽娟　杨新新
　　　　赵俊伟　张东初　冯　蔚　赵　妤　张　瑾
　　　　易雪琴　金　东　赵中华　王志勇　付显随
　　　　庞　政　王长煜　王曼琳　周颖杰　王利朋
　　　　朱　媛　孙中叶　赵芳鋆

主要编撰者简介

李香枝　中原科技学院创始人、理事长，北京大学高级管理硕士，河南省政协第十届、十一届、十二届委员，河南省"十大女杰"、"三八"红旗手、先进教育工作者、"十大巾帼创业之星"，首届"郑州慈善大奖"最具影响力爱心个人，2008 年北京奥运会火炬手。

赵　健　中原科技学院校长、管理学博士、教授。出版学术专著 6 部，主持完成省级以上课题 3 项，发表论文 70 余篇，其中在核心期刊发表 20 余篇，获得省部级科技成果奖、省部级优秀成果奖 5 项。

摘　要

2024 年是全面贯彻党的二十大精神和"十四五"规划推进即将进入收官阶段的关键一年。河南省委、省政府赋予许昌市把城乡融合发展试验与共同富裕试点结合起来、探索符合河南实际的共同富裕路径的重大使命。许昌保持战略定力，坚定发展信心，以时不我待的使命感、只争朝夕的紧迫感，坚定不移地以城乡融合共同富裕先行试验区建设引领经济社会高质量发展，着力释放内需潜力、提升创新能力、培育发展动力，推动全市经济社会发展不断取得新成绩。

当前，世界百年未有之大变局加速演进，新一轮科技革命和产业变革持续深入，经济发展的底层逻辑、技术路线、组织形态都发生深刻转变，我国经济社会结构面临深度调整，建设社会主义现代化国家面临诸多机遇和挑战。河南省委、省政府提出要以"前瞻 30 年的眼光"进行谋划布局，深入实施"十大战略"，确保实现高质量建设、高水平现代化河南的奋斗目标。当前和今后一个时期，许昌的发展仍处于重要的战略机遇期，但同时面临的机遇和挑战都有了新变化。

未来，许昌以城乡融合共同富裕先行试验区建设引领高质量发展，有必要全面把握当前国际国内发展的宏观形势，准确识变、科学应变、主动求变，以更明确的思路、更清晰的导向、更有效的政策、更有力的举措谋划发展，不断推动经济社会发展迈上新台阶，全面推进中国式现代化建设许昌新实践，奋力谱写新时代中原更加出彩的许昌新篇章。

基于这样的背景，《许昌发展报告（2024~2025）》以加快构建城乡融

合发展新格局为主题，系统、全面地研究和探讨了许昌以城乡融合共同富裕先行试验区建设引领经济社会高质量发展的现实基础、经验做法、面临形势、推进思路和对策建议。

《许昌发展报告（2024~2025）》的总报告以《以城乡融合共同富裕先行试验区建设引领高质量发展——2024~2025年许昌经济社会发展形势分析与展望》为题，系统梳理研究了2024年许昌经济社会发展的做法与成就，对2025年许昌以城乡融合共同富裕先行试验区建设引领高质量发展面临的环境和未来需要关注的重点问题进行了分析和展望，提出了2025年加快推动许昌经济社会高质量发展的总体思路和对策建议。其他专题报告分别聚焦城乡要素流动、城乡产业协同、城乡基本公共服务均等化、城乡建设等方面，进一步提出了许昌以城乡融合共同富裕先行试验区建设引领高质量发展、推进中国式现代化建设许昌新实践的努力方向和政策建议。

关键词： 城乡融合　共同富裕　高质量发展　许昌

目 录 ⑤

Ⅰ 总报告

Ⅱ 城乡要素流动篇

Ⅲ 城乡产业协同篇

Ⅳ　城乡基本公共服务均等化篇

Ⅴ　城乡建设篇

皮书数据库阅读**使用指南**

总 报 告

B.1

以城乡融合共同富裕先行试验区建设
引领高质量发展

——2024~2025 年许昌经济社会发展形势分析与展望

中原科技学院、许昌市城乡融合共同富裕发展研究院联合课题组*

摘　要：　2024 年是全面贯彻党的二十大精神和"十四五"规划推进即将进入收官阶段的关键一年。许昌坚持以城乡融合共同富裕先行试验区建设引领经济社会高质量发展，推动经济运行保持稳中向好、创新动能加速集聚、制造业强市名片不断擦亮、改革开放全面深化、城乡融合发展水平进一步提升、生态环境持续改善、民生事业全面进步。当前，世界百年未有之大变局加速演进，新一轮科技革命和产业变革持续深入，经济发展的底层逻辑、技术路线、组织形态都发生深刻转变，许昌发展形势发生深刻变化，同时面临培育发展新质生产力、持续塑造区域发展新坐标、提振发展信心预期、全面

---

* 课题组组长：赵健，中原科技学院校长、教授，研究方向为区域经济、精益管理。课题组成员：李淮嵩、付显随、王金阳、张开、李晗冰、刘庆鹤、王建国、易雪琴、金东、赵中华。执笔：王建国、易雪琴、金东、赵中华。

绿色转型、增强发展韧性等新任务。未来一段时期，许昌以城乡融合共同富裕先行试验区建设引领经济社会高质量发展，必须做好五个方面的统筹，从加快构建新型城乡关系、推进开放创新、实施先进制造引领战略、推进文旅深度融合、提高人民生活品质、推进全面绿色发展等方面着力，努力走出一条具有许昌特色的现代化之路。

关键词： 城乡融合共同富裕先行试验区　高质量发展　经济社会发展许昌

　　城乡融合是城乡关系的高级形态，也是中国式现代化的重要标志和促进共同富裕的必由之路。党的二十届三中全会提出，要完善城乡融合发展体制机制，促进城乡共同繁荣发展。作为一项带有根本性和全局性的战略任务，推进城乡融合发展是破除城乡二元结构、拓展高质量发展空间的必然要求，具有深刻的时代背景和深远的历史意义。近年来，许昌紧紧抓住国家城乡融合发展试验区建设机遇，围绕城乡融合发展不断开展改革探索，并取得了阶段性成效，对城乡关系规律的认识进一步深化，城乡工农关系持续改善。河南省委、省政府在 2022 年 11 月印发了《关于支持许昌高质量建设城乡融合共同富裕先行试验区的意见》，明确提出支持许昌将城乡融合发展试验与共同富裕试点结合起来，探索符合河南实际的共同富裕路径。对许昌而言，在新的历史起点上加快推进城乡融合共同富裕先行试验区建设，不仅有助于缩小城乡差距，促进社会公平与和谐，也是培育新动能新优势、实现高质量发展的关键所在。当前，外部环境变化带来的不利影响因素较多，居民消费和企业投资的意愿仍不够高，许昌经济持续回升向好的基础尚不牢固，新旧动能转换存在阵痛。面对发展中、转型中存在的各类问题和挑战，许昌需要保持战略定力，坚定发展信心，坚决肩负起高质量建设城乡融合共同富裕先行试验区的重大任务，以先行试验区建设引领和统揽经济社会发展全局，从政策、产业、人才等方面全面发力，打好改革发展组合拳，全面开创许昌社会主义现代化建设新局面。

一 许昌以城乡融合共同富裕先行试验区建设引领
高质量发展的新进展与新成效

许昌坚持以高质量建设城乡融合共同富裕先行试验区统揽经济社会发展全局，以时不我待的使命感、只争朝夕的紧迫感，坚定不移推动高质量发展，着力释放内需潜力、提升创新能力、培育发展动力，推动全市经济社会发展不断取得新进展。

（一）"现象级"消费持续走热，经济运行保持稳中向好

内需市场分别连接着产业发展和社会民生，是经济高质量发展的重要依托。为了提振内需、扩大消费，许昌坚持稳字当头、稳中求进，心无旁骛抓发展、全力以赴拼经济、集中精力抓项目，出台一揽子稳增长促消费的政策措施，并以建设国家城乡融合发展试验区和城乡融合共同富裕先行试验区为契机，对标对表城乡融合共同富裕重点工作体系，积极推进改革、统一布局空间、协同发展产业、同步提升品质，发展的规模和速度实现合理增长，全市经济社会发展迈出坚实步伐、取得明显成效。围绕家具家电、百货零售、餐饮文娱、汽车消费等多个领域，许昌持续开展发放消费券、汽车类补贴、激活夜经济等消费促进活动。重点企业零售额实现大幅增长，胖东来集团作为全市零售市场的商贸龙头企业，充分发挥市场引领作用，"超级 IP"吸引力持续爆棚，带动"吃住行游购娱"多种业态的全城消费热潮。2024 年 1~10 月，许昌全市社会消费品零售总额完成 1214.3 亿元，同比增长 8.1%，增速位居全省前列。其中，批发和零售业零售额与住宿和餐饮业零售额分别为 994.7 亿元、219.6 亿元，同比增长 8.0%、8.4%。① 特别是胖东来集团的引流作用表现强劲，例如在 2024 年"五一"假期，胖东来天使城、生活

---

① 《2024 年 1–10 月全市主要经济指标运行情况》，许昌市人民政府，https://www.xuchang.gov.cn/xcsrmzfsjfb/037002/20241122/f7a5283e–a03c–4870–a496–33fcd2186866.html，最后检索时间：2024 年 11 月 22 日。

广场、时代广场等 3 家门店日均客流量突破 31 万人次，创造历史新高。在胖东来"商超流量"的带动下，来许昌旅游团、研学团持续增加，全市限额以上单位消费品及住宿、餐饮服务消费保持高速增长态势。

同时，许昌把项目建设作为经济工作主抓手，围绕十大产业集群和 16个重点产业链，谋划包装一批符合产业政策、市场前景广阔的优质项目，以高质量项目支撑许昌高质量发展。2024 年 1~9 月，全市 373 个省、市重点项目完成投资 1355 亿元，占年度投资计划的 86.5%。① 2024 年 1~10 月，全市固定资产投资同比增长 8.9%，第二产业增长 37.4%；规模以上工业增加值同比增长 7.5%，其中，装备制造、烟草及食品、发制品三大优势产业增长 2.2%，建材、化工、轻纺三大传统产业增长 13.4%，经济发展保持"稳中向好、稳中提质、稳中蓄势"的态势，主要经济指标"双过半"目标任务总体实现。②

（二）创新动能加速集聚，制造业强市名片不断擦亮

许昌深入贯彻"创新驱动、科教兴省、人才强省"战略，开展创新载体平台跨越行动，强化创新主体培育工作力度，积极推进产业链创新链深度融合，大力引进和培育各类创新高端人才，不断优化创新创业生态。2021~2023 年，全市拥有国家高新技术企业分别为 297 家、390 家、475家，科技型中小企业分别为 758 家、983 家、1304 家，均保持快速增长势头。③ 截至 2024 年 3 月，全市规上工业企业研发活动覆盖率提升至71.85%，明显高于全省平均水平。④ 为加快集聚产业紧缺人才，许昌大力

---

① 《许昌市 373 个重点项目建设整体进展顺利》，许昌广播电视台，http：//www.xcdt.cn/newsDetail？id=64537，最后检索时间：2024 年 11 月 2 日。
② 《2024 年 1－10 月全市主要经济指标运行情况》，许昌市人民政府，https：//www.xuchang.gov.cn/xcsrmzfsjfb/037002/20241122/f7a5283e－a03c－4870－a496－33fcd2186866.html，最后检索时间：2024 年 11 月 22 日。
③ 《许昌市"万人助企联乡帮村　我们在行动"新闻发布会工作综述》，https：//www.sohu.com/a/765438340_121106991，最后检索时间：2024 年 8 月 14 日。
④ 《许昌：科技创新增动能　培育新质生产力》，https：//baijiahao.baidu.com/s？id=1793796236532944038&wfr=spider&for=pc，最后检索时间：2024 年 8 月 14 日。

实施"许昌英才计划"3.0版,围绕16条重点产业链编制并发布人才需求目录,吸引高层次人才到许昌创新创业,培育中原学者、中原科技创新领军人才、中原科技创业领军人才等"中原英才计划"科技领军人才19人,居全省第4位。为创新科技金融模式,设立许昌市科技成果转化引导基金,启动开展"许科贷"业务,积极打造产业链、创新链、政策链、资金链相互融合的创新生态。

许昌市坚持把制造业高质量发展作为发展之基、立市之本,积极推进新旧动能接续转换,加快建设现代化产业体系,促进经济转型升级,产业发展综合实力实现稳步提升,新质生产力加快崛起。智能电力装备产业规模突破1400亿元、成功入选国家创新型产业集群,[①] 节能环保产业产值突破千亿元,被纳入国家首批战略性新兴产业集群,硅碳新材料产业成功入选国家级中小企业特色产业集群和河南省战略性新兴产业集群。制造业高端化、智能化、绿色化发展取得新成效,超硬材料产业链纳入国家锻长板重点产业链,许继仪表项目入选国家工业互联网试点示范项目。为了充分发挥市场主体的主力军作用,特别是发挥头部企业的示范带动作用,许昌将培育优质企业放在突出位置,深入开展"万人助万企"活动,以服务企业高质量助力企业发展高质量,推动龙头企业做大做强,进一步提升广大中小企业发展质效。许继电气股份有限公司等5家企业被评为2024年河南省制造业"头雁"企业,河南黄河旋风股份有限公司等4家企业上榜2024年河南省制造业单项冠军企业名单。许昌民营经济持续领跑全省,2023年全市民营企业数量达到12.6万家,全市民间投资占投资总量的61.9%,[②] 促进民间投资的经验做法被国家发改委宣传推广。农业强市建设迈出坚实步伐,创建省级现代农业产业园5个、国家级农业产业强镇5个,市级以上农民合作社示范社达117家、示范家庭农场达284家。[③]

---

① 《许昌市电力装备产业集群规模突破1400亿元》,https://www.henan.gov.cn/2023/03-20/2710440.html,最后检索时间:2024年8月14日。
② 《2023年许昌市国民经济和社会发展统计公报》。
③ 2024年许昌市《政府工作报告》。

（三）改革开放全面深化，对德合作跑出"加速度"

开放是实现高质量发展的必由之路，许昌依托各类开放平台扩大更高水平开放，深入推进开放提质，提升开放平台能级、对外贸易水平和招商引资实效，持续拓展发展空间，内陆开放新高地建设取得新突破。2021~2023年，全市进出口总值分别达到254.6亿元、259.5亿元、271.6亿元，实现稳步增长。2024年，许昌支持保税物流中心（B型）、市场采购贸易试点等开放平台不断开拓新业务，积极推进市场采购、保税仓储、跨境电商等业务发展，助力企业开拓国际市场。2024年上半年，许昌进出口总值为117.2亿元，在全省居第4位，其中，出口值为106.5亿元，居全省第2位，以一般贸易方式进出口93亿元，增长3.5%。许昌发制品规模逐步扩大，2024年上半年发制品出口84亿元，居全省第1位，增长7.6%，占出口总值的78.9%，全球每10顶假发中有6顶来自许昌。①跨境电商蓬勃发展，创建省级跨境电商示范园区2个，省级跨境电商人才培养暨企业孵化平台1个，省级电商示范基地4家。对德国合作硕果累累，中德（许昌）产业园入选全省首批国际合作园区，累计落地对德（欧）合作项目70个，德国百菲萨电炉炼钢除尘灰项目、德国普赫姆汽车排气系统生产基地项目相继竣工投产。

许昌坚持把全面深化改革作为推进中国式现代化许昌实践的根本动力，认真学习贯彻党的二十届三中全会精神，当好改革促进派和改革实干家，以钉钉子精神抓好改革落实。在开发区改革方面，拓展提升开发区改革效能，推动形成市场主导、政府支持、高效运转的开发区管理运营体制，襄城县先进制造业开发区以及长葛经济技术开发区在河南开发区高质量发展考核评价中位居第一方阵。在营商环境优化方面，聚焦群众和企业办事痛点、难点、堵点问题，以"高效办成一件事"为牵引，积极推进政策服务免申办、容缺事项承诺办、关联事项集成办以及异地事项跨域办，

---

① 《上半年许昌市进出口117.2亿元　出口值居全省第2位》，https：//www. henan. gov. cn/2024/08-12/3035098. html，最后检索时间：2024年8月14日。

统筹推进线下"一窗受理"、线上"一网通办",不断推出一系列多领域、全链条、广覆盖的政务服务利企便民举措。市级政务服务事项中有多达2087项实现了"不见面审批",2115项实现了"最多跑一次",成功创建河南唯一的"政务服务线上线下融合和向基层延伸"国家试点城市,多个行政审批案例获得国家和省、市表彰。同时,许昌的乡镇(街道)综合行政执法改革、教育综合改革、医药卫生体制改革、中心城区巡游出租汽车改革等也走在了全省前列。

(四)郑州、许昌一体化深入推进,城乡融合发展水平不断提升

许昌全面落实国家城乡融合发展试点任务,城乡区域协同共进,发展的协调性和平衡性不断增强。成功创建农村产权流转交易市场规范化整市试点,"全国农村承包土地经营权抵押贷款试点"的经验做法得到国家发改委推广,长葛市被列为全国深化农村集体经营性建设用地入市试点。许昌在探索城乡融合发展新模式方面取得积极进展,入选河南省经济体制改革十大案例。许昌坚持问题导向、目标导向,一体化开展城市体检、城市更新专项规划编制、城市更新项目谋划等工作,专门出台《关于加快城市更新行动的实施意见》《关于金融支持城市更新行动的意见》等政策文件,把城市更新行动细化为片区改造,指导各县(市、区)一体谋划、分步实施,城市更新工作取得显著成效。魏都区"再见三国"区域更新、襄城县明清古街修复改造、城乡一体化示范区中央公园片区提升更新等项目成功入选全省城市更新示范项目。在2024年5月22日召开的河南省城市体检、城市更新规划编制工作推进会上,许昌市城市体检、城市更新规划经验进行了专题分享。农村人居环境整治提升行动走深走实,长葛市促进乡村产业振兴、改善农村人居环境工作获国务院督查激励表扬。城乡基本公共服务优质均衡发展,建成县域医共体8个,文化馆、图书馆、文化馆乡镇分馆基本实现覆盖。

郑州、许昌(以下简称郑许)一体化发展步伐加快,以许港产业带为特色的产业对接,以花木之乡为名片的生态对接,以郑州航空港经济综合实验区等国家战略为机遇的平台对接扎实推进。根据2024年5月获批的

《许昌市国土空间总体规划（2021—2035年）》，未来一段时期，许昌要从空间协同、互联互通、产业协作、生态共建、文化共融、平台对接六个维度，推动郑许一体化发展，推进许昌深度融入郑州都市圈。许昌积极承接航空港区产业辐射和溢出，加强郑许产业链接与分工协作，推动长葛市纳入郑州航空港区联动区，长葛临港副城、大周临港产业联动组团和东扩区临许产业联动组团加快建设，致力于将许港先进制造业板块融入都市圈产业体系。同时，许昌把交通对接作为郑许一体化发展的先导性工程，以长葛为节点，同步规划建设轨道交通、高速公路、城际快速路、干线公路等项目，着力构建郑许一小时通勤圈。目前郑许市域铁路已经通车运营，以"川"字形高铁线、"米"字形高速公路网为支撑的快捷立体交通体系构建完成，郑许一小时通勤圈全面形成，郑许两地居民"双城记"生活正式拉开帷幕，郑许间的时空、心理距离进一步拉近。

（五）生态环境持续改善，"美丽许昌"画卷渐次展开

围绕"生态强市"建设，许昌坚持以改善环境质量为工作重点，统筹推进绿色低碳转型、环境污染治理、生态系统保护、生态经济发展、环境风险防控、"无废城市"建设等工作，生态环境质量总体保持稳定，天蓝、地绿、水清逐渐成为城市的新常态，生态文明建设展现出新面貌。

在污染防治方面，修订发布《许昌市重污染天气应急预案》和《中心城区大气污染防治精细化管理实施方案》，制定《企业绿色化改造三年行动方案》，积极开展空气质量持续改善行动，统筹抓好秸秆焚烧、扬尘污染、散煤燃烧等重点领域污染防控，持续推进水生态环境治理修复，不断加强土壤污染风险管控。从成效来看，大气环境质量稳定向好，PM2.5、PM10、二氧化硫、一氧化碳、臭氧、空气质量综合指数、重污染天数等观察指标得到明显改善；土壤生态环境质量总体保持安全稳定，重点建设用地的安全利用监管得到有效加强，受污染耕地的安全利用率达到100%；国家考核的地表水水质监测断面水质均达到Ⅲ类及以上水平，省级考核的河流断面水质为Ⅳ类，均达到相应考核目标要求，市区、县城建成区黑臭水体实现动态清

零。作为全国首批"无废城市"建设试点，许昌坚持高标准、高质量推进"无废城市"建设，支持发展"无废产业"，固体废物源头减量、资源化利用及无害化处置取得显著进展。在建筑垃圾管理和资源化利用、再生金属产业循环利用、"无废文化"传承、"无废经济"市场体系建设等方面开展了卓有成效的探索，相关经验做法在全国推广。绿色制造方面，许昌不断加快绿色科技创新和先进绿色技术推广应用，积极打造绿色制造业产业链群，化工材料产业链、绿色建筑材料产业链、绿色低碳电力产业链成功入选河南省绿色制造业产业链群培育名单，实现国家级绿色工厂、绿色园区、绿色设计产品、绿色供应链"四绿"全覆盖，绿色发展的基础得到进一步夯实。

（六）社会事业全面进步，民生福祉保障坚实有力

许昌深入践行以人民为中心的发展思想，把提高人民生活品质摆在为民造福的突出位置，不断实现人民对美好生活的向往，在强化就业优先导向、办好人民满意教育、完善社会保障体系、推进健康许昌建设等方面锚定目标、持续发力，不断增强人民群众的幸福感、获得感。

社会民生事业全面发展，人民生活水平和质量持续提升。许昌紧紧围绕群众关心关切的民生难题，对症下药，精准施策，着力补齐民生短板、托住民生底线，民生领域的财政支出占一般公共预算支出的比重常年保持在70%以上。坚持把就业作为最大的民生工程、民心工程，围绕高校毕业生、退役军人、农民工等重点群体就业，有针对性地开展职业指导、岗位推荐、技能培训，动态消除城镇"零就业"家庭，在促进就业上努力实现质的有效提升和量的合理增长。2024年1~9月，许昌全市城镇新增就业人数为4.39万人，失业人员再就业人数为0.9万人，就业困难人员实现就业人数为0.31万人，分别完成河南省定目标任务的90.3%、93.6%、101.5%。[①]"人人持证、技能河南"建设深入推进，技能人才达75.91万人。[②] 持续落

---

① 《让"最基本的民生"稳定如磐》，http://www.21xc.com/content/202411/11/c525163.html，最后检索时间：2024年11月27日。

② 2024年许昌市《政府工作报告》。

实"双减"政策,课后服务实现义务教育学校全覆盖。扎实开展 2024 年全民数字素养与技能提升月活动,组织全市医疗机构通过微信、支付宝小程序等数字化手段,为患者提供线上建档、预约挂号等服务,借助互联网医院开展在线问诊、药品配送、用药咨询、健康咨询、慢病复诊等便民惠民措施,更好地满足群众多层次、多样化医疗服务需求。市域综合医改、县域医共体建设等创新做法在全省推广,深化医药卫生体制改革获得国务院督查激励表扬。城市适老化改造积极推进,县(市、区)、街道、社区养老服务设施实现全覆盖。此外,许昌出台实施一系列惠民富民政策措施,推动城乡居民收入较快增长,收入结构不断改善。2023 年,许昌全市居民人均可支配收入 31685.0 元,比上年增长 4.5%,其中,城镇居民人均可支配收入 39537.9元,同比增长 3.4%,农村居民人均可支配收入 24228.2 元,同比增长 6.7%。①

许昌坚持底线思维,注重统筹发展和安全,不断推动高质量发展和高水平安全良性互动。扎实做好"保交楼"工作,有力有效化解房地产领域涉稳突出矛盾问题风险,新批准预售面积继续增长,房地产投资和可售面积总体保持稳定。禹州、长葛、鄢陵、襄城等县市入围全国债务置换试点,偿债压力得到有效缓解。积极推动农信社不良贷款集中清收,坚决守住了不发生系统性区域性金融风险的底线。开展重大事故隐患专项排查整治,全市安全生产形势总体平稳。坚持和发扬"枫桥经验",用心用情用法化解了一大批信访难案积案,扫黑除恶斗争常态化推进,社会大局保持稳定。

二 许昌以城乡融合共同富裕先行试验区建设引领 高质量发展面临的新形势与新任务

当前,世界"百年变局"加速演进,科技革命和产业变革持续深入,

---

① 《2023 年许昌市国民经济和社会发展统计公报》。

经济发展的底层逻辑、技术路线、组织形态都发生深刻转变，我国经济社会结构面临深度调整，建设社会主义现代化国家面临诸多的机遇和挑战。河南省委、省政府提出要以"前瞻 30 年的眼光"进行谋划布局，深入实施"十大战略"，确保实现"高质量建设、高水平现代化河南"的奋斗目标。未来一个时期，许昌仍将处于重要的发展战略机遇期，但同时面临新的机遇和挑战。今后一个时期，许昌以城乡融合共同富裕先行试验区建设引领高质量发展，有必要全面把握当前国际国内发展的宏观形势，准确识变、科学应变、主动求变，以更明确的思路、更清晰的导向、更有效的政策、更有力的举措谋划发展，不断推动经济社会发展迈上新台阶。

（一）新一轮科技革命和产业变革持续深入，培育发展新质生产力成为加速动能转换的关键变量

当前，新一轮科技革命和产业变革突飞猛进，发展的动力从传统要素投入驱动转向了创新驱动，推动经济社会发展的形态更趋高级、分工更趋优化、结构更趋合理，未来一段时期将是新旧发展动能转换的窗口期、突破期。

在科技革命方面，全球科技创业浪潮已从互联网、移动互联网进入"硬科技"阶段，跨学科创新成果、颠覆性技术层出不穷，一些重要科学问题和关键核心技术显现革命性突破先兆，多学科、多技术和多领域交叉融合创新趋势更加明显，不同领域的新技术相互渗透、互为支撑。预计"十五五"时期在人工智能、量子计算、6G 通信技术、生物技术、可再生能源等领域有可能取得一些革命性的技术突破，进而成为全球新一轮产业竞争的制高点与经济发展的新增长点。

在产业变革方面，新一代信息技术、生命科学、新能源等领域的颠覆性迭代性技术催生了诸多新产业新业态新模式，脑科学、量子计算和材料基因组等前沿科技领域展现重大应用前景，绿色低碳、节能环保等方面新标准新规制推动了生产和消费加速转型，平台经济、流量经济等新经济业态全面"登堂入室"，跨界融合、平台化、生态化成为未来产业发展的重要特征，这些特征变化范围之广、程度之深、影响之大前所未有。

习近平总书记在中共中央政治局第十一次集体学习时强调，发展新质生产力是推动高质量发展的内在要求和重要着力点，并多次强调要以科技创新引领产业创新，培育和发展新质生产力。可以预见，新质生产力将是未来新一轮重大生产力布局的聚焦点。河南将创新驱动、科教兴省、人才强省战略作为"十大战略"之首，出台了《河南省创新驱动高质量发展条例》等一系列支持创新的政策举措，推动创新发展全面起势，为河南培育新质生产力、推动高质量发展提供强劲动力。

未来一个时期，许昌以城乡融合共同富裕先行试验区建设引领高质量发展，应将发展重心聚焦创新驱动高质量发展、加快形成新质生产力，系统谋划借助新一轮科技革命成果进军新产业空间、新发展赛道，以及以科技创新引领产业创新进而实现产业转型升级，着力解决科技创新能力不足与创新引领产业转型能力不足并存、传统支柱产业转型动力迟缓与新兴产业支撑能力偏弱并存的问题，以培育发展新质生产力加速推动新旧动能转换实现质的突破，在推动经济整体素质明显提升上赢得主动。

（二）全方位区域竞争愈演愈烈，持续放大战略平台叠加红利将是塑造区域特色的重要抓手

党的十八大以来，国家和河南省一系列重大发展战略深入实施，为许昌发展带来了诸多的战略机遇和政策红利。

首先，郑州都市圈发展迈入新阶段。2023年10月，《郑州都市圈发展规划》正式获得国家发展改革委批复，郑州都市圈成功跻身国家级都市圈行列，许昌作为郑州都市圈"核心区"的支点城市，在都市圈中的功能定位变得更为重要，这给许昌带来了难得的历史发展机遇。但同时，从现有国家级都市圈来看，广州、深圳都市圈中的佛山、东莞等核心支点城市已与广州、深圳实现了产业、科技、要素、基础设施、体制机制等方面的深度一体化并跻身万亿俱乐部城市，长沙、武汉都市圈中的株洲、黄石等核心支点城市也与长沙、武汉实现了深度同城化，郑州都市圈的发展与其他先进地区都市圈相比还存在明显差距。2024年河南省《政府工作报告》明确提出要提

升郑州都市圈协同发展力，同时强调要深化郑许一体化发展。在新阶段，如何深度推进郑许一体化以充分发挥许昌作为都市圈核心支点城市的功能作用，需要进一步谋划。

其次，城乡融合共同富裕先行试验区建设深入推进。2019年12月许昌获批国家城乡融合发展试验区；2022年11月河南省委、省政府出台相关意见支持许昌高质量建设城乡融合共同富裕先行试验区。自此，许昌肩负起将城乡融合与共同富裕双试点结合起来，探索符合许昌乃至河南特色的城乡融合和共同富裕协同推进的重大使命。当前，省、市支持先行试验区建设的"四梁八柱"基本建立，今后一个时期将是深入推进先行试验区实质性建设的关键时期。作为全省乃至全国唯一一个统筹推进城乡融合和共同富裕的先行试验区，许昌如何落实和利用这一政策机遇和平台红利，充分发挥典型示范作用，需要进一步聚焦。

最后，其他重大发展战略红利持续释放。我国先后实施了"一带一路"建设、中部崛起、构建新发展格局、黄河流域生态保护和高质量发展等一系列重大发展战略。特别是2024年3月20日，习近平总书记在新时代推动中部地区崛起座谈会上强调，要一以贯之抓好党中央推动中部地区崛起一系列政策举措的贯彻落实，形成推动高质量发展的合力，在中国式现代化建设中奋力谱写中部地区崛起新篇章，这为许昌高质量发展带来更多机遇。

许昌以城乡融合共同富裕先行试验区建设引领高质量发展，需要进一步思考如何跳出本域谋划发展，将自身放到全省乃至更大的区域版图中来定位思考，紧紧抓住各类重大战略、重大平台的政策窗口期，努力将自身的区位、资源、产业等优势转化为发展优势，从而在新一轮区域竞争中抢占先机，努力塑造发展新特色。

（三）国内外发展环境复杂多变，如何通过供需协同发力提振信心预期成为高质量发展核心议题

当前，国内外发展环境出现重大变化。受新冠疫情、俄乌冲突、中美脱钩、通货膨胀等多重压力的影响，全球经济和贸易增长动能疲软，经济出现

硬着陆的可能性正在上升。我国在过去几十年高速增长下产生的结构性、体制性、周期性问题相互交织且影响深远,需求侧改革任重道远。

从出口来看,尽管全球化仍在世界发展大势中占据主流,但国际形势多变和疾变,保护主义、单边主义、民粹主义导致全球经济存在越来越多的不确定性。根据目前绝大部分研究的判断,中美之间的竞合关系将贯穿未来较长一段时期,也存在逐渐走向恶性竞争的可能,美国对中国的围堵遏制打压仍将明显加大我国营造和平发展外部环境的难度,美欧遏制中国战略与我国外贸突围的拉锯战仍将持续。在全球经济增长乏力、外部需求疲弱的情况下,许昌保持外贸出口稳中有进,将是一个不小的考验。

从投资来看,由于国内市场近年来发生很大变化,供大于求的情况比较普遍,不少企业家尤其是民营企业家对市场比较迷茫,看不准、吃不透,缺乏足够的投资意愿。尽管政策面对民营企业频吹暖风,但宏观经济的回暖向市场传导的信心存在时滞性,导致民间投资增速整体慢于全社会固定资产投资增速,民间部门投资信心的恢复仍需时间。同时,民营、外资经济在融资、工程、科研、市场等方面处于不公平、受歧视的状态没有得到根本性转变。作为民营经济发达、素有"河南版温州"美誉的许昌,如何进一步增强民营、外资企业的投资信心与预期,亟须破题。

从消费来看,三年疫情导致的"长尾效应"依然明显,社会消费品零售总额虽然实现了一定程度的增长,但整体反弹力度仍相对有限,增速与疫情前的正常年份相比尚有一定差距。同时,第二、三产业发展面临的困难增多,部分行业、企业用工需求有所下降,导致吸纳就业的能力有所减弱。特别是作为吸收就业主力军的中小微企业复苏较为缓慢,企业活力与疫情前相比还存在明显差距,就业压力传导到消费领域,导致许多人不敢消费、无能力消费、不愿意消费。

面对这样的形势,习近平总书记多次强调,信心比黄金更珍贵。2023年中央经济工作会议强调,"必须坚持深化供给侧结构性改革和着力扩大有效需求协同发力"。2024年国务院《政府工作报告》三次提到"信心",同时提出要"统筹扩大内需和深化供给侧结构性改革"。未来,许昌以城乡融合共同富裕先行试验区建设引领高质量发展，就必须着眼于供需协同发力，系统谋划更具针对性、时效性的激励政策措施以提振市场、居民的信心和预期，在培育发展新动能的同时确保"三驾马车"运行不失速直至提速，不断夯实经济"稳"的基础，持续激发"进"的动能。

（四）资源环境要素约束日益趋紧，加快经济社会全面绿色转型将是形成发展新优势的必然选择

习近平总书记深刻指出，我国经济和社会发展已进入加快绿色化、低碳化的高质量发展阶段，但是生态环境保护的结构性、根源性、趋势性压力尚未根本缓解，生态文明建设仍处于压力叠加、负重前行的关键期。

从资源环境看，未来一段时期仍然是我国工业化、城镇化的关键时期，工业结构偏重、能源结构偏煤、运输结构偏公的状况仍将持续，传统污染物排放与温室气体排放均处于高位。同时，生态系统抗干扰能力弱、气候敏感程度高、环境异质性高等脆弱性特征也越发明显，生态环境治理历史欠账尚未还清、治理能力存在明显短板等生态环境根源性压力持续存在，要实现生态环境根本性转变还需付出艰苦努力。我国已向全世界承诺将分别在2030年前实现碳达峰和2060年前实现碳中和，这为城市绿色低碳转型发展设定了"期限"，需要着眼全方位、全领域、全过程谋划具体的目标任务，才能确保在2030年实现碳达峰、2060年实现碳中和。

从要素供给看，劳动力要素方面，随着深度人口老龄化、少子化趋势加剧，我国劳动年龄人口规模加速缩减，数量型"人口红利"逐步消退，但受过高等教育的劳动力占总人口比重不断上升，逐渐形成质量型的"人力资本红利"或"人才红利"。同时，人口流动趋势从单一流动向全方位、多层次的多元化流动转变，省内跨市流动的比例以及城镇间流动的比例在上升。土地要素方面，今后一个时期，国家将持续实施最严格的耕地保护制度，这必然对城市建设发展用地供给形成巨大压力，城市发展空间受限与土地低效利用并存的局面仍将持续。此外，国内各种类型的经济功能区围绕中高端产业的建设和人才等高端要素的竞争愈演愈烈。

面对资源环境要素约束趋紧的形势,许昌以城乡融合共同富裕先行试验区建设引领高质量发展,就必须以更高站位、更宽视野、更大力度谋划生态文明建设,找准绿色低碳转型的关键着力点,推进生态优先、节约集约、绿色低碳发展,形成更加绿色低碳集约的发展模式,加快形成发展新优势。

(五)不确定性不稳定性风险加大,推进中国式现代化需要以发展韧性的显著增强作为有力支撑

随着全球大国关系、地缘政治格局和气候变化的加速演进,尤其是随着重大公共卫生事件、极端天气气候事件、重大突发性灾害事件等频发以及现代科技的快速发展,人类迎来了一个充满不确定性、不稳定性的风险社会,安全感日渐成为人类社会最大的治理需求,增强发展韧性日益成为治理体系和治理能力现代化的重要内容。

从产业链供应链来看,欧美发达经济体推动实施"再工业化""制造业复兴"等战略,主要发达国家对华核心技术封锁将常态化甚至持续加码,国际产业发展和分工格局深度调整,全球产业链供应链呈现区域化、多元化、数字化、绿色化发展趋势,价值链进入大调整、大重塑时期。同时,东南亚、非洲的一些低收入国家凭借劳动力低成本优势加速吸引劳动密集型产业转移,我国凭借廉价劳动力参与全球分工的核心竞争优势减弱,我国的产业链供应链"外移内缩"的风险日益显现,部分产业(行业)进入大洗牌阶段。如何在复杂多变的全球环境中维护产业链供应链的稳定,成为当下亟须关注和研究的重要课题。

从地方债务和金融风险看,伴随着经济增速下行,全球杠杆率已创历史新高,金融风险逐步积累,在全球金融市场联动下,我国资本市场发生系统性风险的可能性增加。从国内来看,地方政府债务相对偏高、房地产政策调整在短期内的功能性疲软、非金融企业的信用风险、传统工业金融流动性风险等多种风险叠加,进一步增加了系统性风险爆发的可能性。如何化解政府债务、优化融资结构等是未来一个时期发展面临的又一大难题。

从民生福祉来看，工业化、城镇化快速发展前期所积累的大量问题和矛盾在中后期集中显露，特别是基础设施、公共服务总量不足和结构不平衡问题突出，保工资、保生产、保就业等民生难题亟待破解，社会领域交叉重叠的矛盾存在集中爆发的可能，在发展中保障和改善民生、推动实现人的全面发展和全体人民共同富裕的任务依然比较艰巨。

从其他方面来看，随着全球气候变暖呈现持续加速趋势，极端天气气候事件，特别是城市洪涝、"热岛效应"、"雨岛效应"等与生产生活的交互式影响产生的负面效应，以及由此产生的各类风险频发的态势愈发明显，新冠肺炎疫情暴露出来的生物安全风险也进入高发期，这对城市治理而言也是严峻的考验。

习近平总书记强调，"城市发展不能只考虑规模经济效益，必须把生态和安全放在更加突出的位置，统筹城市布局的经济需要、生活需要、生态需要、安全需要"①。2023 年 12 月，习近平总书记在上海考察调研时首次提出，要"全面推进韧性安全城市建设"。与此前提出的"建设韧性城市"相比增加了"安全"两字，意味着现代城市建设要更加注重运用系统观念、战略眼光、底线思维等推进城市韧性安全发展。2024 年 7 月 18 日通过的《中共中央关于进一步全面深化改革　推进中国式现代化的决定》也提出，要"聚焦建设更高水平平安中国"，"有效构建新安全格局"。

当前，韧性安全城市建设在我国仍处于起步阶段，但科技革命产生的诸多成果为韧性安全城市建设提供了可靠又广泛的技术支撑。今后一个时期，面对社会发展的不确定性和不稳定性，许昌以城乡融合共同富裕先行试验区建设引领高质量发展，就必须突破传统城市安全风险的认知局限、领域局限、模式局限，更加注重统筹好高质量发展与高水平安全，将增强发展韧性作为现代城市发展的重大议题加以谋划，以安全发展的新范式推动城市高质量发展和高水平安全的动态平衡，不断筑牢发展的安全支撑。

---

① 习近平：《国家中长期经济社会发展战略若干重大问题》，《求是》2020 年第 21 期。

三 许昌以城乡融合共同富裕先行试验区建设引领
高质量发展的新思路与新举措

（一）许昌经济社会高质量发展的总体思路

面向新时代新征程新要求新任务，许昌应坚持以高质量建设城乡融合共同富裕先行试验区统揽经济社会发展全局，锚定"智造之都、宜居之城"发展愿景，统筹好各个方面，着力打造经济强市、创新强市、开放强市、文化强市、生态强市，努力实现经济发展高质量、城乡建设高水平、人民群众高素质，全面推进中国式现代化建设的许昌实践，奋力谱写新时代中原更加出彩的许昌绚丽篇章。

1.统筹新型城镇化和乡村全面振兴，以要素双向流动促进城乡融合

新型城镇化与乡村全面振兴是相辅相成的。在新时代的宏图中，许昌肩负着统筹新型城镇化与乡村全面振兴的重任，这不仅是一项复杂的系统工程，更是实现区域均衡发展、增进民生福祉的战略抉择。面向今后一个时期，许昌需秉持城乡一体化发展的理念，以科学规划为先导，优化城乡空间布局，构建功能互补、生态宜居、交通便捷的城乡融合格局，为实现高质量发展打下坚实基础。面向全面推进中国式现代化的新征程，许昌应以推进城乡融合发展为引领，优化城乡空间布局，加快基础设施互联互通，提升农村基础设施和公共服务水平，促进人口、资本、技术等要素在城乡之间自由流动，缩小城乡差距。同时，发展特色农业、乡村旅游等产业，激发乡村经济活力，实现乡村振兴。

2.统筹扩大内需和深化供给侧结构性改革，以供需动态平衡拓展发展空间

扩大内需是拉动经济增长的重要动力，而深化供给侧结构性改革则是提升经济增长质量的关键。在经济发展的新阶段，许昌必须精准把握扩大内需与深化供给侧结构性改革之间的内在联系，将两者视为驱动经济高质量增长的双轮，共同推进城市的全面繁荣。扩大内需，不仅能够激发市场的活力，

还能促进就业、提高人民的生活水平，是保持经济稳定增长的基石。深化供给侧结构性改革，则是提升经济体系整体素质和国际竞争力的核心策略，旨在通过优化产业结构，推动经济从量的扩张转向质的提升。面向未来，许昌应着力优化产业结构，推动转型升级，持续提升先进制造业规模能级，推动现代服务业不断壮大、培优，通过加快培育战略性新兴产业推动形成更多新质生产力，切实提高供给体系的质量和效率。同时，通过改善消费环境，增加居民收入，促进消费升级，形成需求牵引供给、供给创造需求的更高水平动态平衡。

3. 统筹新质生产力发展和传统产业升级，以科技创新驱动产业创新

新质生产力的发展不仅是经济增长的新引擎，更是社会进步的强大助力，它不仅孕育出众多新兴行业，还引领了创新模式和业态的变革。面向未来，许昌将以时不我待的精神状态，紧紧抓住新一轮科技革命和产业变革的历史性机遇，加速布局新质生产力，聚焦前沿科技领域，如人工智能、大数据、新能源等，培育一批具有核心竞争力的高新技术企业，构建创新驱动的产业体系，为经济转型升级注入强劲动力。同时，也要认识到，传统产业是许昌经济的根基，是稳定就业、促进民生的重要保障。因此，要以科技创新为引领，推动制造业向高端化、智能化、绿色化迈进。通过引入智能装备、数字化管理、清洁生产技术，提升传统制造业的附加值和市场竞争力，让"许昌制造"向"许昌创造"转变，成为全国乃至全球产业链上的重要一环。

4. 统筹生态环境保护和经济发展，以绿色低碳重塑竞争优势

生态环境保护与经济发展并非矛盾体，而是相辅相成的关系。事实上，环境保护能够促进经济可持续发展，提高资源利用效率，减少长期成本，增强国家竞争力。面向中国式现代化的新征程，许昌应深入贯彻落实习近平生态文明思想，坚持"绿水青山就是金山银山"的发展理念，强化生态保护，完善生态治理，推动生态发展，一任接着一任干，持续放大生态环境优势，将绿色打造成为许昌发展最鲜明的底色。同时，也要强调绿色低碳循环发展，探索绿色转型路径，用更大力度实现经济平稳增长，推动经济高质量发

展，将绿色不断转化为许昌经济发展的优势，着力推动绿色产业发展、生态城市建设、环保技术创新和绿色金融支持，打造绿色生态经济强市。

5.统筹高质量发展和高水平安全，以高水平安全保障高质量发展

在新时代的坐标下，许昌正站在历史与未来的交汇点，肩负着高质量发展和高水平安全并重的双重使命。这不仅是对城市治理智慧的考验，也是对发展路径选择的深刻思考。正如生态环境保护与经济发展的关系，高质量发展和高水平安全同样构成了现代城市发展的双翼，缺一不可。唯有两者并驾齐驱，方能确保许昌在更长时期内稳健前行，构筑起坚不可摧的发展基石。面向新时代新征程新要求，许昌在追求经济发展的同时，必须注重防范化解重大风险。在金融安全领域，许昌需强化金融监管，健全风险预警机制，有效防范和化解系统性金融风险，确保金融市场平稳运行；在生态安全领域，持续巩固生态环境保护成果，建立和完善环境治理体系，预防环境污染和生态破坏，守护好绿水青山；在公共卫生安全领域，加强疾病预防控制体系建设，提升应急响应能力，确保人民群众生命健康安全。

（二）推进许昌经济社会高质量发展的对策建议

站在历史的新起点，以"智造之都、宜居之城"和"五个强市"为指引，立足实际，摸清优势短板，理清发展思路，明确城乡融合、开放创新、产业升级、文旅融合、民生改善、绿色发展和安全保障等主攻方向，科学谋划、综合施策，努力走出一条具有许昌特色的现代化之路。

1.加快构建新型城乡关系，促进城乡区域协调联动发展

城乡区域发展和收入分配明显的差距，越发成为阻碍高质量发展的主要矛盾。要着力解决许昌发展不平衡、不充分、不协调、不适应等突出问题，加快破解城乡二元结构，在城乡融合、共同富裕上先行先试、创新探索。为此，应以高质量建设城乡融合共同富裕先行试验区统揽经济社会发展全局，坚持以城带乡、以乡促城、城乡互动，着力推动经济高质量发展、城乡深度融合和人的全面发展，为扎实推进共同富裕蹚路子、创示范。一是畅通城乡要素流动。着力推动城镇基础设施一体化布局，强化城乡公共服务均衡发

展、协调发展，支持鼓励农村产权流转交易，盘活农村闲置土地资源，引导社会资金、技术、人才向农村流动。二是扎实推进以人为核心的新型城镇化。推动许昌中心城区提级扩能，加快城市更新，着力解决农业转移人口市民化问题，确保农业转移人口在市民化过程中的利益不受损。三是发挥好县城在城乡融合发展中的"桥梁"作用。提速发展县域经济，深入推进县域经济"三项改革"，强化县城连接城市、服务农村功能，支持禹州加快建成中等城市，加快长葛民营经济示范城市建设，提升襄城县、鄢陵县发展质量。四是加快推进乡村振兴。加快补齐乡村义务教育、基本医疗、住房安全等重点领域短板，持续巩固拓展脱贫攻坚成果，以发展现代化大农业为引领，推动农村一、二、三产业融合发展，推动科技成果入乡转化，促进农民增收，高质量建设美丽乡村。

2. 积极推进开放创新，不断厚植发展优势

未来一段时间内，我国将统筹推进深层次改革和高水平开放，改革越发深入扎实，对外开放大门越开越大。许昌需要持续推进改革，实施更大范围、更宽领域、更深层次对外开放，着力解决经济活力动力不足、开放型经济规模能级偏低等问题。基本取向是，坚持把改革开放作为许昌推动高质量发展的"关键一招"，全面深化重点领域改革，着力构建高水平制度型开放新体制，拓展开放领域，拓宽开放通道，加快补短板、强优势、聚资源、激活力。同时需要注意的是，当前也是科技创新空前活跃期，新一轮科技革命和产业变革加速演化，新技术、新产业、新产品、新模式、新业态层出不穷。许昌须充分把握创新这个关键变量，坚持创新驱动发展，着力解决科技创新能力不强、新旧动能接续转换较慢、产业层次不高等问题。关键是以体制机制创新为突破口，以高端人才为抓手，以国家高新区、许昌智慧岛、魏都智慧岛等"一总部三中心一基地"为引领，着力推动创新链产业链深度融合，加快建设区域创新高地，为经济社会高质量发展提供强劲驱动力。一是深入实施制度型开放战略。高质量打造跨境电商综试区、保税物流中心、中国（河南）自由贸易试验区许昌联动创新区等一批对外开放平台，借助"一带一路"倡议、RECP等经贸规则持续扩大开放渠道，不断拓展开放合

作空间，提升招商引资质量效益，持续深化对德合作。二是深入推进营商环境创新。纵深推进"放管服"改革，推进政务服务标准化、规范化、便利化，打造诚实守约的信用环境，打造市场化法治化国际化营商环境。三是强化企业创新主体地位。研究制定支持符合许昌本地实际的企业创新发展举措，加快培育创新龙头企业、"瞪羚"企业，高质量推进规上工业企业研发活动全覆盖，完善企业创新服务体系。四是持续提升创新平台发展能级。高质量推进国家高新区、许昌智慧岛、魏都智慧岛等创新载体建设，加快完成"一总部三中心一基地"创新平台载体的总体布局，依托创新性载体平台，推动区域协同创新。五是打造多元化一流人才队伍。深入实施人才强市战略，加快建设素质优良、结构合理的创新型人才队伍，持续优化人才发展生态环境，为人才提供坚实保障。六是强化创新链产业链深度融合。聚焦许昌产业实际需求开展技术研发攻关和成果转化，围绕产业链部署创新链。七是大力培育和发展新质生产力。聚焦新能源、新材料、数字智能、生物医药和高端装备五大板块，发掘培育一批优势企业和相关研究机构，增大原始创新研发经费的投入，着力推动颠覆性创新，加速推进新技术新产品落地应用，形成一批未来产业，着力推动数字技术赋能新质生产力发展。

3. 深入实施先进制造引领战略，打造现代化产业体系

推进中国式现代化，实体经济仍将是我国发展的重心，在数字赋能、前沿技术加持下，制造业仍是支撑经济增长的主要动力。制造业是许昌最大的特色和优势，围绕建设智造之都的发展愿景，许昌着力解决产业结构不优与层次不高、产业链供应链运行不畅等问题；坚持制造业立市、产业强市，加快产业转型升级，着力培育发展战略性新兴产业，大力建设现代化产业体系，加快推动制造业高质量发展，奋力增强产业竞争力。一是打造梯度型现代工业体系。围绕许昌十大产业集群、16个重点产业链实施集群高质量发展，加快培育扶持新一代信息技术、新材料等一批战略性新兴产业，进一步强化装备制造、发制品、烟草及食品三大优势产业，推动传统产业改造提升。二是提质升级现代服务业。着力发展现代物流、电子商务、检验检测三大生产性服务业，强化物流拉动，围绕豫中陆路口岸物流港、襄城港、禹州

市综合物流园，形成一批具有区域辐射能力的综合物流园区；以文旅文创、"夜经济"为重点，积极发展现代生活性服务业，打造地域品牌，在中心城区谋划建设有品位的中高端消费区，更好提升城市知名度和吸引力，开辟消费新空间。三是加快发展现代农业。树立大农业观、大食物观，把农业建成现代化大产业，接续实施粮食产能提升行动，聚焦食品、中药材、花卉苗木集群，大力发展智慧农业、设施农业，推进现代畜牧业转型升级。

4. 推进文旅深度融合，加快完善文化传承创新体系

当前，许昌文化旅游产业驶入高质量发展快车道，文旅产业对稳增长、扩内需的作用越发凸显，丰厚的历史文化资源将成为支撑许昌高质量发展的新动力。要着力破解许昌文化资源丰富和转化程度低、文旅产业链条不长、知名文旅标识不多、带动性强的龙头企业较少等问题。为此，许昌必须坚持创意主导、美学导向、艺术点缀、科技加持及跨界合作的原则，充分利用文旅资源，强化发展优势，将许昌建设成为一个具有强大引领力、凝聚力和影响力的文化强市。一是加强文物保护与传承工作，确保历史文化脉络的延续。二是强化文化IP与品牌建设。强调通过深入挖掘三国文化、钧瓷文化和生态康养文化的独特魅力，提升其品牌形象和品质，丰富文化内涵，打造具有国际影响力的文旅IP，加大精品文旅线路的开发力度，串珠成链、织链成网，进一步提升许昌旅游整体影响力。三是通过创新业态，提供沉浸式体验，吸引更多年轻游客，并利用移动互联网进行宣传推广。四是通过整合文化旅游资源，引入龙头型企业，支持中小企业成长，全面提升文旅产业的规模与质量。

5. 着力增进民生福祉，切实提高人民生活品质

当前，人民对美好生活的需求不断增长，对公共服务有更高要求，公共服务需求加速从数量型向质量型转变。要着力解决基础教育、医疗卫生等领域优质资源供给不足的问题，统筹兼顾就业、经济社会风险等方面，兜牢民生底线，确保社会稳定。为此，应通过更多惠民工程、暖心政策，精准发力人民群众急难愁盼问题，提高公共服务水平，为高质量发展凝聚更多民心、汇聚更多力量。一是强化就业优先政策。强化就业服务，助力劳动力、人才

等供需对接，抓好高校毕业生、农民工等重点人群就业帮扶，强化困难群体就业兜底帮扶，促进公平就业，扩大中等收入群体，强化劳动者权益保障。二是加快健康许昌建设。促进优质医疗资源扩容和区域均衡布局，提升高质量医疗服务供给，持续深化医药卫生体制改革，推动中医药振兴发展，广泛开展全民健身活动。三是推动人口高质量发展。强化"一老一小"服务供给，保障妇女、残疾人合法权益，加快完善生育支持政策体系，建设高质量教育体系。四是健全社会保障体系。持续扩大社会保险覆盖面，完善基本养老保险制度，健全社会保险待遇调整机制，健全社会救助体系，完善住房保障体系。

6. 持续推进绿色发展，全面建设美丽许昌

未来一个时期是美丽中国建设的重要时期。当前许昌生态环境保护结构性、根源性、趋势性压力尚未根本缓解，要着力解决减污降碳源头治理压力巨大、结构性行业性污染突出、城镇建设与生态空间矛盾加剧等突出问题，为此，应坚定不移做好新征程生态环境保护工作。牢固树立绿水青山就是金山银山的理念，统筹推进生态优先、节约集约、绿色低碳发展，为许昌高质量发展夯实生态根基、绘就亮丽底色。一是持续打好污染防治攻坚战。更高标准打好蓝天、碧水、净土保卫战，狠抓突出环境问题整改，推动重点涉气行业深度治理，强化多污染物协同减排，提升面源污染治理水平。二是强化生态保护修复。科学开展国土绿化工作，加强湿地公园创建，高质量打造禹州颍河和鄢陵鹤鸣湖等一批国家湿地公园，全面做好全域土地综合整治试点工作。三是健全现代环境治理体系。构建固定污染源监管制度体系，加快完善环境治理信用体系，健全环境治理法规标准化体系，健全环境治理责任体系。四是加快发展方式绿色低碳转型。锚定"双碳"目标，有序推进产业结构调整，加快淘汰落后低效产能，支持节能环保产业集群加快发展，打造一批绿色低碳工厂、园区和供应链，大力发展循环经济，全域推进"无废城市"建设。

7. 贯彻落实总体国家安全观，构建更高水平新安全格局

世界进入新的动荡变革期，来自外部的打压遏制持续延宕，我国改革发

展稳定也面临不少深层次矛盾，社会治理还面临诸多短板，必须居安思危、未雨绸缪。许昌必须深刻认识安全发展面临的复杂严峻形势，着力解决政府职能转变慢、风险防范化解压力大、一些干部的能力素质偏低等问题。为此，应大力提高公共安全治理水平，完善社会治理体系，构建更高水平新安全格局，更好支撑中国式现代化建设的许昌实践。一是更有力地保障政治安全。坚定不移贯彻总体国家安全观，坚定维护国家政权安全、制度安全、意识形态安全，严厉打击敌对势力渗透、破坏、颠覆、分裂活动，全面加强国家安全教育，增强全民国家安全意识和素养。二是更有力地保障经济安全。着力防范化解重大经济风险，建立健全风险动态监测预警机制，稳慎化解债务、金融风险，兜牢"三保"底线，积极妥善化解房地产风险，开展重大事故隐患排查整治，坚决遏制重特大事故发生。三是更有力地保障公共安全。加强防灾减灾抗灾救灾保障能力建设，紧盯极端天气、洪涝干旱、火灾、地质等灾害；抓紧抓实安全生产，强化食品药品安全监管，确保人民群众生命财产安全、信息安全。四是更有力地保障社会安全。提升政府治理能力，健全共建共治共享的社会治理制度，坚持和发展新时代"枫桥经验""浦江经验"，完善正确处理新形势下人民内部矛盾机制，完善立体化信息化社会治安防控体系，常态化开展扫黑除恶斗争，维护社会大局稳定。

参考文献

习近平：《全面深化改革开放，为中国式现代化持续注入强劲动力》，《求是》2024年第10期。

习近平：《发展新质生产力是推动高质量发展的内在要求和重要着力点》，《求是》2024年第11期。

刘涛：《政府工作报告》，《许昌日报》2024年3月4日。

许昌市人民政府：《关于印发许昌市2024年国民经济和社会发展计划的通知》，http：//www.xuchang.gov.cn/openDetailDynamic.html? infoid = 83752aa5 - 1f9a - 4f66 - bf17-33c90bad5719。

王悦、黄时进：《走好统筹发展和安全的创新之路：理论逻辑与实践路径》，《理论导刊》2023 年第 2 期。

樊杰：《"十五五"时期中国区域协调发展的理论探索、战略创新与路径选择》，《中国科学院院刊》2024 年第 4 期。

余顺坤、侯咏、张哲人、刘阳：《"十五五"时期世界经济增长态势分析》，《宏观经济研究》2024 年第 4 期。

李昀、孔维铮：《中国城乡融合背景下新质生产力的培育：内在逻辑、形成机制与实践路向》，《区域经济评论》2024 年第 4 期。

王彦龙、徐康洲：《高质量乡村振兴与共同富裕融合：理论关联、逻辑解构与路径探索》，《农村经济》2024 年第 6 期。

许成安、金康弘：《宏观经济政策调节下的供需协同》，《财经问题研究》2021 年第 9 期。

王正、左文进：《数字新基建、要素市场化与中国制造业价值链升级》，《技术经济与管理研究》2024 年第 7 期。

城乡要素流动篇

许昌推进农村集体产权制度改革研究

祝孔超*

摘　要： 本文研究了许昌农村集体产权制度改革的措施、成效、面临的困难与解决思路。研究发现，近年来，许昌积极响应国家号召，结合地方实际，综合采取了清产核资、成员身份确认等多种措施，稳步推进农村集体产权制度改革；改革取得了显著成效，摸清了农村集体资产家底，促进了农民收入增长，壮大了农村集体经济等；改革在清产核资、成员身份认定、股权设置与管理等方面面临诸多困难；未来许昌应进一步采取切实可行的措施克服改革困难，持续深化改革。

关键词： 许昌　农村集体产权　制度改革

　　农村集体产权制度改革是针对农村集体资产存在的产权归属不清晰、权

---

* 祝孔超，博士，郑州轻工业大学经济与管理学院讲师，研究方向为区域可持续发展。

責不明确、保护不严格等问题而进行的一系列重大变革和调整。改革是涉及农村基本经营制度和我国基本经济制度的一件大事，对于激发农村发展活力、保障农民权益以及推动乡村振兴具有深远意义。许昌是河南省的重要农业大市，农村集体产权制度改革是维护农民合法权益、推动农村经济发展、实现乡村振兴的重要举措。近年来，许昌积极响应国家号召，结合地方实际，综合采取多种措施稳步推进农村集体产权制度改革，取得了显著成效。

一　农村集体产权制度改革的背景

（一）传统制度的局限性

新中国成立以来，我国的农村集体产权制度历经了数次变革。在计划经济时期，农村实行人民公社制度，土地等生产资料归集体所有，农民统一劳动、统一分配。该制度在一定时期内为保障国家粮食安全和工业发展发挥了重要作用，但也存在平均主义、效率低下等问题。改革开放以后，我国实行家庭联产承包责任制，土地所有权和承包经营权分离，这极大地调动了农民的生产积极性，促进了农村经济快速发展。然而，随着市场经济的发展和城镇化进程的加快，农村集体资产的规模不断扩大，传统农村集体产权制度的局限性日益显现，产权归属不清晰、成员界定模糊、权能不完善等问题日益突出，极大地制约了农村集体经济的发展，同时也阻碍了农民财产权益的实现。

（二）国家层面的政策推动

国家高度重视农村集体产权制度改革工作，中共中央、国务院多次发文强调农村集体产权制度改革的重要性，认为改革是完善农村基本经营制度、巩固社会主义公有制、维护农民合法权益、增加农民财产性收入的重要举措。党的十八届三中全会明确提出了保障农民集体经济组织成员权利、积极发展农民股份合作，赋予农民对集体资产股份占有、收益、有偿退出及抵押、担保、继承权利的改革任务。随后，中共中央、国务院出台了《关于稳步推进农村集体产权制度改革的意见》等政策文件，在国家层面上对农村集体产权制度改革工作进行了全面部署。这些政策文件体现了国家对农村集体产权制度改革的高度重视和战略部署，为许昌推进农村集体产权制度改革提供了政策指导和法律依据。

（三）壮大农村集体经济和保障农民财产权益的需要

农村集体经济是农村经济的重要组成部分，对于促进农村公共服务提升、基础设施建设、农民增收具有重要作用。然而，由于产权制度不完善，农村集体经济组织缺乏有效的激励机制和发展动力，集体资产运营效率低下，集体经济发展缓慢。推进农村集体产权制度改革，创新集体经济发展模式，激发集体经济组织的活力和创造力，是壮大农村集体经济的有效途径。农村集体资产是农民财产权益的重要组成部分。然而，在现行产权制度下，农民对集体资产的占有、使用、收益和处分权能受到限制，难以充分享受集体资产带来的收益。推进农村集体产权制度改革，赋予农民对集体资产的股份权能，赋予农民更多的话语权和参与权，实现集体资产的民主管理和公平分配，让农民真正成为集体资产的所有者、管理者和受益者，是保障农民财产权益的根本举措。

（四）推进乡村振兴的需要

推进乡村振兴，是解决新时代我国社会主要矛盾、全面建成小康社会，实现"两个一百年"奋斗目标和中华民族伟大复兴中国梦的必然要求。农村集体产权制度改革在推进乡村振兴战略中扮演着至关重要的角色。推进农村集体产权制度改革，有利于激活优化农村资源要素、促进农村集体经济发展壮大、完善乡村治理机制、吸引人才和资金下乡、增强农村公共服务能力、促进农民增收致富，从而为乡村振兴提供坚实的物质基础和制度保障。

（五）适应市场经济发展的需要

随着市场经济的发展，农村集体经济组织需要作为独立的市场主体参与市场竞争。然而，由于产权制度不完善，农村集体经济组织在市场交易中往往面临着产权不清、交易成本高、风险大等问题，难以有效配置资源，实现资产的保值增值。推进农村集体产权制度改革，有利于明确农村集体资产的产权关系，激活农村生产要素，促进农村集体资产流转和优化配置，建立符合市场经济要求的农村集体经济组织运行机制，也是适应市场经济发展的需要和必然要求。

二　许昌农村集体产权制度改革的措施

（一）全面开展农村集体资产清产核资

清产核资是农村集体产权制度改革的基础工作。通过清产核资，可以摸清农村集体的"家底"，明确集体资产的产权归属，为后续的产权制度改革提供依据。许昌对拥有集体资产的乡镇（街道）和全部行政村、村民小组等进行了全面的清产核资，包括属于集体经济组织全体成员集体所有的经营性资产、非经营资产和资源性资产。对于不同类型的集体资产，许昌实行了分类实施的清查方法。例如，针对经营性资产，许昌着重核实集体统一运营的经营性资产以及现金等；针对资源性资产，许昌重点查清未承包到户的资源性资产。对于清查结果及处理意见，许昌向全体农村集体经济组织成员公示并由集体经济组织成员大会或者代表大会会议确认。清查完成后，许昌按照产权归属把农村集体资产的所有权确权到相应的乡级、村级、组级，并建立健全了集体资产登记、保管、使用、处置等制度，实行了台账管理。

（二）科学确认农村集体经济组织成员身份

农村集体经济组织成员身份确认对于后续的资产量化和股权分配至关重要。许昌按照"尊重历史、照顾现实、程序规范、群众认可"的原则，统筹考虑户籍关系、农村土地承包关系、对集体积累的贡献等因素，协调平衡各方利益，开展了农村集体经济组织成员身份确认工作。许昌制定了农村集体经济组织成员身份确认指导意见，还建立健全了农村集体经济组织成员登记备案机制，编制了集体经济组织成员名册，并在农业行政主管部门登记备案。在农村集体经济组织成员身份确认过程中，许昌要求多数人认可，防止多数人侵犯少数人权益，切实保护妇女合法权益。对于农村集体经济组织成员家庭新增人口，许昌按照分享家庭内拥有的集体资产权益的办法使其获得集体资产份额和成员身份。

（三）稳步推进经营性资产股份合作制改革

在尊重农民意愿的前提下，许昌将农村集体经营性资产以股份形式量化到集体成员，作为其参加集体收益分配的基本依据。在股权设置方案方面，由村（组）改革领导小组提出，公示后经村民（代表）大会通过后施行。在股权设置方面，以成员（人口）股为主要形式，其他股权的设置由集体经济组织成员通过民主讨论决定。在股权量化方面，将折股量化的股权量化至个人，确权到每户。在股权管理方面，建立了集体资产股权登记制度，并提倡股权管理一般不随人口增减变动而调整。改革完成后，许昌要求农村集体经济组织完善治理机制，健全集体收益分配制度，把农民集体资产股份收益分配权落到实处。

（四）建立完善农村集体经济组织

许昌提出确立农村集体经济组织的市场主体地位，发挥其在管理集体资产、开发集体资源、发展集体经济、服务集体成员等方面的功能作用。要求有集体统一经营资产的村（组）建立健全农村集体经济组织，没有集体经营资产的村（组）根据实际需要建立农村集体经济组织。要求农村集体经济组织按照程序申请登记证书，依法开展经营管理活动。要求农村集体经济组织有效承担集体经济经营管理事务和村民自治事务，在有需要且条件许可的地方，实行村民委员会事务和集体经济事务分离。

（五）发展壮大农村集体经济

许昌结合地方实际，采用差异化的方法发展壮大农村集体经济。对于传统农区，许昌利用未承包到户的农地、林地、"四荒"地等资源，集中发展现代农业。在优势明显地区，许昌通过招商引资建造厂房、市场、仓储设施等第二、三产业载体，发展配套服务业。在人文资源特色地区，许昌重点打造特色小镇、康养基地、田园综合体等，大力发展休闲农业和乡村旅游。此外，许昌要求各县（市、区）建立健全县、乡两级农村产权流转交易服务中心，制定产权流转交易管理办法和交易规则，促进农村生产要素加速流动和优化配置，盘活农村集体资产。

（六）全面加强农村集体资产财务管理

清产核资完成之后，许昌建设了县、乡、村三级连通的农村集体资产监督管理信息平台，推动了农村集体资产财务管理制度化、规范化、信息化。许昌要求切实落实民主理财，规范财务公开，切实维护集体经济组织成员的监督管理权。许昌要求做好日常财务收支等定期审计，开展村干部任期和离任经济责任等专项审计，建立问题移交、定期通报和责任追究查处制度。对集体财务管理混乱的村，许昌要求各县（市、区）及时进行整顿，防止和纠正发生在群众身边的腐败行为。

三　许昌农村集体产权制度改革的成效

（一）摸清了农村集体资产家底，实现了资产价值提升

通过全面清产核资，许昌摸清了农村集体资产的总量、结构和分布情况，明确了资产归属，为资产的合理利用打下了基础。同时，许昌农村集体资产通过市场化运营，实现了价值提升。截至 2018 年 12 月 31 日，许昌全市各级组织清产核资培训 153 场次，累计培训人员 15620 人次，为清产核资工作的顺利推进提供了有力的人力资源保障。许昌已经完成清产核资工作的

行政村（社区）2260 个，占全市行政村（社区）总数的 95.6%。国家农村集体产权制度改革试点的禹州市以及省级农村集体产权制度改革试点的长葛市已经完成了清产核资工作，并组织全国农村集体资产清产核资管理系统培训及数据填报。许昌共清查账面资产总额 308700.1 万元，其中，经营性资产总额 136581.1 万元；核实资产总额 889206.7 万元，其中，经营性资产总额 198987.6 万元。[①] 清产核资工作是农村集体产权制度改革的重要基础。通过全面清查和核实集体资产，许昌农村集体家底基本摸清，为后续的集体成员身份确认、股权量化以及集体经济发展壮大等工作奠定了坚实的基础。

（二）促进了农村集体经济发展壮大

许昌农村集体产权制度改革，显著地促进了农村集体经济发展壮大。许昌农村集体经济组织进行了股份合作制改革，通过股权量化到人、确权到户等方式赋予了农民更多的财产性收入。这既保障了农民的合法权益，激发了农民参与集体经济发展的积极性和创造力，也促进了农村集体经济发展壮大，显著提升了农村集体经济实力。部分村庄通过改革实现了集体经济收入的显著增长，减少了无集体经济收入的村数量，增加了经营收入超过 5 万元的村数量。许昌积极探索农村集体经营性建设用地入市的有效途径。通过搭建农村产权交易平台、制定交易规则和管理办法等措施，许昌成功实现了农村集体经营性建设用地的入市交易。这不仅盘活了农村闲置土地资源，还增加了农村集体经济组织的收入来源，为农村集体经济的发展注入了新的活力。2023年底，全市集体经济收入超 20 万元的村占比 30%，10 万元以上的村占比 56.2%；农村居民人均可支配收入达 24228 元，高出全省平均水平 4175 元，城乡居民收入倍差为 1.63∶1，农村集体经济实力得到显著提升[②]。

---

① 《许昌市 2018 年度农村集体资产清产核资工作总结》，许昌市农业农村局，https：//www.xuchang.gov.cn/openDetailDynamic.html? infoid = 65364fe8 - e67f - 4c3c - a816 - 1ae325a9ac44，最后检索时间：2024 年 8 月 20 日。

② 《如何让农村集体经济"活起来"？听局长们的好方法》，河南省委农村工作领导小组办公室、河南省农业农村厅，https：//nynct.henan.gov.cn/2024/03-05/2957087.html，最后检索时间：2024 年 8 月 20 日。

（三）增加了农民收入，促进了共同富裕

许昌农村集体产权制度改革，显著地增加了农民收入，促进了共同富裕。许昌通过农村集体资产的清产核资和量化入股，将集体资产折股量化到成员，农民依据持有的股份获得分红收益，直接增加了财产性收入。例如，许昌某镇的多个村庄在完成产权制度改革后，农民每年都能获得稳定的集体资产分红。许昌农村集体产权制度改革推进了农村集体经营性建设用地的入市，通过流转、出租给企业或合作社，农民不仅可以直接从租金中获益，也能因土地价值提升而受益。例如，2020年6月28日，许昌鄢陵县马栏镇李孟社区农村集体经营性建设用地首次实现入市交易，成交了34.136亩的土地，成交额689万元，这为社区带来了最大的收益，也增加了群众收入①。

许昌积极探索推动农村集体经济发展的有效途径，借助发展专业合作组织、创立集体企业、建设商品基地等多种方式，发展壮大了农村集体经济，增加了农民收入。例如，许昌鄢陵县张桥镇裴庄村通过产权制度改革，推行"三变改革"，组建多个合作社，发展了集赏花、垂钓、菊花茶加工、杂果采摘及民宿于一体的农旅产业，实现了一、二、三产业融合发展，村集体经济收入大幅增长，带动了农民增收。针对农村集体产权制度改革，许昌政府出台了一系列扶持政策和项目，为农村集体经济发展提供资金和技术支持。这些政策和项目的实施，带动了农民增收。例如，许昌市政府对农村电商项目的支持，帮助农民拓宽了农产品销售渠道，增加了经营性收入。

（四）推动了城乡融合发展

许昌农村集体产权制度改革，显著推动了城乡融合发展。许昌通过农村集体产权的明晰和股份合作制改革，吸引社会资本投入农村，为农村带来了资金、技术、先进的经营理念和管理模式，促进了城乡经济融合发展。许昌

---

① 《许昌市第一批农村集体建设用地入市网上交易仪式在鄢陵县举行》，https://zrzyhghj. xuchang. gov. cn/gtdt/001001/20200629/6a602c7d-a245-4941-bbd6-7f32fd0f5b37. html，最后检索时间：2024年8月20日。

在农村集体产权制度改革过程中，积极探索农村集体经营性建设用地入市、农村土地征收和农村宅基地制度改革试点，这打破了城乡之间的土地市场壁垒，推动城乡土地要素的自由流动和优化配置。许昌农村集体经济的发展和城乡差距的缩小，吸引了更多人才回流农村，为农村经济发展注入了新的活力。

许昌农村集体产权制度改革注重加强城乡基础设施和公共服务建设，实施一系列民生工程，如教育、医疗、交通等项目建设，缩小了城乡公共服务差距，使得农村居民享受到与城市相近的公共服务，推动了城乡基础设施和公共服务的一体化发展。例如，许昌市多个农村新建了学校、医院和文化活动中心，使得农民享受到与城市居民相近的公共服务。许昌农村集体产权制度改革搭建了城乡产业协同发展平台，促进了城乡产业的互补与协作，比如农产品深加工、乡村旅游、电子商务等，这些产业的发展既带动了农村就业，也满足了城市居民对高品质生活的需求，形成了城乡经济的良性循环。例如，长葛市一些乡镇与城市企业合作，建立农产品生产基地，实现了城乡产业的协同发展。

（五）完善了乡村治理，推动了乡村治理体系和治理能力现代化

许昌农村集体产权制度改革，显著地完善了乡村治理，促进了乡村治理体系和治理能力现代化。在改革过程中，许昌清晰界定了农村集体资产的归属和权益分配，避免了产权不清导致的矛盾和纠纷，为乡村治理提供了明确的产权基础，使得村民对集体资产的管理和监督有了更清晰的依据。例如，在许昌某村，过去因为集体土地的归属问题存在争议，村民之间关系紧张。改革后，明确了土地产权，消除了争议，村民关系也得到了改善。在改革过程中，许昌科学确认农村集体经济组织成员身份，确保每位成员都能享受到应有的权益。这增强了农民的归属感和责任感，提高了他们参与乡村治理的积极性和主动性。在改革过程中，许昌推动了集体经济组织建设，如股份合作社，不仅促进了经济发展，也成为乡村治理的重要平台。

在改革过程中，许昌注重完善农村集体经济组织的管理决策机制、资产

管理运行机制和收益分配机制。这些机制的建立健全有助于提升乡村治理的规范化、科学化水平。在改革过程中，通过股份合作、创办集体企业等多种形式，许昌农村集体经济实力显著增强，为乡村治理提供了更多的资源和支持。同时，集体经济的发展壮大也促进了农民收入的增加，为乡村社会的和谐稳定提供了保障。在改革过程中，许昌坚持尊重农民意愿，保障农民知情权、参与权、表达权和监督权。这促进了基层民主的发展，增强了农民群众在乡村治理中的主体地位和作用。在改革过程中，许昌建立健全民主决策机制，确保农民在集体资产的管理、使用和收益分配上有发言权，增强了农民的主人翁意识，提高了农民参与乡村治理的积极性。

四　许昌农村集体产权制度改革面临困难的解决思路

（一）加强组织领导和现代信息化技术应用，科学开展清产核资

农村集体资产种类繁多，包括土地、山林、水域、房屋等，不同类型的资产其产权界定的标准和方法各不相同，导致资产的界定和评估难度大。农村集体资产的形成时间跨度大，历史遗留问题多，产权关系复杂，部分资产的产权归属存在模糊不清的情况，导致清产核资工作繁重复杂。例如，一些集体土地在过去的流转过程中手续不规范，导致土地产权界定困难。针对这些困难，许昌应进一步加强组织领导，成立专门的清产核资工作领导小组和专业的评估团队，建立健全工作机制，明确清产核资范围，规范清产核资程序，严格审查核实，妥善处理权属问题。对于有权属争议的、难以界定的资产、资源，应严格按照有关法律法规和政策规定，本着尊重历史、尊重现实、尊重农村集体经济组织成员意愿的原则，兼顾国家、农村集体经济组织及农民三者的利益，妥善处置。对于账目不清、权属不明的历史遗留问题，应设立专门小组进行调查，必要时可邀请第三方审计介入。许昌应进一步建立信息化管理平台，如资产数据采集与录入系统，用于采集和录入农村集体

资产的各类信息，又如资产清查与盘点系统，对农村集体资产进行标示和管理。许昌应充分利用现代信息技术如卫星遥感、地理信息系统（GIS）、测绘技术等，对农村集体资产进行精准清查、评估、规划和管理。

（二）完善认定原则和标准，科学认定成员身份

由于人口流动频繁、户籍制度变迁、婚姻关系变化等，农村集体经济组织成员身份的认定标准难以统一，容易引发争议和矛盾，成为改革的一大难题。例如，一些外嫁女、入赘婿的成员身份认定难以统一标准，容易存在"两头占"或"两头空"的情况，即部分人员在原户籍地和现居住地都被认定为成员或都未被认定。此类农村集体经济组织成员认定存在争议和不确定性，容易引发争议和矛盾。针对这些难题，许昌应进一步明确认定原则，按照"尊重历史、兼顾现实、程序规范、群众认可"的原则制定完善明确、具体且符合本地实际情况的成员身份认定办法，广泛征求村民意见，并经村民大会或村民代表大会讨论通过后执行。许昌应进一步细化认定标准，综合考虑户籍关系、生产生活关系、农村土地承包关系、对集体积累的贡献等因素，明确各类情况下成员身份的认定标准。对于特殊群体如外嫁女、非农业户口的回迁人员（因上学或参军等户口迁出又迁回的人员）等要根据实际情况制定具体的认定办法，避免出现"一刀切"的情况，保障他们的合法权益。许昌应进一步建立健全成员身份争议调解机制，明确争议解决的途径和方式，如设立专门的调解委员会或仲裁机构，负责处理成员身份认定过程中的争议，妥善处理特殊群体的成员身份问题，及时处理相关纠纷。

（三）建立健全机制，科学进行股权设置与管理

农村集体资产的构成复杂，不同类型资产的价值评估困难，导致难以科学合理地确定股权分配比例。如何平衡不同群体（如老年人、年轻人、劳动力外出群体等）的利益，制定公平公正的股权设置方案是一大挑战。针对这一难题，许昌应进一步广泛征求村民意见，通过民主协商科学确定股权

设置方案，充分考虑不同群体的利益诉求。选择静态管理股权，可能导致新增人口无法获得股权，引发不公平感，而动态调整股权，又可能影响股权的稳定性和投资人的信心。针对这一难题，许昌应进一步探索灵活的股权管理模式，结合当地实际情况，在一定时期内可以采取"动静结合"的方式，逐步向稳定的股权管理过渡。对于股权流转的范围、条件和程序规定不明确，容易引发纠纷。针对这一难题，许昌应进一步明确股权流转的具体规则，包括流转范围、条件、程序和价格形成机制等。相关法律法规不完善，股权的抵押、担保、继承在操作上存在障碍。针对这一难题，许昌应进一步明确股权的抵押、担保和继承政策，完善相关法律法规，为股权的抵押、担保提供法律依据。同时，制定出台股权继承的具体办法，规范继承程序，提前预防和解决可能出现的争议。

（四）加大宣传培训力度，提高农民对改革的认识与参与度

一些农民对农村集体产权制度改革的重要性和意义认识不够，担心个人利益受损，参与改革的积极性不高，降低了改革的群众基础，影响改革的深度和广度。例如，一些村民认为改革与自身利益关系不大，对改革工作不关心、不配合。很多农民仍习惯于传统的土地承包经营制度，对现代化的产权制度改革有一定的抵触情绪，缺乏参与改革的积极性和主动性，增加了改革推进的难度。一些农民对改革的关注度不高，参与决策和管理的积极性不足，影响改革的民主性和公正性。针对这些难题，许昌应进一步加大宣传力度，通过多种渠道如广播、电视、宣传册、村民会议、讲座等，广泛宣传改革的政策内容、必要性、意义，提高村民对改革的认知度。许昌应进一步对农村干部和农民代表定期开展农村集体产权制度改革的专题培训，包括改革的政策、清产核资、股权设置、集体经济组织运营管理等方面的知识和技能，提升他们参与改革的能力。许昌应树立示范典型，选择一些改革成效显著的村庄或集体经济组织作为示范典型，组织农民实地参观学习，让他们亲身感受改革带来的变化和成果，激发他们参与改革的积极性。许昌应充分尊重村民的主体地位，建立健全民主决策和民主监督机制，让农民充分参与改

革方案的制定、实施和监督，保障农民的知情权、参与权、表达权和监督权，增强其参与感、获得感和支持度。

（五）加大专业人才培养力度和信息化建设

一方面，农村缺乏熟悉产权制度改革、财务管理、法律等领域的专业人才，导致在改革的关键环节，如资产清查、成员身份认定、股权设置等方面缺乏科学的指导和精准的操作，容易出现偏差和失误。针对这一难题，许昌应进一步加大对专业人才的培养力度，通过举办培训班、研讨会等方式提高现有干部的专业素养，提升其在法律、财务管理、信息技术等方面的知识和技能。许昌应充分发挥乡土人才作用，在农村挖掘有经验、有能力、有威望的本土人才，如农村企业家、返乡创业人员等，让他们参与到产权改革中来。许昌应通过政策优惠如提供住房补贴、生活津贴等吸引外部专业人才到农村集体经济组织任职，或与高校、研究机构合作，引入专家顾问团队。许昌应完善人才激励机制，通过提高待遇、提供晋升机会等方式留住和吸引人才。另一方面，现代信息技术在改革中的应用不够，如信息管理系统和数据分析技术应用相对滞后，产权管理的信息化水平较低，这影响了改革的效率和质量。针对这一难题，许昌应加大对农村信息化建设的投入力度，推动信息技术在农村集体产权制度改革中的广泛应用。例如，建立完善农村集体产权信息管理平台，实现产权登记、交易、监管等环节的信息化处理。许昌应加快推进信息互联互通，加强与财政、国土、税务等相关部门之间的信息互联互通，实现数据的实时交换和协同管理。许昌应加快建立市、县、乡、村四级信息互联互通机制，确保产权改革的政策文件、工作进展、数据报表等信息能够及时、准确地传达和反馈。许昌应进一步加强与高校、科研机构合作，利用其技术资源开展改革中的技术难题攻关。

五　结语

许昌是农业大市，农村集体产权制度改革对促进其农村经济发展、保障农民权益、推进乡村振兴具有十分重要的作用。许昌积极响应国家号召，成立了农村集体产权制度改革领导班子，出台了《许昌市推进农村集体产权制度改革实施方案》等一系列相关政策文件，稳步推进农村集体产权制度改革，取得了显著成效。目前，许昌已经完成了清产核资工作，明确了农村集体资产的产权归属，确定了农村集体经济组织成员的身份，并进行了资产量化、股份合作制改革，多数行政村已取得农村集体经济组织登记赋码证书。农村集体产权制度改革是一项复杂而艰巨的任务，许昌在农村集体产权制度改革过程中遇到了诸多困难，但通过采取一系列切实可行的解决措施，不断深化改革，有效化解了矛盾，推动改革顺利进行。未来，许昌市应继续坚定不移地推进农村集体产权制度改革，不断探索创新，为农村经济发展注入新的动力，为实现乡村振兴战略目标奠定坚实基础。

参考文献

夏英、张瑞涛：《农村集体产权制度改革：创新逻辑、行为特征及改革效能》，《经济纵横》2020 年第 7 期。

韩长赋：《农村集体产权制度改革的进展及问题与思路》，《中国乡村发现》2020 年第 2 期。

张浩、冯淑怡、曲福田：《"权释"农村集体产权制度改革：理论逻辑和案例证据》，《管理世界》2021 年第 2 期。

中共中央、国务院：《关于稳步推进农村集体产权制度改革的意见》，https：//www. gov. cn/zhengce/2016-12/29/content_ 5154592. htm，最后检索时间：2024 年 7 月 10 日。

赵天良：《推动农业机械化与自动化对乡村振兴的作用探析》，《湖北农机化》2019 年第 18 期。

许昌市委办公室、市政府办公室：《许昌市推进农村集体产权制度改革实施方案》，https：//www. 21xc. com/content/201811/22/c434811. html，最后检索时间：2024 年 7 月 10 日。

许昌经济技术开发区：《许昌经济技术开发区农村集体产权制度改革实施方案》，https://www. xuchang. gov. cn/openDetailDynamic. html？infoid＝8d2f46ea-d68f-461e-905a-2e671c25ebc4，最后检索时间：2014 年 7 月 13 日。

B.3
许昌完善农村集体经营性建设用地
入市制度研究

刘凤伟　刘文一*

摘　要： 2020 年以来，在国务院的统一安排下，许昌市作为试点地区之一，探索、完善和规范了农村集体经营性建设用地入市方面的相关制度，目的是为构建城乡统一的建设用地市场开辟道路。几年来，许昌下辖的建安区、鄢陵县、长葛市进行了多方面尝试，试点工作取得了一定的成效，盘活了农村建设用地市场，推动了城乡要素市场一体化形成和城乡融合发展。目前入市制度还存在相关配套制度需要进一步优化、入市市场机制需要进一步完善、入市收益分配制度需要进一步规范等问题。许昌试点的经验和启示主要有：重视探索建立城乡统一的建设用地市场；重视深化改革和完善制度体系；重视不断优化收益分配制度以实现富民强村。

关键词： 许昌　农村集体经营性建设用地　入市制度

党的二十大报告提出要深化农村土地制度改革，农村集体经营性建设用地入市是其中的重要内容之一。农村集体经营性建设用地使用权入市，是指农村集体经营性建设用地使用权以出让、出租、作价出资（入股）等有偿方式进入土地市场交易的行为，实行与国有土地同等入市、同权同价。农村集体经营性建设用地作为农村集体建设用地的一种用地形态，全国该类用地

---

* 刘凤伟，郑州轻工业大学经济与管理学院副教授，硕士生导师，研究方向为区域经济理论与政策；刘文一，郑州轻工业大学经济与管理学院硕士研究生。

的存量为 4200 万~5000 万亩，占农村建设用地的 15% 左右①。农村集体经营性建设用地入市是全面深化农村土地制度改革和推进乡村振兴的重要举措，也是建立健全城乡统一的建设用地市场体系、激活土地要素、提高资源配置效率、赋能城乡融合实现共同富裕、高质量发展的重要支撑。

一 农村集体经营性建设用地使用权入市的制度变迁

（一）不允许入市阶段（1978~2012年）

1998 年修改的《土地管理法》规定，从事非农业建设必须使用国有土地或者征为国有的原集体土地，农民集体所有土地的使用权不得出让、转让或者出租用于非农业建设。这些规定在当时具有合理性，但是随着我国经济社会的发展，这一规定存在的缺陷越来越明显，在一定程度上导致了农村土地规模经营效率严重不足。2008 年党的十七届三中全会正式提出农村集体经营性建设用地概念，将农村集体经营性建设用地从农村建设用地大盘子中剥离出来，但是在法律层面和政策层面仍然没有开通农村集体经营性建设用地入市的渠道。农村集体经营性建设用地是指各类规划确定为工业、商业等经营性用途的农村建设用地，主要由乡镇企业用地、保留集体所有权性质的征地安置留用地以及依规转变用途的农村建设用地构成，农村住宅用地包括宅基地不在此列。

（二）入市试点探索阶段（2012~2019年）

党的十八大以来，党中央、国务院多次在中央经济工作会议、中央农村工作会议、中央全面深化改革委员会会议上就建立和完善农村集体经营性建设用地制度做出战略部署。2013 年，党的十八届三中全会通过的《中共中

---

① 马翠萍、刘文霞，《农村集体经营性建设用地形成及入市制度变迁》，《重庆社会科学》2023 年第 12 期。

央关于全面深化改革若干重大问题的决定》提出，在依法依规条件下，允许农村集体经营性建设用地使用权流转，实行与国有土地同等入市、同权同价，正式将农村集体经营性建设用地入市提上改革日程。2014 年 12 月，中共中央办公厅、国务院办公厅联合印发了《关于农村土地征收、集体经营性建设用地入市、宅基地制度改革试点工作的意见》，并陆续批复 33 个县（市、区）作为农村集体经营性建设用地入市试点。农村集体经营性建设用地使用权入市，对盘活农村集体资产、壮大农村集体经济组织、增加农村集体经济组织成员收入、缩小农村与城市收入差距有着重要意义。在国务院的统一部署下，2015~2019 年试点地区进行了农村集体经营性建设用地入市制度探索。

（三）入市制度完善阶段（2019年以来）

基于几年的实践探索，2019 年我国修订了《土地管理法》，赋予了农村集体经营性建设用地使用权流转的合法地位，2021 年修订的《土地管理法实施条例》又对相关规定进行了细化，主要目的是建立城乡统一的建设用地市场，实现集体经营性建设用地与国有建设用地同权同价。2022 年 9 月中央全面深化改革委员会第二十七次会议提出，要深化农村集体经营性建设用地入市试点工作，严格条件、规范程序，探索解决改革中的深层次问题，会议通过了《关于深化农村集体经营性建设用地入市试点工作的指导意见》，明确要再行试点，暂缓全面推开。会议强调，推进农村集体经营性建设用地入市改革，事关农民切身利益，涉及各方面利益重大调整，必须审慎稳妥推进。为贯彻落实该次会议精神，2022 年底，自然资源部启动了新一轮（2022 年底至 2024 年底）深化农村集体经营性建设用地入市试点工作。总的来看，由于农村集体经营性建设用地入市本身的复杂性，以及各地情况的差异性，目前还没有全国比较一致的成熟的入市制度，各地仍然在根据中央要求并结合当地实际不断探索。

二 许昌农村集体经营性建设用地入市的探索

许昌农村集体经营性建设用地入市试点工作始于 2020 年。2020 年 1

月，国务院发展改革委员会、农业农村部等部委联合发布了《国家城乡融合发展试验区改革方案》，在全国范围内选取了包括许昌市在内的11个地区进行试点，探索新时代城乡融合高质量发展的路径，以便为全国各地的城乡融合发展提供参考样板。许昌市在试点中的一项重要任务是探索农村集体经营性建设用地入市相关制度的完善和规范。2020年初，许昌市政府在全市范围内选择了基础条件比较好的鄢陵县和建安区作为农村集体经营性建设用地入市先行先试单位。2020年以来，许昌市对农村集体经营性建设用地入市进行了探索实践，制定了相关管理办法，完成了中心城区、鄢陵县、襄城县、建安区基准地价制定，搭建起了全市统一的交易平台。

（一）鄢陵县农村集体经营性建设用地入市试点情况

鄢陵县将位于城乡接合部的马栏镇李孟社区作为集体经营性建设用地入市试点先行区，该社区与鄢陵县产业集聚区相邻，发展工业的基础比较好，开展集体经营性建设用地入市的条件比较成熟。2020年6月，李孟社区的两块集体经营性建设用地在许昌市土地交易网上完成了入市交易，两块地的总面积为34亩，交易金额总计689万元，平均每亩地的交易价格为20.26万元。这次交易是许昌市的标志性事件，是许昌市辖区内第一次完成的农村集体经营性建设用地入市交易，标志着许昌市在推进城乡融合发展中迈出了实质性的一步，实现了农村集体经营性建设用地与国有建设用地使用权享有同等权利和义务、同等入市，为全国提供了典型经验。2020年10月，鄢陵县在许昌市农村集体经营性建设用地网，成功完成黄龙社区四宗307亩土地入市交易，成交金额2.66亿元。截至2023年底，鄢陵县完成土地入市交易8宗，面积345亩，完成成交额2.8亿元，同时盘活地上建筑物4.09亿元。①

过去的几年中，鄢陵县结合本县的实际情况，在中央、河南省政府、许

① 《成交2.8亿！鄢陵345亩土地入市交易》，https://www.sohu.com/a/427286273_675008，最后检索时间：2024年8月19日。

昌市政府的指导下，不断探索农村集体经营性建设用地入市的新路径、新模式，因地制宜出台了入市实施细则、入市收益分配指导意见、入市操作手册等政策文件，对入市土地范围要求、使用方式、流程、地价管理、开发利用监管、转让抵押、调节金征收、收益分配等方面进行了详细规定。许昌通过近几年的农村集体经营性建设用地入市实践，切实盘活了村集体闲置建设用地，加大了农村资本积累，助推了乡村振兴，解决了农村土地资源利用低效、农村集体经济低迷问题，唤醒了农村沉睡的闲置土地资源，把资源变成了资金，农民和集体实实在在享受到了农村集体经营性建设用地入市改革带来的政策红利，确保了农民得实惠、集体见效益、发展可持续，形成了上下联动、步调一致的良好格局，探索出了切实可行的"鄢陵模式"。

（二）建安区农村集体经营性建设用地入市试点情况

建安区是全国知名的发制品加工出口基地、汽车传动轴生产基地、农副产品加工产业基地、精细化工产业基地。近年来，建安区高科技民营企业、小微企业如雨后春笋般纷纷涌现，对于建设用地的需求也日益增大。如何将存量建设用地盘活、支持社会经济发展就成了迫在眉睫的要求，农村集体经营性建设用地使用权入市能够在一定程度上缓解这一需求。2020年上半年开始，建安区确定入市项目土地12宗，共计230.28亩[①]。以许昌市的二级市场交易平台为依托，承接入市出让工作。为加快完成农村集体经营性建设用地使用权入市，着力提升入市土地的产业集聚效应和综合效应，2020年8月建安区政府制定了入市实施细则、入市流程以及土地增值收益调节金征收使用、入市收益分配等方面的管理制度和操作指南，指导本辖区范围内的农村集体经营性建设用地使用权规范入市。

许昌市建安区政府出台的《建安区农村集体经营性建设用地使用权入市实施细则》，是指导建安区农村集体经营性建设用地使用权入市的纲领性

---

① 《建安区建立农村集体经营性建设用地入市配套制度》，http://zrzyhghj.xuchang.gov.cn/gtdt/001002/20200821/253cb48c-4e93-42c7-b6f3-5f493b960f10.html，最后检索日期：2024年8月20日。

文件,分十章共五十八条,分别为总则、入市范围方式和要求、入市程序、价格管理、资金管理和收益分配、开发利用、供后监管、转让转租抵押、调整入市管理、附则,详细地对集体经营性建设用地使用权入市工作进行了全过程规范。《建安区农村集体经营性建设用地土地增值收益调节金征收使用指导意见》分六章共二十八条,规定土地增值收益调节金的主要用途是农村基础设施建设、农村环境整治、土地前期开发等方面。《建安区农村集体经营性建设用地入市收益分配指导意见》分四章共十七条,主要内容是规范土地入市收益的管理和使用,防止侵占和挪用。

(三)长葛市农村集体经营性建设用地入市试点情况

2022年底,自然资源部启动了为期两年的新一轮深化农村集体经营性建设用地入市试点工作,长葛市被自然资源部确定为入市试点地区。长葛市积极探索小型园区"点状供地+土地超市"模式,建设大周共同富裕创业园。2023年10月,长葛市自然资源和规划局召开了全市农村集体经营性建设用地入市试点工作推进会。组织相关工作人员认真研读了本县出台的集体经营性建设用地入市的有关管理文件,采取以会代训形式进行学习,让参与试点的工作人员先把文件精神领会透彻,为下一步开展试点工作做好准备。一要高度重视。入市试点工作是推进城乡融合共同富裕先行试验区建设的重要抓手,相关科室、队所要从思想上高度重视,环节推进要扎实有效,确保工作落地落细。二要健全台账。试点镇办和拟选镇办要深入开展调查摸底,把本辖区的情况掌握准,目标明确,建账立册,底子清晰,尤其要在政策掌控上做到清楚、明白。三要压实责任。担任入市试点的镇办所要向属地党政一把手定期汇报工作进展,争取上级支持,并适时做好与市局专班的工作对接,思想上要彻底打消各种顾虑,全力以赴大胆探索。四要营造氛围。要充分利用新闻媒体、手机微信等平台宣传农地入市政策常识,扩大政策宣传面,同时要有序安排执法宣传车进镇入村广泛宣传,确保农地入市工作成效显著。

2023年12月26日,长葛市首宗集体经营性建设用地入市并顺利成交。

佛耳湖镇辛集村股份经济合作社与竞得公司（河南广通消防器材有限公司）签订《成交确认书》。该宗地位于佛耳湖镇辛集村钟繇大道西侧，出让面积27.06亩，成交价款380万元，规划用途为工业用地，出让年限50年。长葛市政府提出，要在首宗集体经营性建设用地成功入市的基础上，总结经验，以更开明的思想、更开阔的思路、更开放的格局，实现全域推进，并在集体经营性建设用地收购储备上进行探索，为城乡融合发展提供支撑。

三　许昌农村集体经营性建设用地入市制度的不足

几年来，许昌在农村集体经营性建设用地入市方面进行了因地制宜的探索，盘活了一些土地，取得了一些成效，但是由于土地制度改革是一个比较复杂的系统工程，目前在制度层面还存在一些不完善的地方，主要问题包括入市的相关配套制度有待优化、入市的市场机制有待完善、土地增值收益分配制度不够合理等。

（一）入市的相关配套制度有待优化

许昌市地方政府近年来就农村集体经营性建设用地入市陆续出台了一些探索性的制度规定，但是这些制度还不够细化，有些规定也不太符合实际，而且国家层面关于农村集体经营性建设用地入市的政策体系也没有完全建立，导致基层政府在工作上还存在一些不规范、不合理的现象，尤其是关于城乡统一建设用地入市交易市场的构建，以及农村集体经营性建设用地入市后相关的服务、监管、融资等问题，还缺乏可操作性和适用性都比较强的方案。目前在试点过程中的许多做法还是以城市土地交易的相关制度和经验为遵循，对农村集体经营性建设用地入市的特殊性还缺乏全面和深入的认识，致使目前的一些制度设计不够完善，需要在实践中进一步优化。

（二）入市的市场机制尚待完善

当前，许昌建设用地入市的交易规模还很小，还没有形成相对成熟的市

场机制。一是入市主体虚位和产权模糊引起土地的市场交易产生障碍。土地进入市场交易的前提是被交易土地具有清晰的产权，但是目前法律对入市主体的规定仍存在一定的模糊性，导致集体土地所有权指代模糊且难以落实到位，进而又导致土地增值收益不能在各利益相关主体之间进行合理分配。二是符合交易条件的土地数量不多，入市交易的土地量非常少，缺乏充足的市场交易导致土地入市市场机制发育不足。试点地区允许入市的农村集体经营性建设用地有严格的限制，符合入市交易条件的土地较少。以许昌市建安区为例，区政府对全区土地进行摸排后发现，符合入市条件的土地一共只有二百多亩。市场交易规模小，就难以对地方经济社会发展产生明显的促进作用，在一定程度上影响地方政府推动入市工作的积极性。

（三）入市收益分配制度需要进一步规范

入市后的土地会有显著的增值收益，这部分收益如何科学合理地进行分配，也就是合理界定地方政府、集体经济组织、村民各自占增值收益的多大比例，也是一个棘手的问题。如果增值收益分配不合理，也会影响各相关主体参与土地入市的积极性。当前主要存在入市收益分配过程不透明、政府收取调节金难度大等问题。其中的主要原因是缺乏相关的详细规定，没有从法律层面明晰入市收益的分配主体，同时又缺乏对于收益分配的监督机制。在政府收取土地增值收益调节金方面，也缺乏统一的计算方法和上缴比例，与过去的土地征收制度相比，地方政府在经营土地方面的收入有所减少。

四　许昌农村集体经营性建设用地入市的经验与启示

回顾许昌市的试点做法，可以从中概括出几条经验。第一条经验是要重视加快建立城乡统一的建设用地市场，构建完整的制度体系，引导合理有序入市；第二条是要重视深化改革增强内生驱动力，推动多种生产要素联合形成生产力;第三条是要重视土地入市收益分配的合理性,向推动富民强村和共享发展成果的目标迈进。

(一)重视建立城乡统一的建设用地市场

要建立城乡统一的建设用地市场,促进城乡土地同权同价,提高土地资源配置效率。许昌试点取得的一个重要成果就是初步构建了城乡统一的建设用地市场,改变了长期以来农村土地市场依附于城市土地市场的状态,在很大程度上激活了农村要素市场,提高了农村的要素收入水平。给我们带来的启示是:要深化农村土地制度改革,引导农村集体经营性建设用地合理有序入市。许昌的试点改革总体上来看,入市土地量较少,改革进程比较缓慢,呈现出明显的零星散发特征。未来要从以下几个方面加强试点工作:一是贯彻落实中央的统一部署,明确入市制度的顶层设计。地方政府要深入学习近年来中央出台的相关文件,吃透文件精神,执行中要把握好入市的目标导向,确保"取之于农,用之于农"。二是从省级层面梳理总结各地的试点经验,出台符合河南省一般情况的指导性意见。由政府工作人员和专家学者组成专家团队,深入基层进行实地调研,总结试点地区改革的经验和教训,尽快出台全省统一的指导性意见,指导基层政府做好农村集体经营性建设用地入市工作。三是制定河南省城乡统一的建设用地价格体系和评估体系,形成城乡统一的建设用地市场。

(二)重视深化改革和完善制度体系

农村土地制度改革是一个复杂的系统性工程,涉及多方面制度和多个利益相关者。许昌在推进农村集体经营性建设用地入市改革方面,不断完善和改革相关制度,协调各利益相关方,清除约束农村集体经营性建设用地入市的多种障碍,形成制度合力。许昌经验给我们的启示是:要深化改革创新,破除束缚土地流动的制度障碍,形成新的制度体系。一是完善城乡发展规划和农村土地利用规划的编制,为高效利用农村土地提供顶层设计。将农村土地利用规划与村庄发展规划、城乡发展规划、产业发展和空间布局规划、城

乡生态规划等多种规划协调统一起来，避免规划之间的矛盾和冲突，为合理利用农村土地提供规划指引。二是理清农村各类土地的产权关系，把土地的用途性质和产权归属做出清晰的界定，尤其是把集体经济组织和农户之间的权利义务关系界定清楚，在此基础上置换出更多的建设用地指标，以便扩大入市交易的土地规模。三是优化农村金融服务体系，发挥土地入市后的融资功能，以便为农村发展提供资金支持。实施有利于农村土地制度改革的各类金融服务政策，鼓励金融机构加大对农村发展的金融支持，为农村集体经营性建设用地入市强化金融服务。

（三）重视不断优化收益分配制度以实现富民强村

不同地块的地理区位不同、交通便利程度不同、土地的用途也可能不同，这些差异会导致不同的集体建设用地具有明显不同的入市价格，从而给不同区位的居民带来明显的收入差距，为了避免农村集体经营性建设用地入市带来过大的收入差距，许昌做了一些前瞻性的探索。政府对入市土地根据其价格差异实施差别化的调节金征收，入市价格高的土地征收较高比例的调节金，价格低的土地征收较低比例的调节金，这一做法缩小了不同地区的土地收益差距，防止富村和穷村的收入差距越来越大。许昌的这一探索性的做法给我们的启示是：要完善土地增值收益分配制度，让更多的农村居民公平享受发展成果。一是明确政府收取土地增值收益金的基准，并做到对所有入市土地统一使用这一基准。从许昌市的试点经验来看，用农村集体经营性建设用地入市后的总收益作为收取调节金的基础具有较高的合理性和可行性。二是政府征收调节金的比例可以根据土地增值收益进行适当调节，平衡不同地块的收益差距。三是上级政府部门要对土地增值收益分配的过程和结果加强监管，基层政府要统一管理和定期公开相关工作流程和结果，维护村民对于入市收益分配的知情权、决策权和监督权，防止侵害农村居民利益的情况发生，为推进农村居民共同富裕提供制度保障。

参考文献

马翠萍：《集体经营性建设用地制度探索与效果评价——以全国首批农村集体经营性建设用地入市试点为例》，《中国农村经济》2021 年第 11 期。

翁贞林、唐文苏、谌洁：《乡村振兴视野下农村集体经营性建设用地直接入市：演进逻辑、现实挑战与未来展望》，《华中农业大学学报》（社会科学版）2022 年第 3 期。

马翠萍、刘文霞：《农村集体经营性建设用地形成及入市制度变迁》，《重庆社会科学》2023 年第 12 期。

芦艳艳、熊广成、杜明超：《激活农村土地要素　提高资源配置效率——农村集体经营性建设用地入市的河南探索》，《资源导刊》2023 年第 12 期。

张勇、张宇豪：《农村集体经营性建设用地入市的内在逻辑和实施路径》，《西北农林科技大学学报》（社会科学版）2024 年第 6 期。

杨苗：《农村集体经营性建设用地入市探索——以河南省许昌市为例》，《农村·农业·农民》（B 版）2023 年第 12 期。

岳永兵、刘向敏：《地方政府参与农村集体经营性建设用地入市收益分配的逻辑、难点及方式》，《地方财政研究》2024 年第 2 期。

B.4
许昌完善农村资产抵押担保权能研究

薛 龙 艾世杰*

摘 要： 2019年国家发展改革委等18个部门联合发文，确定许昌全域为"国家城乡融合发展试验区"。其中，作为城乡融合发展重点项目之一，农村资产抵押担保产权权能被提到了新的高度。近年来，许昌下辖的鄢陵县和长葛市进行了多方面尝试，试点工作也取得了一定的成效。不仅盘活了农村资产，还推动了城乡融合发展。因此，为有效推进许昌市农村资产抵押担保融资以及城乡融合发展目标的实现，本文首先分析许昌市农村资产抵押担保融资的现状及困境，发现目前许昌市农村资产抵押担保还存在资产确权不清、资产评估体系不完善、流转市场要素缺失和不良贷款风险转移机制不完善等问题。在此基础上，剖析了国内农村资产抵押担保融资模式的应用经验，并基于此提出了许昌市深入推进农村资产抵押担保融资的相关政策建议。

关键词： 农村资产 抵押担保融资 城乡融合发展

党的二十大报告指出，全面建设社会主义现代化国家，最艰巨最繁重的任务仍然在农村。农村的发展问题直接影响我国整体经济发展的大局，也是我国实现共同富裕的重要环节。传统的经济增长理论认为，农村地区经济发展滞后主要原因是资金短缺。因此，推进中国式现代化进程中，如何有效打破资金束缚是农村经济发展中的一个关键问题。从金融抑制的视角来看，金融抑制出现和存在的原因主要在于市场的碎片化和分割性。我国由于历史和

---

* 薛龙，博士，郑州轻工业大学经济与管理学院副教授，研究方向为金融学；艾世杰，郑州轻工业大学经济与管理学院硕士研究生，研究方向为财务会计。

现实原因存在的二元经济体制导致了城市和农村金融市场之间存在着显著的发展不平衡,农村金融市场发展严重滞后,这对农村经济的进一步发展产生了严重的阻碍作用。尤其是在我国农村的金融市场环境下,由于农户贷款额度小、农业风险大、缺乏有效抵押品,贷款交易成本持续上升,引发农户借贷渠道受阻,很多有实际贷款需求的农民因此很难获得正规金融机构的支持,导致资金利用效率低下,这会进一步引发信贷资源不均衡。因此,为促进城乡融合发展和实现乡村全面振兴,必须通过制度创新来改善农村金融结构。此背景下,2015年国务院印发了《关于开展农村承包土地的经营权和农民住房财产权抵押贷款试点的指导意见》,指出要深化农村金融改革创新,加大对"三农"的金融支持力度,慎重稳妥推进农民住房财产权抵押、担保、转让试点,做好农村承包土地(指耕地)的经营权和农民住房财产权抵押贷款试点工作。2022年国务院印发《"十四五"推进农业农村现代化规划》,其中指出,扩大农村资产抵押担保融资范围,提高农业信贷担保规模。河南省作为全国农业大省,农村发展任务艰巨,在党中央和国务院的统一部署下,2021年10月河南省人民政府办公厅公布了《国家城乡融合发展试验区(河南许昌)实施方案》,明确指出"完善农村资产抵押担保产权权能。围绕创新农村产权抵押融资模式,积极改善农村信用环境,加快构建产权明晰、价格合理、流转顺畅、融资高效的农村产权融资制度体系"。该《实施方案》不仅为许昌市农村资产抵押担保方面的尝试指明了方向,而且为解决制约许昌市农村经济发展的融资难题、促进城乡融合发展提供了有效路径。

一 许昌市农村资产抵押担保现状

2021年10月,河南省人民政府办公厅公布了《国家城乡融合发展试验区(河南许昌)实施方案》文件。在该文件中,明确强调了农村资产抵押担保产权权能需要进一步完善,要不断改进农村的信用状况,迅速构建一个产权清晰、价格合适、流转通畅的农村产权融资制度框架。

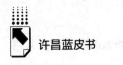

（一）鄢陵县农村资产抵押担保情况

自鄢陵县成功获批全国城乡融合发展先行区以来，为尽快形成鄢陵县产权抵押担保模式，该县组织有关人员赴湖南汉寿、江西丰城、濮阳县考察学习先进经验，结合自身实际，通过问题梳理、探讨商议，制定了"农户申请—银行审查—签署借款抵押合同—办理抵押登记—发放贷款"的土地经营权抵押贷款流程。出台了《鄢陵县公共资源农村产权交易规则（试行）》，建设了农村产权交易平台，实现了土地承包经营权抵押贷款的零突破，并由个人扩展到龙头企业等新型农业经营主体。2020 年 5 月 27 日，鄢陵郑银村镇银行发放了鄢陵县的首笔农村土地承包经营权抵押贷款，首批投放贷款 2 笔，共计 70 万元，解决了农民群众贷款难的问题，开拓了一条贷款新途径。截至 2023 年 4 月，鄢陵县累计发放经营权抵押贷款 15 笔，共计 1150 万元，切实盘活了农村资产。通过开展农村土地承包经营权确权登记颁证工作，推进农村土地"三权分置"，鄢陵县完成了全县 386 个行政村（社区）农村承包地确权登记颁证工作，发放证书 13.56 万户[①]，并率先推进全域土地综合整治，完善土地资源配置机制，为城镇化建设和项目建设用地提供了占补平衡指标，提升了土地资产资本价值。

此外，鄢陵县还出台了《公共资源农村产权交易规则（试行）》，建成了农村产权交易平台，并鼓励各镇将符合产权交易条件的农村闲置资源资产在网上挂牌、实施竞拍，确保农村产权交易透明化、合理化、规范化，维护市场秩序和平台良好运作，切实保障农民和农村集体经济组织的财产权益，提高农村要素资源配置和利用效率。

（二）长葛市农村资产抵押担保情况

2015 年底，长葛市被选为全国农村承包土地经营权抵押贷款的试点城

---

① 《探路城乡融合发展的"鄢陵实践"》，https://www.21xc.com/content/202006/23/c469215.html，最后检索时间：2024 年 8 月 19 日。

市。人民银行许昌市中心支行牵头设计了整体试点方案，该方案通过"价值发现—价值确认—价值评估—价值实现—价值恢复"的工作流程，大力推动试点工作的实施。该试点项目为土地所有权明确、土地流转规范的新型农业经营实体颁发了证书，以明确这些经营实体的合规性。在试点地区，所有参与方达成了共识，从而明晰了土地流转双方的关系。地方财政部门也为新型经营实体的证书发放工作提供了资助。2023 年 8 月，许昌市首本农村土地承包经营权不动产证书颁发仪式在长葛市董村镇举行。这对于农业增产与农民增收、助推乡村振兴等都有着重要的现实意义。

长葛市还协调试点金融机构创新金融产品，针对农户和农业经营主体的不同情况，推出信用类和抵押担保类等多种贷款产品。如长葛市农商行"农地通"、长葛市轩辕村镇银行"利农通"两项产品，打破了传统信贷产品模式，使土地流转大户和农户无实物抵押担保也可获得信贷资金。截至2021 年下半年，长葛市发放抵押贷款 400 多笔、金额 4.5 亿元，有效带动了农业农村经济发展，很多农户和农业经营主体获益。① 为了缓解金融机构在贷款方面的担忧，长葛市构建了一个相对完整的风险缓解和补偿激励体系。一方面，建立了专门负责登记、证书发放和抵押工作的农村产权流转交易服务中心。该交易服务中心对到期无法偿还贷款的农村承包土地经营权组织流转交易，并将交易所获得的资金用于偿还贷款。另一方面，吸引保险机构参与。借款人可以购买以贷款银行为受益人的贷款保证保险，保障金额最高可达贷款金额的 70%。此外，长葛市财政还出资 2000 万元，建立了农村承包土地经营权抵押贷款风险补偿基金。通过实施上述的风险预防和控制措施，极大地降低了农村资产抵押贷款的风险。长葛市产权交易中心除了采用设立补偿基金和引入担保公司的方法，还联合建立了风险承接的"项目库"。这可以确保在出现坏账时有农地的承接方，实现交易流转环节的虚拟化前置。

---

① 《河南长葛：两项做法入选国家发改委新型城镇化试点示范典型》，https：//baijiahao.baidu.com/s？id = 1719195493563430993&wfr = spider&for = pc.https：//www.21xc.com/content/202006/23/c469215.html，最后检索时间：2024 年 8 月 19 日。

二 许昌市农村资产抵押担保存在的问题

（一）农村资产确权定价推进缓慢

许昌农村资产确权以土地承包经营权的确权登记颁证为基础，而其确权所面临的最现实问题是成本开支。较高的确权成本加大了财政支出压力，造成农村资产确权工作推进缓慢。同时，许昌城镇化进程的加快，城市近郊地区的地价节节攀升，下级政府因顾忌土地确权后征地更加困难而存在抵触情绪，不愿积极推进确权工作，导致许昌下辖区县的土地承包经营权等确权工作推进缓慢。此外，由于人口流出，许昌大部分年轻人并没有留在农村，留守在农村的大部分为老年人，其受教育程度和传统观念会影响对确权政策的认知，从而影响政策的落实。同时，在重视土地思维的影响下，当地农民一方面期待土地确权明确自己所拥有的土地资产，另一方面又害怕土地减少，这种对确权政策认知的不统一也会阻碍农村资产确权定价工作的开展。

（二）农村资产价值评估体系不完善

虽然近年来长葛等地已经启动农村资产确权和颁证的相关工作，但银行和担保公司参与担保贷款的意愿并没有因此而增加，这主要是因为农村资产权属无法明确至个人。在此背景下，如何对农村资产价值进行合理评估成为亟待解决的问题。由于农村资产产权具有其特有的属性，需要进行高度专业的评估以给予必要的支持。但是，现有的评估机制尚未完全达到对农村资产价值进行合理评估的标准，一方面由于许昌地区农村资产评估仍处于初级发展阶段，较为成熟的农村资产评估机构和相关专门人才仍然面临严重短缺。即使是已经建立农村产权流转交易服务中心的长葛市，也面临着农村土地流转操作不规范、流转信息和渠道不畅通的问题。而对于农村抵押担保发展相对缓慢的许昌其他地区，存在的问题则更为明显。另一方面，农村资产类别较多，许昌市目前关于土地、房屋、林权等资产的评估标准还没有统一，也没有建立一套系统、完整的评估指标体系，导致评估机构在进行农村资产评估过程中存在一定的随意性，评估的价值难以真实反映其在市场上的价值。

（三）流转市场要素缺失

完善的流转市场是实现抵押品变现的基础。虽然目前许昌市土地承包经营权等权利都已经进入产权交易市场，但作为一种"三权分置"物权形态，由于缺乏足够的市场，"三权分置"资产的抵押融资过程遭遇了障碍，还没有完全融入产权交易市场。从许昌市整体来看，虽然存在着大量的中介机构和组织，但大多只是停留于表面形式，未能从实质上有效地推动许昌本地农村资产抵押担保市场的进一步发展。从流转的组织构架来看，虽然长葛市已经建立一个专门的流转中心，但在市域范围内尚未形成一个广泛且高效的抵押担保体系。从市场运行的机制看，由于缺乏统一规范的交易市场，农村资产交易双方无法有效进行信息交流，从而导致农村资产抵押担保过程中出现许多纠纷。从市场上的流通价格来看，由于缺乏有效的买卖市场，定价过程变得更加复杂和不透明，这也导致金融机构在处理农村资产抵押担保问题时犹豫不决。鉴于流转市场存在的缺陷，大多数当地农民和金融机构选择观望的态度，导致目前许昌市农村资产抵押融资也遭遇了诸多挑战，除了典型试点县市发展较快，其他地方发展仍较缓慢。

（四）不良贷款风险转移机制不完善

由于农村资产，尤其是农地（包括土地承包经营权和宅基地）的特殊性，其价值评估往往缺乏统一的标准和依据，导致在贷款违约时，抵押物的价值难以准确评估，从而影响不良贷款的处置；而部分农户可能由于对贷款合同条款、还款义务理解不足或信用意识淡薄，故意或无意违约，形成不良贷款。此外，农业生产受到自然条件和市场价格的双重影响，风险较高。一旦遇到自然灾害或市场价格波动，农户的还款能力会受到严重影响，增加不

良贷款的风险。进一步地，在许昌部分农村地区，针对贷款用途的监督可能不够严格，部分贷款资金可能未用于批准的生产活动，而是转作他用，增加了农村资产抵押贷款违约的风险。但是，从目前许昌市农村资产抵押担保的实践来看，除了长葛市建立了相对完整的风险缓解和补偿激励体系，其他地方还未建立完善的不良贷款风险转移机制，农村资产抵押担保可能产生的不良贷款风险尚未得到有效解决。即便是设立了抵押贷款风险补偿基金并引入中介机构参与的长葛市，受制于农户观念等多方面因素，不良贷款风险转移也较为困难。

三 农村资产抵押担保权能的模式及经验借鉴

（一）宁夏"同心"模式

宁夏同心县自 2006 年成立土地经营权抵押贷款协会并开始实施"同心模式农地抵押贷款"以来，在农村土地经营权抵押方面取得了极大成效，引发全国各地纷纷借鉴。"同心"模式是指同心县开展的土地产权抵押贷款模式。该模式的最大亮点在于农村土地抵押与贷款的分离。简单来说，"同心"模式在农户和金融机构之间加入了合作社，农户虽然在金融机构获取贷款，但农村土地抵押还是发生在社员与合作社之间。从整体来看，同心模式更注重"第三方"的作用，通过选取第三方组织来为贷款提供信用条件。"同心"模式施行土地抵押贷款主要涉及以下五个环节：一是成立农村土地经营权流转合作社。二是农户以农地经营权入股合作社。三是农户将农村土地抵押给合作社。四是农户组成联保小组承诺相互承担债务风险。五是社员凭借相关材料向金融机构提出贷款申请。

（二）重庆"地票"模式

重庆市出台的地票制度旨在将农村未使用的建设用地转化为耕地。经过土地管理部门的验收并确认其合格后，相关部门会发放相应的建设用地指标证明，此后，这些土地可以在重庆土地交易所进行实物和指标的交易活动。在该模式的实施中，农户在开始前必须将未使用的宅基地转化为耕地，并确保这些耕地满足既定标准，随后将其提交给当地的土地管理机构进行验收。如果复垦的耕地达到了规定的标准，那么相应的地票将会被记录在地票交易信息平台上，并为农户支付相应的补偿费用。为了确保耕地复垦的质量，重庆市建立了一个监管平台，并明确了各自的职责。在地票交易中，为了维护农户及村集体的利益，复垦活动需基于农民的自愿原则，并且至少需要超过2/3的村集体成员的同意，且纯收益要遵循一定的比例原则在农户和集体经济组织中进行分配，并严格按照规划要求进行地票交易，守住重庆市耕地红线。

（三）成都"城乡统筹"模式

成都市于2003年开始统筹城乡改革，并在2008年启动了农村产权保护机制，并在短短3年内完成了农村土地、房产以及其他集体资产的确权、登记和证书发放；为了确保产权交易的合法性和合规性，成都市还成立了首个"农村产权交易所"，并构建了一个涵盖市、县、乡三个层级的农村产权交易服务体系。积极探索农村产权抵押融资，抵押物范围包括农村土地承包经营权、林权、集体经济组织股权以及建设用地使用权等，在有条件的乡镇试点农村闲置房屋租赁服务。对于土地流转，遵循"依法、自愿、有偿"的原则，引导农民群众探索形成了"土地股份合作社""业主租赁经营"等多种流转模式，进一步推进土地适度规模经营。

（四）鄂州"五权两指标"模式

鄂州市"五权两指标"抵押模式，即借款人向银行申请借款，由借款人（或第三人）用其依法拥有的五权（农村房屋所有权、集体建设用地使用权、土地承包经营权、林权以及水域滩涂养殖权）两指标（城乡建设用地增减挂钩指标和耕地占补平衡指标）作为担保物的担保模式。该模式首先要求合作方通过农业发展投资有限公司向商业银行提出贷款申请；其次，

在合作方提供"五权两指标"抵押物并确认合格后，农发公司向银行提交保证金并申请放款；再次，银行核准后为借款人办理贷款；最后，农发公司在偿还贷款后，商业银行为借款人解除抵押。此外，为了该模式的更好运行，鄂州还出资1000多万元，设立"农村产权抵押融资风险补偿基金"，实行专户管理、独立核算、封闭运行。

（五）经验借鉴

从农村资产确权角度来看，宁夏农村土地所有权确权的登记发证工作经过农户基本数据收集、地籍调查、数据库建设和登记颁证几个阶段，登记发证率达到99.4%。其开展的农村土地承包经营权确权登记"百村试点"工作也极大地推进了当地农村资产确权工作的开展。从农村资产评估和产权流转角度而言，重庆以土地发展权交易为支撑探索构建了城乡统一的建设用地市场，畅通了城乡土地、资金等要素流动渠道，成都"统筹城乡"模式引导农民流转农村土地和设立农村产权交易所的做法，都推动了农村资产价值评估体系和农村资产流转市场体系的完善。从不良资产风险防范角度来看，鄂州市设立"农村产权抵押融资风险补偿基金"，每年按照上年度农村产权抵押融资贷款余额的6%予以补充，缓解了农村资产抵押担保的不良贷款风险。上述地区的做法为许昌市完善农村资产抵押担保权能提供了有益借鉴。

四 有效推进许昌农村资产抵押担保融资的政策建议

（一）推进农村资产确权颁证

许昌市应进一步完善农村的产权确权登记管理制度，并明确各产权归属；规范宅基地的房地一体化日常登记和证书发放。积极探索建立化解农村宅基地和集体建设用地历史遗留问题的工作机制，逐步化解农村符合分户条件未分户、用地没有权属来源材料、超面积占地、超层超面积建房等历史遗留问题，并建立完善相关管理制度。同时，利用"线上+线下"的服务体系，打造"线上线下融合、网上掌上办事、本地异地同步"的服务体系，保障资源要素流通。利用信息技术加强不动产产权登记相关理论研究和制度建设，打通和农业农村、住建等部门数字化应用的场景壁垒，实现农村"一码管宅基地"。最后，要建立健全监督机制，加强对农村资产确权工作的监督和检查，确保工作合法有效进行。

（二）健全农村资产价值评估体系

在许昌市农村资产担保抵押过程中，对于具有明确市场价值的抵押物，应由参与主体共同协商来确定其标的价值，若协商未能达成一致，则应由相关方委托评估机构进行最终评估和确定，合理地减少评估所需的费用。通过调研和完善现有管理制度，如制定农村集体工程交易管理、农村集体资产电子凭证设计等工作制度，确保资产评估及分配制度的完善，为农村集体经济的发展提供制度保障。此外，丰富交易内容是提升管理水平的关键。面对现有农村集体产权交易形式简单、内容单一的问题，需要创新管理模式，提升服务功能，通过确权、分配、运营等措施，维护好庞大的集体资产，产生社会效益和经济价值。此外，许昌市要培育和发展专业的农村资产评估机构，确保评估工作的准确性、专业性和公正性。并组建专业评估团队，加强人员培训，提升评估人员的专业素养和业务能力。最后，促进科技赋能是提高评估效率的重要手段。应用区块链和大数据技术，建设农村集体产权交易数字化智能网络平台，实现"信息化管理、全方位监控、实时性预警"的目标，提高管理和监督工作的效率性和准确性。

（三）建设农村资产产权流转市场体系

许昌市应通过与各县（市、区）的公共资源交易中心合作，推进农村资产产权的交易活动，并加速试验区内统一农村资产产权交易市场的建设，强化资产抵押信息的管理工作。实行市场化运作与财政适当补贴相结合的运行机制，对区级流转公司营运亏损进行补助扶持，探索通过财政资金奖补、

项目补助、政府购买服务等方式支持市场体系建设和业务发展。同时，许昌市要通过对农村产权流转交易过程的信息监测，实现农村产权流转交易过程的动态监管，规范公共资源交易行为；通过对农村产权流转交易信息的统计分析，建立农村产权流转交易监测预警系统。

（四）建立不良资产处置机制

许昌市应鼓励各县（市、区）建立与农业相关的资产管理机构，并赋予其农业生产和经营的职责。对于那些逾期未兑付的金融机构贷款或担保机构代偿的抵押物，要逐渐构建一个由政府引导、市场驱动的不良资产处理体系。随着技术的进步，金融资产管理行业也开始应用大数据、人工智能等技术于不良资产处置流程中，以提高处置效率。同时，积极探索拓宽不良资产承接机构的类型和范围，推广资产证券化等多元化、市场化的处置工具，以综合运用多种手段防范和化解农村抵押担保不良资产风险。

参考文献

刘彦随：《中国新时代城乡融合与乡村振兴》，《地理学报》2018 年第 4 期。

井锦轩：《许昌城乡融合发展试验区建设的对策思考》，《农村实用技术》2022 年第 8 期。

李彩霞：《农村资源资产抵押担保融资困境及其破解机制——基于天津市的实地调研分析》，《农村金融研究》2017 年第 10 期。

林航、李震华：《农村集体资产股份权能改革试验与对策研究——以浙江省德清县为例》，《浙江农业学报》2017 年第 11 期。

谭贵华、吴大华：《农村承包地经营权抵押权的实现方式》，《农业经济问题》2020 年第 6 期。

刘西川、江如梦：《小农户抵押担保融合贷款模式创新：机理与条件——基于 3 个反担保贷款案例》，《中国农村经济》2023 年第 6 期。

王亚辉、杨遨郁、刘燕：《重庆"地票"制度对城乡融合发展的影响及启示》，《地理科学进展》2024 年第 5 期。

徐程、江丽、沈婕怡：《农地确权抵押贷款的流程、模式及成效的案例研究——以湖北云梦县和宁夏同心县为例》,《管理工程师》2021年第4期。

李彩霞:《我国农村产权抵押融资实现机制:典型模式与区域经验——基于全国多样本的案例研究》,《金融理论与实践》2020年第11期。

杜金富、张红地:《我国金融精准扶贫模式与困境突破》,《中国农村金融》2019年第6期。

晏晓丽:《农地经营权抵押贷款宁夏"同心模式"研究》,《管理工程师》2019年第6期。

B.5
长葛深化农村承包地经营权抵押贷款
改革的经验及启示

刘　瀑*

摘　要： 长葛自 2015 年开始在国务院统一部署下进行农村承包地经营权抵押贷款试点，近年来在这一领域继续深化改革，在地方政府、金融机构、新型农业经营主体等多方主体的共同努力下，创新性地实行了"承包地经营权抵押+贷款保证保险+风险补偿基金"的贷款模式，其中的关键环节是：明确土地权属关系和颁发土地流转使用权证，采用合理的农地价值评估方式，建立有效的风险缓释及补偿激励机制。长葛经验带来的启示是：清晰界定农村承包地产权是基础，健全风险分担机制是关键，培育农村土地交易市场是核心，完善金融机构的尽职免责制度是保障。

关键词： 长葛　承包地经营权　抵押贷款

进入 21 世纪以来，随着中国农业规模化、产业化和专业化的快速发展，农业经营者的金融需求也在不断增长。为激活农村土地的融资功能，增加农村资金供给，早在 2008 年，中国人民银行和银监会就发布了《关于加快推进农村金融产品和服务方式创新的意见》，选取中部六省和东北三省的部分市、县进行试点，开始了农村土地经营权抵押贷款的实践探索。土地经营权抵押贷款是指在所有权、承包权和经营权"三权分离"的基础上，赋予土地经营权以抵押属性，土地经营权拥有者以此为抵押物向金融机构申请贷款

---

* 刘瀑，郑州轻工业大学经济与管理学院教授，硕士生导师，研究方向为产业经济理论与政策。

以激活土地财产属性的活动。近年来我国不断强化农村土地经营权抵押贷款的政策措施，相关制度不断完善。中共二十大报告再次强调指出：深化农村土地制度改革，赋予农民更加充分的财产权益。长葛市于 2015 年被国家发改委确定为全国"农村土地承包经营权抵押贷款"试点县（市），其创新的做法取得了比较好的成效，2022 年被国家发改委向全国推广。

一 农村承包地经营权抵押制度的演变历程

农村承包地对于我国农民而言具有特别的意义，既是农户的生产资料，发挥着增加农户收入的经济功能，也是农户赖以生存的基本保障，发挥着社会保障的功能，因此我国农村土地制度的每一次改革都会经历谨慎的试点探索、经验总结和逐步推广的过程。我国农村承包地经营权的抵押权能自1978 年以来大致经历了三个阶段。

（一）抵押权能被限制阶段（1978~2007）

农户的承包地既具备维持农户基本生存的保障功能，又具备维持社会安定的保障功能，其经济功能比较弱化。这一时期，没有明确的法律规定允许农户承包地经营权用来抵押，承包地经营权的抵押权能被限制。2007 年我国《物权法》出台，学者们担心承包地经营权抵押可能会带来一些潜在危害。一是承包地经营权抵押之后有可能会出现长期收不回的情况，致使一些农户失去承包地，生活难以为继，如果他们进入城市，又会给城市经济社会发展带来一定的负担；二是可能会导致一定程度的土地兼并，引起农户之间收入差距过大，诱发农户之间矛盾，引起社会不安定。因此，当时仍然限制了承包地经营权的抵押权能。

（二）抵押权能开始被激活阶段（2008~2018）

随着我国经济社会的快速发展，农户的收入开始多元化，外出务工收入占到了农户家庭收入的大头，承包地对于农户而言，其重要性已大不如

前，一些农户把承包地的经营权转让给了其他农户，少量农户甚至把承包地撂荒了。这一时期，关于承包地经营权流转的规定开始松动，承包地的抵押权能被激活。越来越多的农民进入城市工作，耕地被闲置的现象日益严重，为解决耕地撂荒、提高农户收入和确保国家粮食安全，国家开始进行农村土地经营权流转和经营权抵押贷款试点，为农村土地制度改革探索经验。国务院在2015年发布了《关于农村承包土地经营权抵押贷款试点的指导意见》，其中明确指出，承包土地经营权可在全国232个地区开展试点工作。2017年中央一号文件提出要大力推动土地经营权抵押贷款制度的实施。

（三）抵押权能开始被认可和鼓励阶段（2018至今）

这一时期，农村承包地经营权抵押贷款被广泛认可和鼓励，通过土地经营权抵押贷款为农业经营者提供资金支持的现实可行性得到了普遍接受。2018年出台的《农村土地承包法》明确提出，在不改变农村土地所有权的基础上，将土地承包经营权细分为承包权和经营权，承包土地的经营权可以向金融机构融资担保。2020年出台的《民法典》删去了《物权法》第184条中规定的土地经营权不能抵押的条款，为土地经营权抵押适用提供了更基础的法律支持。近年来每年的中央一号文件都会重申这一主题，要推动土地经营权依法依规抵押融资，激活农村土地的金融属性。

实践当中，我国许多地方都进行了农村承包地经营权抵押贷款的探索，全国范围内出现了一些典型的做法，如江苏常州武进区的土地经营权直接抵押贷款模式，宁夏平罗的存地证直接抵押贷款模式，宁夏同心县的土地经营权反担保抵押融资模式，重庆江津区的担保公司反担保模式[①]，等等。每种模式都结合了当地的实际情况，其发起方式、借款对象、参与主体、贷款条件和风险管控等方面都是有差异的，每种模式都有其适用的条件。长葛市在

[①] 秦涛、吴静黎、梁振英，《土地经营权抵押贷款模式比较与应用策略》，《东南学术》2022年第2期。

农村承包地经营权抵押贷款试点方面,也发展出了符合当地农村和农业现实条件的创新做法。

二 长葛市农村承包地经营权抵押贷款改革的做法

长葛市是我国中部地区一个工业比较发达的县级市,2017 年以来连年入选中国工业百强县(市)。作为传统农业区的新兴工业强县,其农业发展仍然具有典型的河南农村特征:人多地少,人均耕地不足一亩,以种植低附加值的粮食作物为主,经济效益偏低,而且容易受到自然灾害的影响;同时,长葛市地处豫中平原腹地,土地平整,大面积种植的小麦、玉米等农作物便于实行机械化生产,这些特点决定了长葛市适合把土地集中起来搞适度规模经营,因此,当地在承包地经营权流转和开展经营权抵押贷款方面具有一定的现实基础。长葛市在深化"全国农村承包土地经营权抵押贷款试点"改革中,其创新做法被地方政府概括为"承包地经营权抵押+贷款保证保险+风险补偿基金"的贷款模式,仅在 2021 年长葛市就发放农村土地承包经营权抵押贷款 451 笔 4.98 亿元。①

(一)明确土地权属关系,颁发土地流转使用权证

近年来,随着大量农村劳动力进城务工,一些农户把自己的承包地转租给其他农户或农业企业耕种,长葛市农村自发形成了多种形式的承包土地经营权流转,随着土地集中经营的规模越来越大,家庭农场、农业产业化龙头企业等新型农业经营主体的数量开始不断增加。规模化生产需要投入比较多的资金维持日常运营,但是一些种植大户和农业龙头企业时常会出现流动资金不足的情况,导致其生产经营陷入困境,申请银行贷款成了这些新型农业经营主体缓解资金困难的必然选择。银行向他们提供贷款时,常规的做法是

---

① 《许昌案例入选!2021 年度河南省经济体制改革十大案例名单揭晓》,https://city.dahe.cn/2022/04-09/997845.html,最后检索时间:2024 年 8 月 18 日。

需要这些农业经营主体向银行提供一定价值的抵押品，然而这些新型农业经营主体往往没有足够的抵押品导致贷不到款。尽管他们流转来了大量土地，但是只具有土地经营权而无权证，因此没有办法申请土地经营权抵押贷款。鉴于上述情况，长葛市在2015年成为全国农村承包地经营权抵押贷款试点地区后，选择种植大户等新型农业经营主体作为主要目标群体，中国人民银行许昌市中心支行牵头设计了整体试点方案，按照"政府引导、人行牵头、市场化运作、政策支持"的方式，着力推进土地经营权抵押贷款试点工作。

明确土地权属关系是承包地经营权抵押贷款的前提。长葛市在2016年末基本完成了农村土地承包经营权确权颁证工作，但是承包农户并非抵押贷款的主要融资服务对象，主要的服务对象是流转了大量土地的种粮大户之类的新型经营主体。针对新型农业经营主体虽然拥有土地经营权却无权证这一问题，中国人民银行许昌市中心支行提出，在开展农村土地承包经营权确权颁证的同时，对于权属清晰的流转土地，承认新型农业经营主体对于流转土地拥有实际的使用权，并对流转土地经营权也进行确权颁证，使那些到银行办理贷款的新型农业经营主体能够提供自己拥有土地使用权的相关证明材料。随后，长葛市对符合条件的新型农业经营主体颁发了农村土地流转使用权证和他项权利证书，这些证书使经营者在向银行申请农地经营权抵押贷款时有了实实在在的凭证。颁发土地流转使用权证的另一个好处是，一旦某些经营主体因经营不善没有能力还款导致银行坏账出现时，金融机构也有了资产处置的有效方式，可以通过拍卖土地经营权收回贷款，这降低了银行的信贷风险，为银行对新型农业经营主体办理贷款提供了正向激励。为推动颁发土地流转经营权证，地方政府免费为申请人办理证书。长葛市的一些种粮大户，仅凭自己持有的数百亩的土地流转权证，就从银行申请到了几十万元贷款，从根本上缓解了经营资金压力。

（二）采用合理的农地价值评估方式

土地承包经营权有别于房产和土地权利，土地承包经营权抵押贷款的抵押率一般不超过其价值的40%，但市场上资产评估公司对土地承包经营权的评估收费参照房产和土地评估执行，收费标准并不合理，建立一个客观公正的土地经营权评估体系是非常有必要的。农地经营权价值评估一般有三种可行的方式，第一种方式是由具有资质的第三方评估机构评估，第二种方式是由拥有土地使用权的贷款人根据市场行情自行评估，第三种方式是由金融机构评估。三种方式各有利弊，第一种方式需要当地具备有资质的评估机构，而且存在高昂的评估费用，这种评估方式不太符合长葛当地的实际情况，长葛市目前主要采用的是第二种和第三种方式的结合，即金融机构估值后再由借贷双方协商的方式。在对农地经营权价值评估的过程中，银行信贷部门会综合考虑当地的土地流转价格、土地上附着的固定设施以及生产经营的预期收益等几方面因素。

长葛农商银行是对农户开展业务量比较大的金融机构，长葛市的土地经营权抵押贷款业务主要由该银行办理。长葛农商银行通过与客户和地方产权交易中心协调，探索出了低成本的评估方式。第一，与农林局建立信息共享机制，及时准确了解客户流转土地是否有权属争议、土地租金支付情况、经营者种养技术等，该行相关管理部门据此直接与借款人协商确定抵押物价值。第二，由地方产权交易中心组织农业、银行等部门单位专家开展联合评估，有效降低客户融资成本，合理确定土地承包经营权价值。

（三）建立有效的风险缓释及补偿激励机制

对于金融机构来说，办理土地经营权抵押贷款具有独特的风险。一是农业经营面临较高的市场风险和自然风险，未来收益的不确定性较高，银行贷款面临较高的坏账风险；二是当农户遭遇重大风险损失导致无力归还银行贷款时，银行如何处置被抵押的土地经营权？银行不可能自己去种地，只能把土地经营权以合适的价格转让出去，这就需要规范的土地经营权流转市场，但是当下我国还比较缺乏这样的市场。这些风险导致银行在办理土地经营权抵押贷款业务时顾虑重重。为消除银行的担忧，鼓励银行放下包袱大胆办理土地经营权抵押贷款业务，长葛市建立了较为完善的风险管控机制，以防止土地经营权抵押贷款成为银行的坏账。一是成立了农村产权流转交易服务中

心，其一项重要工作内容是负责土地经营权抵押贷款业务，当一些农业经营主体由于经营不善无力偿还已到期的承包地经营权抵押贷款时，由农村产权流转交易服务中心对所涉及的承包地经营权进行公开拍卖，拍卖所得款项用于偿还银行贷款。二是在土地经营权抵押贷款业务中引入贷款保险机制，由借款人到保险公司购买贷款保证保险，保险的受益人是向借款人提供资金的贷款银行，这一做法显著降低了贷款银行的坏账风险，吸引了中原农业保险、中华联合财产保险等机构参与长葛土地经营权贷款保险业务。为鼓励农户在办理土地经营权抵押贷款业务时购买贷款保险，河南省出台政策规定保费由河南省财政给予农户80%的补贴，农户个人仅缴20%的保费，这大幅度提高了农户购买贷款保险的意愿。另外，长葛市财政部门还拨出专项资金设立了农村承包地经营权抵押贷款风险补偿基金，对于金融机构发放农村承包土地经营权抵押贷款所造成的经济损失给予一定比例的补偿，补偿金额最高不超过损失的20%，尽管这一比例不算高，但也在很大程度上提升了金融机构开展承包土地经营权抵押贷款业务的动力。

此外，作为长葛市开展土地承包经营权抵押贷款业务量最多的金融机构，长葛农商银行还专门建立了相关的奖励和补助制度，定期根据下属支行对相关贷款业务的办理进度和发放额度进行现金补助，并且对于那些遭受自然灾害等不可抗力影响所导致的不良贷款，对办理贷款的银行有关人员实行尽职免责。长葛农商银行组织业务骨干深入当地土地流转大户开展实地调研论证，充分了解农村承包地的经营权属性和流转情况，梳理承包地经营权流转中出现的新问题，总结各类新型农业经营主体的经营特点和融资特点。在确保合规、审慎、风险可控的前提下，创新性地推出了"农地通"贷款产品，"农地通"贷款利率较一般贷款利率有一定程度的下浮，客户也可以采取"抵押+担保"复合担保方式，解决抵押率不足等问题，多维度满足融资需求。中央电视台新闻频道、财经频道曾经对该行开展试点工作进行专题采访报道和评论，该行的做法被概括为"长葛模式"向其他试点县（市）推广。

三 长葛农村承包地经营权抵押贷款试点改革的经验与启示

长葛在农村承包地经营权抵押贷款方面进行了几年的试点和探索，取得了一些经验和成绩，概括起来，最重要的经验有：清晰界定农村承包地产权是基础，健全风险分担机制是关键，培育农村土地交易市场是核心，完善金融机构的尽职免责制度是保障。

（一）清晰界定农村承包地产权是基础

产权清晰是市场交易的前提，产权不仅指所有权，还包括使用权、经营权、受益权等，清晰的产权界定有助于提高资源利用效率。长葛农村承包土地经营权抵押贷款试点之所以能够顺利开展，是与其事先完成了农村承包地确权工作分不开的，在此基础上，长葛市又进一步完成了农村土地流转使用权的颁证工作，这才真正给新型农业经营主体申请土地经营权抵押贷款铺平了道路。在确权颁证的过程中，为了让农户积极配合确权颁证工作，首先，做好宣传教育，让农户们知晓承包地确权颁证会给他们自身带来什么好处；其次，确权颁证工作不会给农户带来经济负担，这一点尤其重要，长葛市在颁发农村土地流转使用权证的过程中，由地方财政 100% 承担颁证费用，没有给新型农业经营主体带来额外费用支出。这也启示我们，为了更好地利用好农村的各种资源，明晰农村各类资产的产权尤其重要，不仅是所有权要界定清晰，还要对使用权、经营权等进行清晰的界定。当前农村的一些集体资产利用效率不高，其中的一个重要原因就是一些资产的产权缺乏清晰的界定。为提高农村集体资产的利用效率，未来要进一步做好各类资产的产权界定工作，为更好利用各类资产创造条件。

（二）健全风险分担机制是关键

风险控制是金融工作的生命线。农村金融市场面临着比较严重的市场风

险和自然灾害风险。农产品普遍具有比较小的需求价格弹性,当产量发生波动的时候往往带来更大的价格波动,导致农业经营者的收益不稳定,市场行情不好,可能会导致农业经营者不能按时归还银行贷款,甚至在很多年内都无力偿还贷款。农业受自然灾害的影响也比较大,一些农户受到严重的自然灾害影响时可能会破产。农业生产天然存在的更大风险性,再加上农户自己往往缺乏可供抵押的资产,使得金融机构缺乏给农业经营者贷款的动力。长葛市在开展农村土地经营权抵押贷款试点的过程中,为加强风险管控,引入了"贷款保证保险+风险补偿基金"两道防线,一是通过保险的方式,二是通过政府提供补偿基金的方式,来降低金融机构的预期风险损失水平,周全的风险分担机制提高了金融机构给农户贷款的积极性。这也启示我们,为促进农村金融市场发育和提高金融对于农业的支持水平,需要在风险分担方面设计出完善的风险管控机制,为金融机构支持农业发展提供激励。

(三)培育农村土地交易市场是核心

发挥好市场在资源配置中的决定性作用,有助于提高资源配置效率。培育规范的农村土地产权交易市场是开展土地承包经营权抵押贷款业务的前提。市场具有价格发现机制,没有土地产权交易市场,土地经营权的价值就难以得到充分体现,价格的模糊就会导致较高的交易成本,使得土地经营权难以在供需双方之间实现顺利转移。对于土地经营权抵押贷款业务而言,当借款人违约而由金融机构拥有土地经营权时,规范运行的农村土地产权市场也便利了金融机构有效处置土地经营权,这实际上减轻了金融机构对于抵押物难处置的担忧,从而提高了金融机构办理相关业务的积极性。长葛市及时成立了农村产权流转交易服务中心,提供与承包地经营权流转相关的多项服务,服务中心的运行便利了土地经营权的流转,提高了土地流转效率和土地利用效率,也显著增强了交易的透明性和公平性,避免发生一块地的经营权同时卖给多个买方的违法行为。这给我们的启示是,要提高农村要素资源的配置效率和获得公平的要素收入,建立和完善能够有效运行的要素市场是关键,因此,政府要加大力度培育农村要素交易流转市场,实现城乡要素市场一体化，帮助发现要素的潜在价值，提高农村要素的配置效率，同时提高农民收入。

（四）完善金融机构的尽职免责制度是保障

农业生产比工业生产面临更大的市场风险和自然风险，导致银行的涉农贷款业务具有更高的风险和更高的坏账率，因此，在农村承包地经营权抵押贷款业务中，需要金融机构更好地执行尽职免责制度，为一线信贷员松绑，使其更大胆地开展涉农贷款业务。长葛农商银行在参与农村承包地经营权抵押贷款试点工作中，制定了有效的奖补制度，对因不可抗力产生的不良贷款实行尽职免责，充分调动了客户经理涉足农业贷款的积极性。银保监会近年来发布的一些规定都指明，商业贷款尤其是小微企业授信要明确尽职免责制度。2022年3月，中国人民银行发布了《关于做好金融支持全面推进乡村振兴重点工作的意见》，明确提出各金融机构要细化实化涉农信贷业务尽职免责制度。这些规定在很大程度上缓解了银行信贷人员扩展涉农业务的压力，激发了向农村和农业贷款投放的动力。这启示我们，根据农业自身的特点设计科学合理的尽职免责制度，对于金融机构扩展涉农贷款业务是必要的。但是当前的尽职免责制度还不够完善和具体，执行过程中还存在一些模糊地带，具体的业务规则不够明确，客户经理的尽职边界不够清晰，这在一定程度上限制了金融机构对于涉农业务的开展。未来需要在实践中不断总结经验教训，完善尽职免责制度，为金融机构开展涉农业务扫除障碍。

参考文献

李虎：《长葛市开展土地承包经营权抵押贷款试点的政策建议》，《河南农业》2015年第19期。

王杨、孙蕊：《乡村振兴视域下土地经营权融资担保法律制度研究》，《中国土地科学》2021年第10期。

秦涛、吴静黎、梁振英：《土地经营权抵押贷款模式比较与应用策略》，《东南学术》

2022 年第 2 期。

彭艳玲、彭一杰、周红利：《基于机器学习的农户农地经营权抵押贷款信用风险识别及其损失度量》，《系统工程理论与实践》2024 年第 7 期。

徐俊丽、米薪宇、张轶之：《深入推进农地经营权制度改革》，《宏观经济管理》2023 年第 10 期。

郑朝菁：《土地经营权抵押贷款的实践经验及完善建议——以浙江省慈溪市为例》，《上海农村经济》2023 年第 9 期。

贺林波、段宁雨：《论政府支持对农地经营权抵押贷款发展的影响》，《学术交流》2023 年第 6 期。

姜宏坤、刘海礁、辛立秋：《乡村振兴视域下农地经营权抵押贷款需求主体响应机制研究及对策》，《金融理论与实践》2023 年第 3 期。

B.6
许昌完善科技人才下乡政策研究

敬艳丽　程书亮　李欣睿*

摘　要：　科技人才下乡对于促进农业技术创新与应用、提升农民科技素质、促进农村产业升级、加强农村科技服务体系建设、推动城乡融合发展和助力乡村振兴战略实施等方面都具有极其重要的意义。许昌市作为传统的农业大市，拥有丰富的农业资源和深厚的农耕文化，但也存在第一产业发展相对薄弱、乡村地区科技人才供给较少、人才留存不足等现实情况，通过梳理相关政策及调研实际情况，发现科技人才下乡总量不足、队伍不强，科技人才下乡主观意愿不强，保障机制不全，干事创业平台薄弱、欠缺，科技成果转化难、量少等现实困境。需要重视人才开发，让科技人才"能下去"；创新激励政策，让科技人才"想下去"；健全保障机制，让科技人才"下得去"；加强平台建设，让科技人才"留得住"；促进科技成果转化，让科技人才"起作用"等，优化科技人才下乡政策环境，全面推动许昌市乡村振兴战略的实施。

关键词：　科技人才下乡　政策创新　许昌市

2021年2月，中共中央办公厅与国务院办公厅联合发布《关于加快推进乡村人才振兴的意见》，明确指出乡村振兴的核心驱动力在于人才，特别是科技人才，他们被视为推动农业现代化、促进乡村繁荣的首要资源，对乡

---

* 敬艳丽，中原科技学院经济与管理学部副教授，研究方向为产业政策与产业经济管理；程书亮，中原科技学院经济与管理学部助教，研究方向为营商环境；李欣睿，中原科技学院经济与管理学部助教，研究方向为乡村振兴。

村振兴具有不可替代的支撑作用。河南省委与省政府发布的《关于支持许昌高质量建设城乡融合共同富裕先行试验区的意见》，更是赋予了许昌市一项重大历史使命——作为先行试验区，探索并实践实现河南省共同富裕的有效路径。许昌在招引乡村科技人才、实现乡村振兴方面先后出台《许昌市乡村振兴战略规划（2019-2022）》《许昌市乡村人才振兴五年行动计划》《许昌市 2024 年人才需求目录（第一期）》等，动员专家学者人才参与，推动乡村科技发展和全面振兴。在全面推进乡村振兴过程中，乡村科技人才的作用至关重要，需要厘清科技人员下乡的现实困难，探索科技人员下乡的路径选择，真正把科技知识带到田间地头，增强农业发展后劲和农民致富能力。

一 许昌科技人才现状

（一）许昌市乡村科技人才供给侧分析

1. 科技人才的总量、结构及分布

2020 年许昌市本科人口 134651 人，占总人口 3.07%；硕士人口 6801 人，占总人口 0.16%；博士人口 743 人，占总人口的 0.0169%，高学历人才在全市人口中的比重相对偏低。[①] 为充分发挥科技特派员在支撑巩固拓展脱贫攻坚成果和全面推进乡村振兴中的重要作用，河南积极推进科技特派员队伍建设，推动人才下沉、科技下乡、服务"三农"。从 2023 年度河南省科技特派员选派名单来看，许昌市的乡村科技特派员数量相对属于中等水平，从来源上看，省资助乡村科技特派员数量较少（23 人），县选省资助乡村科技特派员数量中等（50 人），市、县资助乡村科技特派员数量相对较多（99 人），乡村科技特派员人数占特派员总数比例中等，为 5.79%（见表 1），从科技人才助力乡村振兴的角度来看，还是需要加大乡村科技特派员的投入数量。

---

① 《河南省人口普查年鉴（2020）》。

表1　截至2023年河南省乡村科技特派员数量及分配情况

单位：人，%

分配地区	乡村科技特派员数量（省资助）	乡村科技特派员数量（县选省资助）	乡村科技特派员数量（市、县资助）	合计	占比
郑州	35	60	40	135	4.54
开封	36	40	49	125	4.21
洛阳	134	90	48	272	9.15
平顶山	53	60	0	113	3.80
安阳	48	50	51	149	5.01
鹤壁	13	20	55	88	2.96
新乡	58	80	50	188	6.33
焦作	27	60	57	144	4.85
濮阳	35	50	50	135	4.54
许昌	23	50	99	172	5.79
漯河	11	20	57	88	2.96
三门峡	19	40	41	100	3.36
南阳	103	110	5	218	7.34
商丘	70	70	80	220	7.40
信阳	131	80	200	411	13.83
周口	79	90	50	219	7.37
驻马店	90	90	0	180	6.06
济源	5	10	0	15	0.50
合计	970	1070	932	2972	100

资料来源：2023年度河南省科技特派员选派名单。

2. 乡村科技人才供给侧现状分析

高等院校、科研院所、企业是高层次科技人才的主要来源。在本土科技人才方面，许昌市内有三所高等本科院校（河南农业大学、许昌学院、中原科技学院）和三所高等职业院校（许昌职业技术学院、许昌电气学院、许昌陶瓷学院），还有各个研究单位（长葛市植保植检站、长葛市农业科学研究所、长葛市农业技术推广中心、长葛市农业农村局、长葛市动物疾病预防控制中心、禹州市农技推广中心、禹州市植保植检站、禹州市畜牧服务中心、鄢陵县植保植检站、鄢陵县农业技术推广中心、许昌市农业科学院、襄

城县农业农村局、襄城县农业技术推广中心等)。与此同时,许昌市也有一些企业能够汇聚一批科技人才,但科技人才数量总体偏少。

在外来科技人才方面,河南农业大学、河南中医药大学、河南科技大学、河南科技学院、郑州市农林科学研究所、河南牧业经济学院、河南省农业科学院等省内科研院所和知名高校积极选派科技专家深入许昌乡镇生产一线,为许昌市乡村振兴提供科技和智力支撑。

自科技特派员制度启动以来,许昌市政府高度重视,将乡村科技特派员项目视为推动农业农村科技发展的关键引擎。聚焦于"服务对象的界定、服务主体的明确以及服务方式的优化"三大核心议题,政府积极整合各类科技资源,确保这些资源能够深入农村一线,直接对接农业与乡村产业的实际需求。

3. 许昌市科技人才政策

许昌市始终将"人才强市"作为驱动经济社会高质量发展的核心战略,自 2016 年起,该市不断创新并深化"英才计划",至今已迈入第三个发展阶段,即"英才计划 3.0"。这一系列人才支持政策的持续优化与升级,不仅彰显了许昌市对人才的高度重视与尊敬,更明确传达了其对优秀人才的渴求。

"英才计划"主要围绕"十个行动"展开,涉及一个总政策与 15 个子政策。通过人才政策引进高层次人才:一是希望在许昌创新创业的高层次人才,能给许昌带来更多的科学技术和经济创造力,有效提升企业竞争力和许昌经济、社会硬实力,带来更多的就业机会和发展选择;二是教育、医疗、科研等事业单位引进的高层次人才,有助于提升许昌市基础教育、医疗卫生等方面的综合能力,为广大市民提供更好的服务。高层次人才的引进,有助于公共服务和政策环境的进一步提升,使许昌市宜居宜业水平再上新台阶。

(二)许昌市乡村科技人才需求侧分析

1. 乡村人才需求现状

当前,许昌乡村在人才资源需求方面正面临多重挑战,主要体现为人才总量不足、结构失衡、薪酬吸引力不足、个人成长与职业发展空间受限，进而导致了人才引进难、留下难、效用发挥不充分的困境。这种现状严重制约了新知识、新技术的推广与应用，使乡村振兴在技术和人才层面缺乏坚实的支撑。一是中高级技术人才的短缺问题尤为突出。人才分布存在明显的地域性差异，优质人才资源多向市区和县城聚集，而偏远乡镇则成为"人才荒漠"，专业技术力量薄弱，难以满足当地发展需求。二是乡村人才结构亟待优化。当前农村的人才构成相对单一，缺乏在现代农业技术、农产品深加工、乡村旅游等新兴领域内的专业人才，且中青年骨干力量不足，这直接限制了乡村产业结构的丰富性和创新能力的提升，使乡村发展受阻。三是经营管理类人才的匮乏成为另一大瓶颈。乡村中从事传统农业种植、养殖的人员占据多数，难以承担起乡村全面振兴的重任，而具备现代经营管理理念和能力、能够引领乡村产业发展和促进农民增收致富的领军人物却凤毛麟角。更为严峻的挑战是，那些既具备管理智慧又拥有无私奉献精神的乡村基层管理人才更是稀缺资源。四是人才激励机制不完善。虽然有相关的留才政策，但在实际操作中激励措施较难量化，激励效果较小，无法满足不同人才的需求和期望，影响了人才的稳定性和积极性。五是人才流失较大。本地优秀人才更倾向于到城市寻求发展机会，乡村地区与城市发展差距较大，导致人才外流。

2. 乡村科技人才需求侧分析

一是需要懂得农业生产技术的人才。随着农业科技进步和生产方式的转型升级，传统的经验种植方式已难以满足市场对农产品质量、安全和多样性的要求。当前，许昌正积极投身于农业特色优势产业的蓬勃发展中，致力于在种植业与农产品加工等关键领域加大创新力度，不仅自主研发并引进前沿技术与新品种，还加速其推广应用，力求为产业发展注入强劲动力。为此，许昌正积极促进高科技项目与新型农业经营主体的深度融合，携手共创，共同研发新品种、新技术与新工艺，旨在通过科技创新与成果转化的双重驱动，有效突破产业发展的技术桎梏。展望未来，随着乡村振兴战略的深入实施，许昌对掌握现代农业技术、具备创新思维与实践能力的专业人才需求将

日益迫切，这些人才将成为推动许昌农业转型升级、实现乡村振兴目标不可或缺的重要力量。二是需要农产品加工与销售领域人才。农产品加工业是提升农产品附加值、延伸农业产业链的关键环节。许昌市需要培育和引进具备食品加工、储藏、包装和营销等方面技能的人才，以推动本地特色农产品向品牌化、高端化发展。同时，熟悉国内外市场运作规律、能够利用互联网平台进行市场营销的专业人才也日益受到重视。三是需要农业经营管理与服务人才。高效的农业经营管理对于提升农业竞争力、实现农民增收至关重要。因此，掌握现代农业经营理念、熟悉农业政策法规、具备良好的农业项目管理和服务能力的经营管理人员不可或缺。此外，农业技术推广人员、农业金融和保险服务人员、乡村规划和公共服务人员等也是许昌市急需的专业人才。四是需要农村科技教育和培训人才。提高农民的科学文化素质，普及农业科技知识是实现乡村科技创新的基础。许昌市需要培养一批能够开展农业科普教育、技术指导和技术培训等工作的科技人才。这些人才不仅要有深厚的农业科技知识储备，还要具备将复杂科技知识转化为农民容易接受的实用技术的能力。五是需要乡村综合发展与创新研究人才。随着乡村振兴战略的深入实施，许昌市也需要一批具有跨学科知识背景与能够进行乡村社会、经济、文化等方面综合发展和创新研究的人才。这类人才将致力于乡村治理体系和治理能力现代化，推动乡村社会事业和文化产业的繁荣发展。许昌市在乡村科技人才方面的需求既广泛又专业，涉及农业生产的各个层面以及乡村发展的多个领域。

二　科技人才下乡的现实困境

在国家大力推进乡村振兴战略的背景下，许昌市积极引导科技人才下乡，旨在通过科技创新驱动农业现代化，促进农村经济和社会全面发展。然而，实际工作中，许昌市在科技人才下乡方面仍面临着一系列现实困境和挑战，这些困境不仅制约了科技人才的有效流动和作用发挥，也影响了乡村振兴战略的深入实施。主要表现在以下几个方面。

（一）科技人才下乡总量不足、队伍不强

许昌市作为传统的农业大市，虽然拥有丰富的农业资源和深厚的农耕文化，但科技人才下乡总量仍然不大，难以满足乡村振兴对科技人才的广泛需求。

从行业分布来看，科技人才下乡主要集中在教育、卫生等领域，而农林牧渔业专业技术人才严重短缺。高层次人才严重不足，人才队伍不强的现象也比较突出。尽管近年来许昌市在科技人才引进方面加大政策和资金投入，但是引进的高精尖人才数量依然较少。如表2所示，通过对比许昌市鄢陵县与其他各县（市、区）科技特派员服务团高层次人才数量，可以发现，鄢陵县的科技特派服务团不仅人员数量较少，而且副高级及以上职称人员数量占比少。

表 2　部分县（市、区）科技特派员服务团高层次人才数量对比

单位：人，%

县（市、区）	初级职称	中级职称	副高级及以上职称	副高级及以上职称人员占比
鄢陵县（许昌）	2	6	4	33.33
西华县（周口）	0	3	18	85.71
修武县（焦作）	0	2	17	89.47
原阳县（新乡）	1	3	13	76.47
息县（信阳）	1	3	12	75.00
滑县（安阳）	0	2	18	90.00

资料来源：2023年度河南省科技特派员选派名单。

（二）科技人才下乡主观意愿不强

据调研，虽然政府出台了《许昌市乡村人才振兴五年行动计划》，但在建立激励机制方面仍存在不足，无法有效激发科技人才下乡的积极性和热情。例如，薪酬待遇、职业发展机会、生活保障等方面的激励措施不够

吸引人，导致科技人才对下乡工作缺乏兴趣和动力。对于深入乡村的专业技术人员而言，尽管经费资助和工作量的认可为他们提供了实质性的支持，但在与论文发表、项目获奖等长期以来被视为学术和职业成功标志的传统激励机制相比较时，这种针对乡村工作的激励措施在激发其工作积极性和成就感方面的效果显得较为有限。一些相关政策支持和激励措施，在执行过程中存在形式主义现象，导致政策未能得到有效落实。例如，对下乡人员的选拔、培训、支持等环节缺乏实质性的帮助和指导，部分科技人才对下乡的重要性和意义理解不深，缺乏足够的认识和重视，认为下乡工作只是一个任务或形式，而未能看到其对乡村振兴和科技人才自身成长的重要作用；也有部分科技人才担心下乡会影响自己的职业发展和晋升空间，担心在乡村的工作成果难以得到认可；部分乡村地区的基础设施相对落后，如交通、通信、医疗等条件有限，让科技人才望而却步；一些乡村地区在科研资源、技术设备、资金支持等方面相对匮乏，难以满足科技人才的工作需求；城乡之间的文化差异也可能成为科技人才下乡的障碍，他们需要适应不同的生活方式和工作环境。这些因素导致科技人才产生"不敢下乡"的心态。

（三）人才保障机制不健全

保障机制和激励措施是保障科技人才下乡并发挥作用的重要因素。保障机制不全，具体表现为许昌市科技人才下乡的体制机制尚待完善，研究经费较少，科研时间不足，激励措施不足。一是体制机制尚待完善。许昌市农村科技供给与需求对接机制尚未健全，科技人才下乡的长效机制尚未完善，科技特派员和产业科技特派员服务团服务不够长久深入，统筹科技人才下乡的相关领导机构相对欠缺。二是研究经费较少。农业科技人员可申请的相关课题、资助项目较少，同时在农村开展科研活动相关票据难以取得，科研经费的使用灵活性不高，阻碍农村科技创新。三是科研时间不足。农村科技工作者经常要在城市乡村两地奔波，下乡调研耗时费力，科研项目需要结合农时安排，科研任务较重，最终导致科研时间较少。四是激励措施不足。具体表现为薪酬待遇不高、职称评定较难，缺乏对科技人才下乡的明确激励和扶持措施，无法为科技人才提供足够的支持。由于待遇、发展空间等方面的原因，部分科技人才在下乡服务一段时间后选择离开，导致人才流失严重。这不仅浪费了前期投入的资源，也影响了科技人才下乡服务的持续性和稳定性。此外，科技人才在农村地区的服务往往是短期的，缺乏长期的技术支持与跟踪服务。这导致无法有效解决农村地区的科技问题，也无法实现科技人才下乡服务的长期效益。

（四）干事创业平台薄弱

许昌市第一产业产值较低，占比较小。全市农作物播种面积中粮食作物种植面积较大，占比达到了 83.02%，粮食作物对于科技人才专业技能需求相对较少，缺少事业留人的优质平台。经济作物虽然需要较多科技投入，但许昌市经济作物种植面积较小，虽然大力发展四大特色产业，但产业链尚未形成，综合经济效益不高。全市农业类科研院所较少，在高校方面，仅有河南农业大学许昌校区，该校区开设的 8 个本科专业中仅有 3 个专业和农业密切相关，并且大多培养的是农业管理人才，培养农业科技人才的专业较少，相应地相关教师、研究人员也相对较少；在专业科研院所方面，仅有许昌农业科学院，但人员编制目前仅 43 人。总体上许昌农业科技人员供给较少。

（五）科技成果转化存在障碍

科技成果转化为城乡共同富裕提供不竭动力，但目前许昌市乡村科技成果转化较难。在外部因素方面，缺乏与省级科研院所联动，目前仅建立了河南农业大学许昌校区，许昌市相关机构、科研院所与省级层面相关科研院所联系较少，引进数量不足。当前，河南省农业科学院已经建立长垣分院；河南省科学院在鹤壁建立了鹤壁分院，在沁阳建立了科创园；但许昌市科研院所与具有农业科研实力的省级研究机构联动较少，借力不足，尚未形成强大的农业科研实力。在内部因素方面，许昌市乡村地区普遍存在资源配置不均衡的问题，如土地、资金、设备等资源的分配不均不利于科技创新和产业发

展，限制了科技人才发挥专业技能的空间。同时，乡村地区缺乏有效的产学研合作机制，导致科研成果难以转化为实际生产力，尽管许昌市拥有一定的科技成果储备，但在成果的转化和应用上存在障碍。一方面，部分科技人才的研究方向与农村实际需求存在偏差，导致科研成果难以在农村地区广泛推广；另一方面，农民对新技术的接受程度受限于教育水平和认知习惯，缺乏足够的技术支持和资金投入，使得科技成果的普及和应用受到限制。

三　完善科技人才下乡的政策研究

（一）重视人才开发，让科技人才"能下去"

1. 加强政策引导与支持

出台一系列优惠政策，如税收减免、资金补贴、项目支持等，降低科技人才下乡的创业和工作成本。同时，为下乡科技人才提供住房、子女教育、配偶就业等方面的便利和支持，解决其后顾之忧。设立专项基金或经费，用于支持科技人才下乡的项目研发、技术引进、成果转化等。同时，鼓励社会资本参与科技人才下乡的支持和投入，形成多元化的投入机制。

2. 环境优化与平台建设

加大对乡村基础设施的投入，改善交通、通信、电力等条件，为科技人才下乡提供便利的工作环境和生活条件。依托高等院校、科研机构等资源，建立乡村科技服务平台或科技服务站，为科技人才下乡提供技术咨询、成果转化、项目申报等一站式服务。推动高等院校、科研机构与乡村企业、农民合作组织等建立紧密的产学研合作关系，共同开展科技研发、技术推广和人才培养等工作。

（二）创新激励政策，让科技人才"想下去"

1. 改革与创新科技人才评价考核体系

一是将基层工作经历纳入职称评聘必要条件。二是优先考虑工作业绩突出者。对于在乡村振兴过程中工作业绩突出的科技人才，设立专项奖励机制。三是将项目与成果转化作为重要依据。在职称评聘过程中，科技人才在乡村振兴中实施的项目及其成果转化成效将被视为关键的评估要素，用以全面衡量其专业能力与贡献价值。四是视同承担科技计划项目。将科技人才在乡村的派驻工作视为与省级、市级科技计划项目同等重要的职责，并在项目分配上给予他们优先权。特别地，对于那些在乡村振兴中表现突出的科技人才，积极推荐他们承接企业的横向合作项目以及各类创新推广项目，以此作为对他们贡献的认可与激励。

2. 采用物质奖励与精神奖励的双重激励方式

在物质奖励方面，将下乡助力乡村振兴的工作明确纳入科技人才所在单位的年度工作绩效考核体系中，作为重要的考核指标之一。精确核计下乡工作的实际工作量，包括时间投入、项目难度、成果产出等因素，确保科技人才因下乡工作而付出的努力得到充分的认可和回报。调整薪酬结构，确保下乡科技人才的薪酬收入高于其原有水平，以体现对其特殊贡献的肯定。加大科研成果与项目奖励力度，设立专项奖励基金，用于表彰和奖励在乡村振兴过程中取得重要科研成果和项目的科技人才。根据科研成果的创新性、实用性和经济效益等因素，制定科学合理的奖励标准，确保奖励力度与贡献相匹配。对于具有重大社会影响和经济效益的科研成果和项目，可以给予额外的奖励和荣誉，以激发科技人才的创新活力。在精神奖励方面，应积极发掘和树立一批下乡科技人才的典型，通过他们的故事和事迹来展现科技人才在乡村振兴中的重要作用和价值。利用各种媒体和渠道，如报纸、电视、网络等，大力宣传这些典型人物的突出事迹和贡献，营造崇尚科技、尊重人才的良好氛围。对工作业绩突出的科技人才，政府及所在单位应给予隆重的表彰和奖励，如颁发荣誉证书、授予荣誉称号等。通过组织表彰大会、经验交流会等活动，让科技人才感受到社会的认可和尊重，进一步激发他们的工作热情和创造力。同时，可以考虑将表彰与晋升、评优等相结合，为科技人才提供更多的发展机会和空间。

（三）健全保障机制，让科技人才"下得去"

1. 强化组织领导与政策支持

政府应扮演核心引领角色，通过高瞻远瞩的顶层规划，促进跨部门（涵盖市乡村振兴办公室、市委组织部、市人力资源和社会保障局、市科学技术局等）的紧密合作与协同行动，以汇聚各方力量，形成推动乡村发展的强大合力。为吸引并留住科技人才投身乡村建设，政府应设计并实施一系列具有吸引力的优惠政策体系，包括但不限于税收减免、资金直接补助、专项项目资助等，旨在有效减轻科技人才在乡村创业与工作中的经济负担，为他们创造更加宽松和有利的工作环境。同时，明确政策目标、任务、责任和保障措施，确保政策得到有效落实。建立科技人才下乡服务中心或工作站，为科技人才提供信息咨询、项目对接、技术指导等一站式服务。深入调研乡村实际需求，建立供给侧技术人才与需求侧服务需求的精准对接机制，确保科技人才能够有的放矢地开展工作。

2. 业务经费保障

为了全面支持科技人才深入乡村工作，市级政府及所属单位应设立专门的"科技人才乡村服务基金"，旨在覆盖科技人才在乡村服务期间产生的交通、住宿、餐饮等各项日常业务开销。鉴于乡村环境中发票获取困难的实际问题，应构建一套灵活且科学合理的经费管理和财务报销机制，确保资金使用的合规性与高效性。同时，推进项目经费管理的"包干制"改革，通过简化报销流程，减少行政负担，进一步提升资金使用效率。此外，该专项基金还应灵活运用于支持项目研发、优化绩效薪酬结构以及表彰优秀成果等激励措施，以全方位激发科技人才服务乡村的热情与创造力。

3. 信息资源保障

为促进技术供给与乡村服务需求之间的无缝对接，构建一套全面的信息资源汇聚与对接体系很有必要。依托先进的信息平台或整合现有信息系统，系统地收集并整理科技人才的专业技能信息与乡村的具体服务需求，旨在实现供需信息的精准匹配。通过建立高效的信息对接渠道，确保科技人才能够迅速掌握乡村的最新服务需求，并基于个人专长精准定位合适的服务项目。反过来，乡村也能依据实际需求，从丰富的科技人才库中挑选出最合适的合作伙伴，共同推动乡村振兴与发展。

（四）加强平台建设，让科技人才"留得住"

许昌市二三产业发展相对充分，可以最大限度地用工业反哺农业，推动农业与工业、服务业的深度融合。维持传统粮食作物种植面积，加大粮食作物新品种研发力度，提高单产效益。全力推进"花卉、蔬菜、中药材与烟草"四大特色产业蓬勃发展，依托科技创新的强大引擎，引领农业实现深刻的转型升级，并显著提升其品质与效益，为农业现代化注入强劲动力。通过城乡融合发展，完善农村基础设施，逐步缩小城乡发展的差距，为科技人才留在乡村提供便利条件。一是要全力支持河南农业大学许昌校区的发展，培养更多了解许昌农村、热爱许昌农村的本地农业科技人才、农业管理人才。二是要大力支持许昌学院、中原科技学院等本地院校增设各类农业专业，建立城乡发展研究院等智库，为城乡融合发展、一二三产业协调发展建言献策，提供智力支持。三是要"重建重塑"许昌农业科学院，借鉴国内外先进研发机构模式，以体制机制创新推进重要农业科技项目申报，大力推进农业科技人才引进与培育工程，采用"揭榜挂帅"等方式，解决乡村实际需求，实现许昌市农业科技自立自强，筑牢农业科研的四梁八柱。四是要改革企事业单位用人模式，采取"编制待遇在高校院所，工作在乡村企业"模式，最大限度解决下乡科技人员的后顾之忧，用平台和事业真正留住人才。

（五）促进科技成果转化，让科技人才"起作用"

实现农业科技成果转化，主要做好以下几方面工作。

一是要加强内外部联系，优化创新资源配置。全力支持许昌市农业科学院同河南省农业科学院的深度联系，整合现有农业科技平台，促进农业科技资源集聚，构建多层次、广领域、动态化的科技共享平台体系；举全市之力加快与河南省科学院建立联盟关系，争取建立河南省科学院许昌分院，填补

许昌市自然科学研究机构缺失的空白,以河南省科学院许昌分院为纽带加强与省级及全国其他科研机构的联系,订立重大科研仪器设备共享协议,快速提升许昌市整体科研实力,从源头上提升科研创新实力,提高科技成果转化效率,抢抓本轮科技创新革命先机。

二是要完善创新平台体系,培养专业化技术转化人才。构建"创新创业联合体"平台,该平台以农业企业为核心驱动力,紧密联结高等院校与农业科研机构作为知识与技术转化的坚实后盾,形成多元化创新主体协同参与的生动局面。同时,加强对创业苗圃、孵化器及加速器等关键环节的优化与强化,打造一条高效畅通的科技成果孵化与转化链条,为创新创业项目提供从萌芽到壮大的全方位支持与孵化环境;实行农业技术经理人市场化聘用制度,在河南农业大学许昌校区、许昌市农业科学院试点探索农业科技成果转移转化的有效机制与模式。

三是要加大农业创新成果推广,促进农业科技成果转化。根据农村实际需求,结合当地特色,将最新农业科研成果进行推广应用,精准助力乡村产业振兴,让当地村民看到实实在在的成果,促进农业科技成果转化。

参考文献

孙方正、阎占定:《民族地区科技人员下乡服务乡村振兴现状分析——以湘西、鄂西为例》,《湖北经济学院学报(人文社会科学版)》2023年第6期。

伍万云、褚卫东:《乡村振兴视域下欠发达区域农业科技人才队伍建设研究》,《生产力研究》2022年第6期。

吴骏泽、孙红艳:《乡村振兴战略背景下农业科技人才培养机制构建研究》,《河南农业》2022年第36期。

杨月坤、查椰:《乡村振兴背景下农业科技人才参与培训行为影响因素研究——以河南省为例》,《农业现代化研究》2021年第4期。

涂华锦、邱远、赖星华:《科技人才下乡助力乡村振兴的困境与实践——基于广东省河源市的田野调查》,《中国高校科技》2020年第4期。

许昌推进农业转移人口市民化研究

李　琳　李晗冰*

摘　要： 农业转移人口市民化是推进新型城镇化建设及实现城乡融合发展的关键所在，对于推动实现共同富裕目标具有举足轻重的地位。而农业转移人口的城市居留意愿，无疑是影响市民化进程的决定性因素。近年来，许昌市政府颁布多项政策文件以推进农业转移人口市民化进程，并取得较好的效果。即便如此，当前许昌市的农业人口市民化仍有较大提升空间。因此，深入剖析农业转移人口居留意愿的诸多影响因素，并精准识别其中的主导因子，对于许昌市科学制定和调整人口政策及城镇化发展战略具有深远的理论和实践意义。本研究基于全国流动人口动态监测数据，以主成分分析法构建涵盖四维度的身份认同指数，然后基于随机森林模型在主体、客体、主客体交互的统一分析框架下评估农民工居留意愿的影响因素，并结合许昌市具体情况提出针对性建议。

关键词： 农业转移人口　市民化　主成分分析　身份认同

　　共同富裕作为社会主义的本质要求，在新时代背景下已被提升为国家战略，并成为中国式现代化的显著特征。农业转移人口，作为一线劳动者的核心力量和城乡间最为活跃的流动要素，其面临的工资、就业、社会融入等多重困境，使得他们成为影响共同富裕进程的重要因素。推动农业转移人口的市民化进程，以支撑新型城镇化，进而促进城乡融合发展，是实现共同富裕

---

* 李琳，广西民族大学管理学院硕士研究生，经济师，研究方向为劳动经济；李晗冰，许昌市城乡融合共同富裕发展研究院研究人员，博士，研究方向为人力资本与产业经济。

的必然路径。在此过程中，精准识别农业转移人口市民化的主要难题显得至关重要。

党的十八大以来，许昌市在推动农业转移人口市民化方面做出了显著努力，通过制定实施方案、完善公共服务保障、加强社会保障体系建设、促进就业以及推动城乡融合发展等多措并举，不断提升农业转移人口的公共服务水平和社会保障水平，促进了他们全面融入城市，实现了市民化的稳步推进。然而，农业转移人口市民化是一个长期的、不断变化的过程，影响农业转移人口市民化的因素也在不断变化。随着户籍制度改革的持续深化，城市落户门槛逐渐降低，为农业转移人口的市民化提供了有力支持。尽管如此，户籍制度对农业转移人口市民化的影响正在逐渐减弱。这意味着，当前农业转移人口在城市中的居留落户意愿已逐渐摆脱户籍制度的桎梏，其决策更多地取决于户籍制度外的其他因素。目前，众多农业转移人口正陷入"既非农民又非市民"的身份认同窘境，这无疑成为我国高质量新型城镇化进程中的一大障碍。特别是在城乡融合发展的大背景下，新型城镇化与乡村振兴之间的战略互动日益频繁，其中，人员的合理流动与均衡发展又成为此互动中的核心环节。因此，从农业转移人口市民化过程中所面临的身份认同困境出发，深入剖析各影响因素之间的内在联系，对于增强新型城镇化与乡村振兴战略之间的良性互动，以及推动城乡融合发展具有重要的理论与实践意义。

一 许昌市农业转移人口市民化现状

2019~2023 年，许昌市的城镇化率从 54.13%增长至 56.12%，呈现出稳步上升的趋势。① 这一显著增长不仅反映了城镇化进程的加速推进，更深层次地揭示了农业人口向城镇转移的重要社会现象。城镇化率的提升与农业转移人口的大量涌入形成了互动机制，后者成为推动城镇经济发展的关键

---

① 《2023 年许昌市国民经济和社会发展统计公报》。

力量。

面对农业转移人口的大量涌入，许昌市在促进就业方面采取了多项措施。通过开发就业岗位、推进"零工市场"建设、实施家政兴农行动等，为农业转移人口提供了求职、用工、培训和社会保险等全方位服务。2023年许昌市城镇新增就业人员中，就包含了一定数量的农业转移人口，这体现了政策的有效实施[①]。在住房保障方面，许昌市也加大了对农业转移人口的支持力度。通过建设保障性租赁住房、发放租赁补贴等措施，将符合条件的农业转移人口纳入城镇住房保障范围，从而有效提升了他们的居住条件和生活质量。随着城乡融合发展的深入，许昌市正致力于实现城镇基本公共服务对全部未落户常住人口的全面覆盖。这涵盖了就业、住房、医保、教育、社会保障等多个方面，为农业转移人口提供了更加全面、均等的基本公共服务保障，进一步促进了他们的社会融入。

为了进一步加快农业转移人口市民化进程并促进城乡融合发展，许昌市出台了一系列政策文件，如《许昌市进一步加快城乡融合发展促进农业转移人口市民化实施方案（征求意见稿）》。这些政策文件为农业转移人口提供了明确的制度保障和发展路径，构建了完善的政策支持体系。根据相关政策文件的目标设定，到2025年，许昌市将进一步畅通农业转移人口落户城镇的渠道，常住人口城镇化率有望提升至64%。这一预期目标表明，在未来的几年内，许昌市将继续加大力度推动农业转移人口向城镇转移，并不断提升他们的生活质量和发展水平。这将有助于实现更加全面、可持续的城镇化发展，促进城乡社会的和谐与繁荣。

许昌市在农业转移人口市民化过程中虽取得了一定进展，但仍面临多重挑战。政策执行与制度层面存在障碍，如户籍制度和居住证制度的不完善限制了农业转移人口的城镇落户和公共服务享受。公共服务供给相对不足，特别是在教育、医疗、住房等关键领域，难以满足农业转移人口的需求。就业与收入水平方面，该群体普遍面临文化程度低、技能不足等问题，限制了其

---

① 《2023年许昌市国民经济和社会发展统计公报》。

在城市中的就业机会和收入水平。社会保障体系尚不健全，部分农业转移人口在享受社会保险待遇时面临困难。同时，土地与住房问题也是制约因素，包括农村土地和宅基地的处理以及城市高昂的住房成本。此外，心理与文化融入障碍也不容忽视，生活方式和价值观念的差异可能导致农业转移人口难以真正融入城市社会。因此，基于全国相关数据进行科学的研究，找准影响我国农业转移人口市民化的关键因素，对于许昌市制定更具针对性的政策至关重要。

二　农业转移人口市民化影响因素研究：基于主成分分析和随机森林的经验证据

　　农业转移人口的身份认同问题在市民化研究领域已逐渐受到学术界的广泛关注。中国情境下的农业转移人口在城乡之间的迁移流动与身份转变作为一种鲜活的实践现象，为身份认同经济学提供了丰富的研究案例与素材。具体而言，就业机会与劳动收入等因素对农业转移人口的劳动迁移决策具有重要影响，而落户门槛及其附带的公共资源获取条件则进一步影响着这一群体在城市中的身份认同构建，并最终作用于其城市居留意愿。身份认同作为一种主观认知，对个体的行为选择具有深远影响，尤其对于身份认同水平较低的农业转移人口而言，城市身份认同的程度不仅关乎其职业路径的选择，还可能引导宏观政策向其倾斜。当影响居留意愿的多种因素（包括个体因素与环境因素）同时作用时，农业转移人口的居留意愿得以增强，这是因为身份认同的转变重塑了他们的职业规划与职业选择观念，并促进了技能水平的提升，从而为居留创造了主观上的有利条件。此外，农业转移人口的身份认同还受到城市特征的影响，诸如城市常住人口规模、人均 GDP、职工平均工资以及卫生机构数量等反映城市发展水平的指标，均在显著程度上影响着农业转移人口的身份认同感。一般而言，城市发展程度越高，落户门槛也越高，生存压力随之增大，这无疑加剧了农业转移人口在获取医疗、教育等基本公共服务资源方面的难度，同时也不利于其权益的保障，因此，在这类城市中，农业转移人口较难获得身份认同，其居留意愿也显著降低。

基于此，本研究在既有研究的基础之上，致力于构建一项农业转移人口城市融入后的身份认同指数，旨在实现对该群体在流入地身份认同状况的更为全面且客观的评价。本研究的数据源自国家卫生健康委员会所实施的全国流动人口动态监测调查。为契合研究需求，本研究初步筛选了持有农村户籍的样本数据，并进一步将样本范围限定于那些完整填写了年龄、受教育程度、民族、政治面貌、土地收益以及身份认同相关指标信息的样本。通过上述处理，最终选择了来自全国 31 个省（区、市）的 37370 个样本。本研究借鉴现有研究的做法，在结合调查问卷内容的基础上，严格遵循指标的代表性、权威性和可操作性原则，从问卷中精心挑选了 9 个与身份认同紧密相关的指标，旨在通过主成分分析法，提炼出身份认同的四个核心维度。在对数据进行预处理后，本研究运用 SPSS 软件对这 37370 个样本的 9 个指标进行了 KMO 和 Bartlett 检验，以评估数据的适用性。检验结果显示该数据集非常适合进行主成分分析。

进一步地，本研究分析了每个主成分所涵盖的原始信息比重。结果显示，前九个特征根大于 1 的主成分累计能够解释 70.579% 的原始信息。根据以往对心理型问卷进行主成分分析的经验，这一数值表现良好，基本上能够反映指标的信息。最终，本研究提取了四个主成分——内心意愿、外部阻碍、就业选择、权益保障。正如前文所述，这四个主成分与身份认同指标体系的四个维度——主观认同感、客观认同感、机会选择、资源获取高度契合，能够全面、系统地反映身份认同的各个方面。各主成分与各维度的具体对应关系详见表 1。

在构建身份认同指数的过程中，本研究需要对这四个主成分进行合理的赋权，以便将它们综合成一个统一的身份认同指数。为此，本研究采用各成分的方差贡献值占累计方差贡献的百分比来确定权重。通过精确计算，得出了四个主成分的具体权重，并据此合成了身份认同指数。

表1　身份认同各主成分权重

维度	主成分		权重
认同过程	主观认同感	内心意愿	0.4274
	客观认同感	外部阻碍	0.1953
认同结果	机会选择	就业选择	0.2193
	资源获取	权益保障	0.158

（一）农业转移人口市民化影响因素的重要性排序

在数据具备较高置信度且样本量充足的前提下，本研究选用了随机森林（Random Forests）方法进行变量重要性排序。相较于传统的假设检验模型，随机森林的优势在于其非参数性，能够灵活处理数据中的非线性关系和交互作用，从而更准确地捕捉复杂数据的特征。在随机森林模型中，决策树作为基评估器，自上而下根据纯度下降的程度进行分支，这意味着越靠近树顶端的落户特征对模型被解释变量的解释力度越强。通过对随机森林中所有回归树模型中变量带来的均方误差幅度进行平均，可以得到模型特征重要性的排名，这一排名用于识别影响农业转移人口居留意愿的各个因素的贡献程度，进而对比不同因素的影响效应，找到影响农业转移人口居留意愿的关键因素，为制定相关政策提供科学依据。

农业转移人口的居留行为是一个复杂的决策过程，它涉及主体（农业转移人口及其禀赋特征）、客体（流入地及其环境特征）以及它们之间的交互（见表2）。在这一框架下，本研究考察了农业转移人口对流入地的居留意愿。主体因素包括民族和婚姻状况，它们代表了农业转移人口的人口学特征和家庭特征；客体因素则涵盖了流入地的经济环境、居住环境、医疗教育环境等；而主客体交互因素则通过身份认同指数来表征，它反映了农业转移人口在与流入地交互过程中的主观感受。

实证分析结果显示，主体特征是影响农业转移人口居留意愿的重要因素，其中民族和婚姻状况的单项因素解释力度分别为23.8%和20.9%，共计 44.7%。这表明农业转移人口的个体特征和家庭特征直接影响了他们的居留能力与居留决策。特别是民族因素，由于我国是一个多民族国家，各民族间的生活习性不同，阻碍了少数民族农业转移人口的城市融入与居留意愿。而婚姻状况则反映了家庭的基本特征，中国人的"家和万事兴"传统理念使得婚姻状况对农业转移人口的居留意愿产生显著影响。

除主体特征外，流入地的客体特征也对农业转移人口的居留意愿产生了一定程度的影响，解释力度为 18.6%。农业转移人口在迁移至流入地后，会与当地在工作、生活、社交等方面产生各种交互联系，自然会对当地环境产生直观的感知与感受。其中，经济环境是首要考虑的因素，因为农业转移人口迁移的主要动机是出于经济层面的考虑。此外，医疗教育环境也会对农业转移人口的居留意愿产生显著影响。最后，居住条件与居住环境也是流动人口在做出迁移或居留决策时要考虑的一个重要因素。

随着经济社会发展与群体特征演变，农业转移人口的核心诉求逐步从物质层面转移到精神层面。本文的实证分析结果进一步佐证了这一观点，以身份认同表征的主客体交互因素对农业转移人口居留意愿的解释力度达到了 36.7%，成为单项因素中贡献最高的。这表明农业转移人口越来越重视自己在与流入地的交互过程中所产生的主观体验与感受。身份认同可以从个体与社会融合程度和认同感、社会支持和归属感以及就业机会和社会地位几个方面展开分析，这些都会影响农业转移人口对城市的认同感和留下的意愿。

表 2　农业转移人口市民化影响因素的重要性排序

编号	变量	重要性评分
1	身份认同	0.367
2	民族	0.238
3	婚姻状况	0.209
4	人均 GDP 对数	0.042
5	年末人口与医院、卫生院个数比	0.038
6	年末人口对数	0.037

编号	变量	重要性评分
7	职工平均工资对数	0.035
8	年末人口与财政教育费用支出比	0.034

表 3 展示了全样本模型的性能评价结果。从整体来看，该模型在全国范围内对农业转移人口的居留意愿进行了有效的分类，其准确率高达 98.5%。特别是在识别"落户"这一类别上，模型的正确率达到了 92.0%，这进一步验证了模型的高性能。全样本模型所得到的变量重要性排序结果也表现出了较高的稳定性，这为后续深入分析影响农业转移人口居留意愿的因素提供了可靠的基础。综合来看，全样本模型不仅准确率高，而且其分类性能和变量重要性排序的稳定性也得到了充分验证，这表明该模型在研究和预测农业转移人口居留意愿方面具有较高的应用价值。

表 3　全样本模型性能评价

单位：%，人

变量		准确率	召回率	F1 分数	样本量
居留意愿	居留	98.5	98.9	0.987	35727
	返乡	72.5	66.1	0.692	1643
平均值		0.855	0.825	0.84	37370
加权平均值		0.975	0.975	0.974	37370
准确率		0.92			37370

（二）许昌市农业转移人口市民化重要影响因素排序与区域差异分析

不同的流入地，由于其独特的经济、社会和环境特征，构成了不同的客体特征。这些特征在与农业转移人口主体的交互过程中，会产生不同的反应，进而导致居留意愿的区域性差异。为了更深入地探讨这种差异，本文首先对许昌市的样本进行重要性排序，在此基础上进一步按城市所处的区域对农业转移人口居留意愿的影响因素进行排序，并以此进行深入分析。

许昌市位于河南省中部，其独特的地理位置和区位优势对农业转移人口市民化过程产生了显著影响。从表4的结果来看，身份认同、民族和婚姻状况是影响市民化进程的主要因素，这也与全国样本的分析结果相吻合。而经济指标如人均GDP对数、职工平均工资对数等则相对次要。值得注意的是，"年末人口对数""年末人口与医院、卫生院个数比""年末人口与财政教育费用支出比"的重要性评分明显低于全国样本，这种现象可能与许昌市的区位特征存在关联。许昌地理位置靠近郑州且交通便利，在教育和医疗上能够共享郑州的优质资源，且郑州对于流动人口的吸引力高于许昌，因此上述三项因素在农业转移人口市民化影响因素评分中数值较低。

表4　许昌市农业转移人口市民化影响因素的重要性排序

编号	变量	重要性评分
1	身份认同	0.387
2	民族	0.258
3	婚姻状况	0.215
4	人均GDP对数	0.039
5	职工平均工资对数	0.031
6	年末人口对数	0.026
7	年末人口与医院、卫生院个数比	0.023
8	年末人口与财政教育费用支出比	0.021

中国地域辽阔，不同区域在经济、文化、社会制度等方面存在显著差异。这些差异直接影响农业转移人口的市民化进程和融入程度。仅仅从全国样本和许昌样本的影响因素重要性评分来进行分析，很难全面地、深层次地理解各个影响因素的重要性，也不利于先进经验的学习和精准政策的制定。

因此，本文进一步根据国家统计局对经济区域的划分标准，将流入城市划分为东部、中部、西部和东北四大区域，并进行了具体的分区域异质性分析。这一分析旨在揭示不同区域间农业转移人口居留意愿的差异，以及造成这些差异的主要因素。

具体的分区域异质性分析结果如表5所示。该表详细列出了不同区域内影响农业转移人口居留意愿的主要因素，以及这些因素在各区域内的具体影响程度。通过对比不同区域的分析结果，我们可以更清晰地了解居留意愿的区域性差异，以及各区域内影响居留意愿的主要因素。这一分析对于制定针对不同区域的农业转移人口政策、提高政策的针对性和有效性具有重要意义。

表5 不同区域农业转移人口市民化影响因素的重要性排序

排序	东部		中部		西部		东北	
	变量	重要性评分	变量	重要性评分	变量	重要性评分	变量	重要性评分
1	身份认同	0.396	民族	0.39	身份认同	0.388	身份认同	0.481
2	民族	0.252	身份认同	0.31	民族	0.196	民族	0.177
3	婚姻状况	0.228	婚姻状况	0.155	婚姻状况	0.18	婚姻状况	0.147
4	年末人口对数	0.025	人均GDP对数	0.026	年末人口与医院、卫生院个数比	0.052	年末人口对数	0.059
5	人均GDP对数	0.025	职工平均工资对数	0.032	人均GDP对数	0.052	年末人口与医院、卫生院个数比	0.039
6	职工平均工资对数	0.025	年末人口与医院、卫生院个数比	0.03	年末人口对数	0.047	人均GDP对数	0.034
7	年末人口与医院、卫生院个数比	0.025	年末人口与财政教育费用支出比	0.029	年末人口与财政教育费用支出比	0.044	年末人口与财政教育费用支出比	0.032

排序	东部		中部		西部		东北	
	变量	重要性评分	变量	重要性评分	变量	重要性评分	变量	重要性评分
8	年末人口与财政教育费用支出比	0.024	年末人口对数	0.028	职工平均工资对数	0.041	职工平均工资对数	0.031

在进行不同流入区域农业转移人口居留意愿的异质性分析时，我们依然遵循主体、客体、主客体交互的统一框架。表5的结果显示，无论在哪个区域，主客体交互因素，即身份认同，都是影响农业转移人口居留意愿的核心因素。这一结论与未分区域时的分析结论保持一致，强调了农业转移人口与流入地交互后产生的主观感受对当前居留意愿的重要性。

同时，主体特征因素，包括民族和婚姻状况，也是居留意愿的重要影响因素。它们在东部、西部、东北的因素重要性排名中均位于前列，其中民族因素在中部排在首位。这一现象可以从中部地区的特殊性和民族因素的多维影响来解释。中部地区拥有丰富的资源和交通优势，促进了不同民族之间的人口流动和文化交流。然而，汉族人口在中部占据主导地位，这可能对少数民族农业转移人口的融入产生一定的阻碍。如果农业转移人口能够在城市中找到与自己相近的民族群体，并受到城市社会的认同和接纳，他们将更容易融入城市社区，提高其社会认同感。

此外，客体特征，即流入地的城市特征，也对各区域农业转移人口的居留意愿产生了一定程度的影响，但相较于前两大因素，其作用相对不突出。这也与未分区域的分析结论一致，进一步证明了主体特征和主客体交互因素在影响农业转移人口居留意愿中的主导作用。

综上所述，不同流入区域的农业转移人口居留意愿存在异质性，但无论在哪个区域，身份认同、民族和婚姻状况都是影响其居留意愿的重要因素。在制定相关政策时，应充分考虑这些因素，以提高政策的针对性和有效性。

（三）实证研究的主要结论

基于全国流动人口动态监测数据，运用主成分分析法和随机森林模型，在主体、客体、主客体交互的统一框架下，对农业转移人口居留意愿的影响因素进行了深入评估，并进行了分区域的异质性分析。以下是得出的基本结论。

首先，主客体交互因素，特别是身份认同，对农业转移人口居留意愿的解释力度高达 36.7%，成为单项因素中贡献最高的。这表明，随着经济社会的发展与群体特征的演变，农业转移人口的核心诉求已经从物质层面逐渐转移到精神层面。他们在流入地的身份认同感成为影响居留意愿的核心要素，即农业转移人口越来越重视自己在与流入地交互过程中所产生的主观体验与感受。身份认同的提升可以增强他们的社会融入意愿，帮助他们建立社会支持网络，并促进就业获取与社会地位的提升。

其次，主体特征也是影响农业转移人口居留意愿的重要因素。其中，以民族为表征的人口学特征和以婚姻为基本表征的家庭特征分别对居留意愿贡献了 23.8% 和 20.9% 的解释力，二者共计贡献 44.7%。这说明，尽管农业转移人口在空间上已经完成向城市的迁入，但他们的先天特征或依附乡土的后天特征等内部群体特征仍然会对其居留意愿产生显著影响。

再次，客体特征，即流入地的城市特征，也对农业转移人口的居留意愿产生了一定程度的影响，解释力度为 18.6%。当农业转移人口迁移到流入地后，他们会在工作、生活、社交等方面与当地产生各种交互联系，并对当地的经济环境、医疗教育环境、居住环境等产生直观感受，这些感受进而会影响他们的居留意愿。

以许昌为例，主体特征对农业转移人口市民化影响较大，但因其紧邻省会郑州的地理特征，客体特征对农业转移人口市民化的影响明显低于全国水平。但这并不意味着，许昌在公共服务水平提升上可以减少政策支持。从长远来看，公共服务水平依然对农业转移人口市民化有重要影响。

最后，根据流入地划分出东部、中部、西部、东北四大区域并进行异质性分析后，我们发现四大区域农业转移人口居留意愿的影响因素的差异主要体现在客体特征上。具体来说，东部和中部地区较为相似，经济环境的影响更为明显；而西部和东北地区则较为相似，区域内医疗资源分布不均导致医疗环境的影响较为显著。这一发现为本研究结合许昌实际情况制定更加精准的农业转移人口市民化政策提供了重要依据。

三 许昌市推进农业转移人口市民化的政策建议

基于许昌市农业转移人口市民化的现状，结合前述研究结论，本研究提出以下具体政策建议。

第一，针对农业转移人口在流入地的工作与生活环境，应着重优化其交互体验，以促进社会融入和身份认同感的提升，进而增强其居留意愿。具体措施包括：强化法治建设，确保农业转移人口的劳动权益、工资支付、社会保障等权利得到充分保障，从而提高其法律地位；消除户籍歧视，严厉打击企业在用工、薪酬给付、权益享受等方面的歧视行为，逐步弱化户籍附带的权利，使其回归居住地登记注册的基本功能；同时，应保障基本公共服务的均等化供给，确保农业转移人口能够平等享受城市提供的公共服务，如教育、医疗、住房等，以消除城乡居民之间的福利差异，让农业转移人口切实感受到城市社会的公平与温暖。

第二，需关注农业转移人口内部的群体特征及其演变趋势，并根据其先天特征和依附乡土的后天特征设计针对性的政策。对于少数民族农业转移人口，应加强对其民族文化的保护与尊重，并在城市中建立相应的自治机构，鼓励其参与社区事务和决策过程。同时，通过组织文化交流活动增进城市居民对少数民族的了解和认同，以创造多元文化共生的城市氛围。针对未婚农业转移人口，可以通过推动建立同乡会、相亲会等平台，帮助其扩大社交圈并找到合适的配偶；对于双方均为农业转移人口的夫妻，在落户时应给予一定的政策优待和支持；而对于已婚但配偶仍在家乡的农业转移人口，政府可

以在子女看护、老人赡养等方面提供必要的帮扶措施，以减轻其落户的后顾之忧；若其配偶随迁，则政府应在落户、就业、子女入学等方面提供全面的帮助和支持，鼓励其在城市安家立业。

第三，鉴于许昌市不同县区的特点显著，应针对各区域的具体情况进行因地制宜的政策设计。对于流入建安区、长葛市等的农业转移人口，这些区域经济发展较快，产业较为发达，因此农业转移人口对经济收入有较高的预期。政府应通过提供信息支持、技术培训、产业适配等方式，积极为其就业提供帮扶和支持，帮助他们更好地适应城市经济环境，实现稳定就业和收入增长。同时，也要注重保障他们的劳动权益，确保他们在工作过程中享受到公平的待遇和权益保障。特别是在东部县区，政府还应特别关注居住环境的改善，加大住房保障力度，提供适宜的生活空间，以吸引和留住农业转移人口。

而对于流入其他以农业为主的县区的农业转移人口，这些区域可能资源分布相对不均，公共服务设施相对薄弱，导致他们对医疗、教育等基本公共服务有更高的需求和期望。因此，政府应通过实现基本公共服务的均等化，加大对这些区域的投入力度，提升公共服务水平，确保他们能够享受到与城市居民同等的公共服务待遇。特别是在医疗和教育方面，政府应增加资源投入，改善医疗设施和教育条件，提高服务质量和可及性，以满足农业转移人口的基本需求，增强他们在流入地的居留意愿和社会融入感。

参考文献

靳卫东、杜育红：《农业转移人口城镇居留意愿、自主就业选择与户籍歧视变化》，《华中师范大学学报（人文社会科学版）》2022年第4期。

吴开亚、张力、陈筱：《户籍改革进程的障碍：基于城市落户门槛的分析》，《中国人口科学》2010年第1期。

王志涛、李晗冰：《身份认同、个人技能与农业转移人口返乡意愿——基于CMDS数据的实证研究》，《经济经纬》2021年第3期。

展望、李晗冰：《农民工身份认同与城市居留意愿——基于主成分分析和随机森林算法的经验证据》，《沈阳工业大学学报（社会科学版）》2024年第3期。

孙红玉、叶学平：《流动人口的身份认同对流入地居留意愿的影响——基于中国流动人口动态监测数据（CMDS）的验证》，《江汉论坛》2022年第9期。

城乡产业协同篇

B.8
许昌建立健全科技成果
入乡转化机制研究

刘芳宇*

摘　要： 党的二十大报告中明确要求"着力推进城乡融合和区域协调发展"，并围绕共同富裕这一战略目标进行了规划设计和安排部署。许昌作为"国家城乡融合发展试验区"及河南省共同富裕先行试验区，积极探索可复制、可推广的"许昌经验"。目前，许昌市在科技成果入乡转化机制构建中已取得显著成效，如科技成果转化政策体系持续完善，产学研科技创新资源进一步集聚，科技成果转化队伍不断扩大，科技成果转化资金合力初步形成等，但仍存在供给侧活力不足、缺乏专业机构及专业人才、需求相对不足、体制机制不完善等深层次难题亟待破解。许昌市应加快完善激发科技创新活力的体制机制、建立健全多元协同的科技成果研发和转化机制、打造科技成果入乡转化示范案例库、完善科技成果入乡转化体制机制，推动科技成果入乡转化机制建立健全，进一步促进农业科技成果转移

---

* 刘芳宇，郑州轻工业大学经济与管理学院讲师，研究方向为区域经济学。

转化与应用。

关键词: 科技成果入乡　转化机制　共同富裕

2019 年，许昌市荣获"国家城乡融合发展试验区"的全域性殊荣，成为河南省内唯一的地级市代表，同时也是全国范围内仅有的两个实现全域覆盖的"试验区"之一。依据国家发改委正式批准的《国家城乡融合发展试验区（河南许昌）具体实施方案》，该区域聚焦六大核心任务，其中构建科技成果向乡村转化的有效机制被置于重要位置。2022 年初，许昌市被确立为河南省共同富裕先行试验区。河南省委与省政府联合发布了《关于加速许昌高质量推进城乡融合与共同富裕先行试验区建设的指导意见》，强调要进一步完善科技成果入乡转化机制，形成良好的创新生态。因此，建立健全科技成果入乡转化机制，不仅是许昌市激发乡村发展新活力、强化乡村全面振兴基础、迈向共同富裕目标的战略部署，也是其必由之路。

一　许昌建立健全科技成果入乡转化机制现状

许昌不仅是河南省重要的粮食基地，还是全国重要的粮食基地。至 2023 年底，全年全市粮食种植面积 676.05 万亩，粮食产量 289.15 万吨，猪牛羊禽肉产量 26.71 万吨，牛奶产量 3.77 万吨，禽蛋产量 15.60 万吨；特色农作物种植包括棉花、烟叶、油料、蔬菜和食用菌、花卉和中药材等；形成了"许昌腐竹""禹州粉条""襄县红薯""长葛蜂蜜""鄢陵辣椒""建安食用菌"等特色品牌；围绕面制品、肉制品、菌蔬制品、蜂产品、中药材、红薯制品、豆制品、白酒饮品及预制菜九大核心农业产业，调整产业布局，深化产品精细加工，扶持并扩大农业龙头企业的规模和影响力。[①] 为了

---

① 《2023 年许昌市国民经济和社会发展统计公报》。

加速科技成果入乡转化，许昌市促进创新链、产业链、人才链、资金链及政策链的深度融合，加速创新资源的汇聚。目前，已在建立健全科技成果入乡转化机制方面取得了显著成效，主要体现在以下几个方面。

（一）完善科技成果转化政策体系

为应对科技成果转化过程中存在的资源分散、平台壁垒及协作不畅等挑战，我国近年来密集出台了一系列政策法规，旨在加速科技成果向现实生产力的有效转化。自2015年起，这一进程显著加快，标志性事件包括同年8月全国人大常委会修订通过的《促进科技成果转化法》，2016年国务院先后发布了该法的实施若干规定及促进科技成果转移转化的行动方案，共同构成了推动科技成果转化的政策"三部曲"。① 各地方政府积极响应，配套出台了一系列管理举措，形成政策合力，激励科研机构、高校、企业及科研人员积极参与科技成果转化。在农业领域，为强化科技支撑乡村振兴，农业农村部于2018年发布了《乡村振兴科技支撑行动实施方案》，强调以市场需求为导向，聚焦于农业产业关键问题，加速重大科技成果的集成、熟化、示范及转化应用，特别是针对粮、棉、油等关键作物，推广具有显著经济效益和发展潜力的新品种。次年，科技部联合农业农村部等七部门发布了《关于加强农业科技社会化服务体系建设的若干意见》，进一步明确了产学研、农科教深度融合的方向，鼓励多元化科技服务主体在农业重大技术集成、熟化及示范推广中发挥积极作用，共同推动农业科技成果的广泛应用与农业现代化的进程。

许昌市在积极响应国家及河南省相关政策导向的同时，紧密结合自身地域特色与发展实际需求，迅速行动，制定并实施了多项旨在促进先进技术成果引进与转化的激励政策，如《许昌市支持高质量建设城乡融合共同富裕先行试验区的具体激励措施》等，以此不断夯实现代农业产业技术基础与

---

① 《科技入乡点"土"成金》，《许昌日报》（数字版），http：//szb.21xc.com/xcrb/PC/con/202007/27/c50143.html，最后检索时间：2024年8月20日。

基层农技推广网络。这些措施聚焦于核心技术研发与突破，以及先进栽培技术的集成与示范应用，积极推广包括精准播种、化肥深层施用、秸秆还田、保护性耕作等在内的多项节本增效型农业机械化技术。此外，还致力于推动优良品种与高效栽培方法的有机结合，以及农业机械化与农艺技术的深度融合，为现代农业的可持续发展注入强劲动力。

（二）集聚产学研科技创新资源

科技创新资源是促进科技成果入乡转化的基础，许昌市致力于构建多层次的产学研合作平台，以优化创新资源配置。一是积极搭建国家和省级科技研发平台，助力大中型企业建立高级研发中心，至今已建立包括省级及以上重点实验室、企业技术中心、工程技术研究中心在内的 231个研发平台，全面覆盖"633"工业发展体系，为科技成果转化奠定坚实基础。① 二是积极拓展外部合作网络，与北京理工大学、中科院合肥物质科学研究院、中科院微电子研究所及华为等顶尖高校、科研机构及企业建立战略伙伴关系，通过共建联合实验室、新型研发机构、开展重大项目合作等方式，探索"创新策源在外、生产应用在许昌"的模式，建立科技成果入乡转化数据库，有效促进了国内外优质农业科技资源向本地企业的转移与对接。三是依托科技大市场，定期举办农业科技成果发布与对接活动，进一步促进了产学研用的紧密结合。众多企业通过"揭榜挂帅"机制，成功与国内顶尖高校和研究所建立人才与技术合作关系，有效提升了自身创新能力。四是实施了农业高新技术企业"三年倍增"计划，加强了农业创新载体的建设，全市已有 18 家农业类高新技术企业和 21 个省级以上星创天地、69 家企业与中科院 30 家院所建立合作关系，其中 29 个项目获得中科院河南产业技术创新与育成中心的重点支持，立项数量和资金

---

① 《省科技厅出台政策支持许昌高质量建设城乡融合共同富裕先行试验区——量身定制"政策礼包"助力许昌创新发展》，https://www.henan.gov.cn/2023/02-03/2683427.html，最后检索时间：2024 年 8 月 20 日。

总额均位居全省之首，彰显了许昌市在科技创新与成果转化方面的强劲动力。①

（三）培养壮大科技成果转化队伍

科技成果转化团队是推动科技成果有效渗透乡村的关键力量。许昌市在强化这一核心要素方面，采取了多项举措。一是制定了《关于汇聚高端人才加速创新强市建设的若干政策》，旨在通过精准匹配产业需求、绘制引才蓝图与链条规划、设立专项资助及扶持政策，吸引并培育应用导向型人才与团队，为科技成果入乡转化提供坚实的人才支撑。② 二是依托科技大市场、国家级科技企业孵化器及众创空间等优质平台，聚焦于科技成果转化链条的各个环节，致力于培养既精通专业知识又具备经营管理能力的复合型转化人才。通过构建涵盖科技创新、知识产权、项目管理等多领域的专业人才梯队，不断提升科技成果转化服务机构的专业化服务效能。三是积极引导农业科技人才深入基层，通过修订完善"许昌英才计划"3.0政策框架，选派科技特派员至各乡镇担任科技副职，实现科技服务的精准对接与广泛覆盖。如2020年共遴选82名各领域（主要是农业、林业、畜牧、规划、医疗、经济、法律等领域）专业技术人才，到74个乡镇挂任科技副职，覆盖有脱贫攻坚任务的所有乡镇。探索实行科技副乡（镇）长制度，如2021年许昌市选派35名专业技术人才到34个乡镇挂任科技副镇长；2022年许昌市又选派39人到39个乡镇挂任科技副职。四是健全县（市、区）农技推广中心、乡（镇）农技推广区域站、村科技示范主体和科技示范户三级科技服务网络，确保科技专家能够深入一线，提供面对面的技术指导与服务，确保科技成果真正惠及广大农民群众，推动农村经济的持续发展。③

---

① 《创新驱动发展，许昌做对了什么？》，https://www.163.com/dy/article/HGGHC4GA05198 M83.html，最后检索时间：2024年8月20日。

② 《创新引领 动能强劲》，《许昌日报》（数字报），http://szb.21xc.com/xcrb/PC/con/ 202209/29/c118099.html，最后检索时间：2024年8月20日。

③ 《城乡融合发展的"许昌经验"》，http://szb.21xc.com/xcrb/PC/con/202309/05/c142914. html，最后检索时间：2024年8月20日。

（四）强化科技成果转化的多元化资金投入

许昌市创新金融机制，强化资金链与创新链的深度融合，通过构建多元化金融支持体系，为科技成果转化注入强劲动力，推动科技与经济的高效结合。一是构建稳固的资金链体系，建立金融与科技成果转化深度融合的长效机制。许昌市持续推进科技与金融结合试点市建设，在推广"科技贷""科技保"业务、知识产权质押贷款管理、引进科技创业投资、支持企业资本市场融资、搭建银企对接平台等方面加大金融对科技成果转化的支持。截至目前，许昌市已成功助力 36 家高新技术企业和科技型中小企业通过省级"科技贷""科技保"项目获得贷款总额达 5.18 亿元，这一成绩在全省范围内名列前茅。二是积极发挥许昌市智融创业投资基金（郑洛新国家自主创新示范区成果转化引导基金子基金）和许昌市科技成果转化引导基金作用，为符合发展方向的科技成果转化项目提供必要的资金支持，促进更多具有市场潜力和创新价值的科技成果在许昌落地生根，转化为现实生产力。

二　许昌建立健全科技成果入乡转化机制存在的问题

尽管许昌市在完善科技成果转化政策体系、集聚产学研科技创新资源、培育壮大科技成果转化队伍、形成科技成果转化资金合力等方面已取得丰硕的成果，但许昌乡村发展仍相对薄弱，科技创新水平较低，在加快建立健全科技成果入乡转化机制方面仍面临着供给侧活力不足、缺乏专业机构及专业人才、需求相对不足、体制机制不完善等亟待破解的若干突出问题。

（一）科技成果入乡转化供给侧活力不足

一是缺乏农业相关的高端科研平台。河南省作为传统农业大省，尽管长期致力于农业科技的创新发展，但是在资源投入上仍显不足，特别是高端科研平台的稀缺，制约了科技创新的深度与广度。许昌市在科研投入及人才储备上，与省内如郑州、洛阳等城市相比存在差距，缺乏国家级或省级的农业实验室、工程技术中心等关键平台以及顶尖高校的学术支持，从而影响了其农业科技创新能力的提升。尽管许昌市努力构建"科创飞地"模式，但农业领域的成果转化因其地域性极强，受自然条件差异影响显著，使得各地对科技成果的需求各具特色，增加了转化的复杂度。二是农业科技成果转化周期长、风险高。农业具有生产周期长、季节性强等特点，这就导致农业科技成果转化具有较长的周期性，甚至可拉长到数十年。较长的科研周期叠加较高的失败风险是大部分科创型企业和金融资本对农业科研领域持观望态度的重要原因。同时，农业生产的多变性和不可控性，进一步加剧了科技成果转化与推广的不确定性及风险。三是产学研协同联动性弱，市场接受度较低。目前，科研评价体系中对论文发表、奖项获取及项目完成过度重视，相对忽视了成果的实际应用价值，导致部分科研活动与市场需求脱节。这种脱节不仅削弱了农业科技成果的可转化性，也降低了市场对其的认可度和接受度。

（二）科技成果入乡转化缺乏专业机构及专业人才

一是缺乏农业领域转移转化服务机构。尽管河南省及许昌市科技成果转移转化服务机构和平台的数量和规模与日俱增，但专注农业领域技术转移和成果转化的机构不多，农业转移转化服务仍处在探索阶段，还需要系统性、全面性的发展和完善。此外，农业科研单位与有关成果转化服务机构联系不够紧密，成果公布、需求对接及商务洽谈等转化环节面临阻碍。二是缺乏成熟的技术经纪人。技术经纪人属于典型的跨学科人才，需要在具备深厚的农业学科知识的背景下，熟练掌握技术转移、商务谈判、合同拟定等管理技能，目前市场所需求的技术经纪人数量远远高于供给。科技成果入乡转化不仅需要密集的科技成果作支撑，还需要高质量的转移转化人才队伍的保障与支持。随着共同富裕战略的进一步推进，如何保障转移转化人才供给、优化转移转化人才年龄结构、提高专业融合水平成为科技成果入乡转化工作亟待解决的问题。

（三）科技成果入乡转化需求相对不足

一是相较于高度集约化的第二、三产业，农业固有的分散性发展特征、有限的抗风险能力及其较低的经济效益，使得农业领域在接纳和应用科技创新成果方面展现出较低的积极性与需求。二是截至 2023 年底，许昌市农民合作社、家庭农场等新型经营主体 1.6 万余家，省级以上农业产业化龙头企业 51 家，农产品加工企业 554 家，农业产业化联合体 16 家，农业生产经营组织仍然以家庭为主，而户均不足 0.5 公顷的经营规模使得小农户相应的投资与生产收入也更少，这导致农业生产过程中对新科技成果的需求相对不足。① 三是根据《河南省第三次全国农业普查主要数据公报（第五号）》的数据，农业劳动力中，高中及以上学历者仅占极少数（1.3%），而 55 岁以上劳动者比例则高达 30.5%，显示出农业劳动力队伍的老龄化趋势及整体受教育水平的偏低。这种人口结构特征导致了农业劳动者在接受和应用现代科技方面的能力受限，进一步削弱了科技成果在乡村转化过程中的需求基础。

（四）体制机制不完善等深层次难题亟待破解

一是科研激励机制不健全。在高校与科研院所科研人员的考核中，论文、专利和项目考核比重偏高而成果转化比重偏低且转化周期长，考核期短但考核任务重，因而科研人员更倾向于开展"科研快餐"，这就导致农业领域论文、专利等看似"井喷"涌现，但能真正转化落地的科技成果少之又少。据国家知识产权局发布的《2022 年中国专利调查报告》，2022 年，我国高校有效发明专利实施率为 16.9%，高校发明专利产业化率仅为 3.9%，高校发明专利许可率为 7.9%。整体来看，我国科技成果转化率也仅为 30% 左右，大量研发成果未能形成现实生产力。同时，科研经费分配机制中研发

① 《打好产业发展"特色牌"——我市发展特色农业产业助力乡村振兴侧记》，http://www.21xc.com/content/202404/01/c517549.html，最后检索时间：2024 年 8 月 20 日。

直接支出占比偏高，而激励科研人员的绩效支出则偏低，且缺乏促进跨领域、跨机构合作创新的有效机制，科研人员开展产学研的主观能动性仍未调动起来。二是农业科技成果的利益共享机制有待进一步完善。当前，成果收益分配过程中存在权益界定模糊的问题，未能科学评估不同角色在创新及转化过程中的贡献度，导致利益分配难以公正合理。因此，推动科技成果转化收益分配机制的改革，构建既公平又激励的分配体系，以充分激发科技人员的积极性，成为亟待解决的关键问题。三是成果转化投融资机制不完善。农业科技成果转化需要大量的资金投入，土地虽可作为金融贷款抵押物，但农业生产利润较低，疫情、病虫害、不利气候条件等不确定因素直接影响其效益。在金融机构风险防控系统的效益评估中，由于农业抵押物不足，农业企业贷款额度不高，信用贷款门槛较高，因而贷款额度有限。成果转化投融资机制不完善直接影响农业科技成果转化的效益。四是农业科技人才向生产一线的流动面临诸多障碍。尽管许昌市已采取措施，如完善"许昌英才计划"并选派科技特派员服务基层，但受限于职称评定、人事管理等因素，县乡级科技人才仍显匮乏，人才流动不畅。这一问题不利于农业科技成果的有效转化与应用，亟须通过政策调整与机制创新加以解决。

三 许昌建立健全科技成果入乡转化机制的对策与建议

为加速科技成果向乡村的有效渗透与转化，促进科技创新深度融入乡村发展脉络，许昌市应加快完善激发科技创新活力的体制机制、建立健全多元协同的科技成果研发和转化机制、打造科技成果转化入乡示范案例库、完善科技成果入乡转化体制机制，推动科技成果入乡转化机制建立健全，以解决当前面临的突出问题，进一步促进农业科技成果转移转化与应用。

（一）加快完善激发科技创新活力的体制机制

首先，针对许昌市乡村的即时与长远需求，明确科研人员对科技成果的所有权与收益权，确保科技成果处置、收益分配及奖励机制的清晰与高效，建立和完善重大科技创新与成果转化相关的奖励激励机制，促进科研与乡村发展的深度融合。其次，为激发科研人员的积极性与创造力，特别是针对农业农村发展急需的技术领域，鼓励高校与科研机构调整考评体系，强化市场与社会导向，具体举措如：在职称评审、岗位设置及绩效考核中加大对科技成果转化应用的倾斜力度，同时完善收入分配激励机制，以实际贡献为导向，鼓励科研人员投身于实用技术和先进技术的研发与推广之中。再次，深化产学研合作，加速科技成果转化。依托河南省中科科技成果转移转化中心许昌中心，加强与中科院及其下属机构的合作，共同建设产学研研究院，实现创新资源的深度共享与联合攻关。此外，支持优势企业与高校、科研院所建立紧密的合作关系，形成产学研联合体，聚焦"花、菜、药、烟"四大特色产业，加速技术创新与成果转化，推动产业链的升级与延伸。最后，营造更加优化的创新生态，实施创新生态优化行动。促进创新项目、平台与载体的有效落地与实施，进一步激发全社会的创新活力。针对农业主导产业中的重大科技需求与"卡脖子"技术难题，积极推广"揭榜挂帅""赛马制"等新型科技项目管理制度，集中力量攻克技术难关，推动产业结构的转型升级，为许昌市乡村的可持续发展提供强有力的科技支撑。

（二）建立健全多元协同的科技成果研发和转化机制

首先，支持高校与科研机构组建专业化的科技成果转化团队，深化与各类企业、新型农业经营主体、农村集体经济组织以及广大农户之间的紧密联系与合作，通过精准对接市场需求与乡村发展实际，加速推动适合许昌本地域的最新科技创新成果实现转化与应用。其次，针对农业技术推广体系，提出改革与完善的策略。一方面，鼓励设立农业技术转移转化机构和技术服务网络，强化市场在资源配置中的核心作用，构建高效的技术示范、应用与推广服务体系；另一方面，明确技术属性的界定，融合公益性技术推广与社会化服务，形成互补优势。此外，探索政府购买公共服务、提供补贴等机制，打破行政壁垒，建立以推广成效为导向的岗位管理、绩效分配与奖励制度，

同时允许农技人员通过增值服务获得合理收入，以激发其工作积极性。再次，构建高校和科研机构人才流动机制。鼓励科研人员以兼职、离岗创业等形式深入乡村，探索技术入股、兼职兼薪等合作模式，促进科研成果在乡村的落地生根。同时，开放高校与科研机构的招聘渠道，吸纳来自民营科研机构及民间的科技创新人才，为乡村发展注入新鲜血液与活力。

（三）打造科技成果入乡转化示范案例库

鉴于我国复杂而独特的国情背景，小农户作为农业生产的主力军，其长期存在不仅是农业结构的现实反映，也是保障粮食安全与农村社会稳定的重要基石。许昌市要进一步促进科技成果转化入乡的效果，提升农户需求，应打造科技成果转化入乡典型应用场景，形成科技成果入乡转化示范案例库。首先，全面启动农业科技成果转移转化示范区的创建工作，这一举措需立足全市，辐射周边，以政策为引领，机制创新为核心，打造一批具有鲜明特色与显著成效的示范区。这些示范区将成为农业科技成果转化的试验田，通过优化资源配置，强化产学研用深度融合，形成政策激励、市场驱动、企业主体、农民受益的良性循环体系。在此过程中，注重培育一批技术领先、模式创新的农业科技企业，使其成为科技成果入乡转化的重要载体和推动力量。其次，示范区建设应注重实效性与可复制性，通过总结提炼成功经验，形成可推广、易操作的模式与机制。同时，加强与其他地区的交流合作，共同搭建农业科技信息共享平台，推动创新资源的跨区域优化配置，助推形成全国一盘棋的农业科技协同发展格局。再次，加强农业科技培训与服务体系建设。通过组织专家团队深入田间地头，开展形式多样的技术指导和培训活动，帮助农户掌握先进的农业技术和管理方法。最后，建立健全农业科技成果推广服务网络，为农户提供及时、准确、有效的信息服务和技术支持，确保科技成果能够真正在农村落地生根，惠及广大农户。

（四）完善科技成果入乡转化体制机制

首先，进一步整合和细化科技成果入乡转化的相关政策。全面梳理国家、省、市科技成果入乡转化的相关政策，特别是在金融、法律、税收等关键领域加大支持力度，以形成一套全面覆盖、针对性强的农业科技成果转化政策框架。细化政策条款，通过媒体、网络等渠道，加大政策宣传力度，确保政策信息能够准确、及时传达至企业和科研机构，精准对接许昌市的实际需求。其次，鼓励引导众创空间、民间投资机构等共同组建孵化投资基金，推动成立具有公益性质的"天使投资联盟"。该联盟将吸纳优质民间资本，在农业高新技术成果转化的初期阶段提供关键支持。此外，探索"联合天使担保风险池"等创新管理机制，以有效分散融资风险，构建更加完善的区域融资服务体系。再次，进一步完善风险补偿制度，健全地方资金市场。对符合补助标准的中小型企业，适当放低贷款标准，助力其平稳度过项目风险期。围绕农村科学技术成果推广工作的具体特点，主动引进更多的风险投资公司介入农村科学技术成果研发的前期工作。对于农业科技成果转化过程中的投资机构，实施风险补偿机制，对经济损失给予一定比例的税收减免与风险救助，以减轻投资风险，吸引更多社会资本参与科技成果入乡转化。最后，健全人才招引政策，加大对高层次科技创新人才的培养与引进力度。一方面，通过构建"产业联盟+高校+专家团队"的人才共享模式，促进人才资源的优化配置与高效利用；另一方面，加强基层农技推广体系的建设，扩充农技推广队伍，并整合各方人力资源，充实基层农技队伍，为科技成果的转化与应用提供坚实的人才保障。

参考文献

王新涛、李建华、王承哲、王建国：《河南城市发展报告（2020）：推进城乡融合发展》，社会科学文献出版社，2020。

陆建珍、徐雪高、汪翔：《我国农业科技成果转化的现状、问题及对策》，《江苏农业科学》2021 年第 49 期。

梁美娟：《陕西省农业科技成果转化应用现状问题及对策建议》，《南方农业》2022 年第 16 期。

韩鹏：《建立省域科技成果入乡转化机制促进城乡融合发展问题与对策研究——以河南省为例》，《区域治理》2020 年第 17 期。

任洁：《新形势下科技成果转化服务城乡产业融合发展路径》，《中国管理信息化》2023 年第 26 期。

陈柏强、母璇、刘畅：《科技成果转化加速新质生产力发展的内在机理及实践路径研究》，《北京理工大学学报》（社会科学版）2024 年在线发表。

B.9
许昌推进农村三次产业融合发展研究

胡亚兰　时梦真　梁美婷*

摘　要： 农业不仅是国民经济的基石，更是维系社会稳定的纽带。在我国经济进入新常态之后，传统农业向现代农业、单一产业向多元化产业、低效生产向高效发展的转变显得尤为迫切，农村三次产业的融合发展成为转变农业发展方式的必然要求。许昌市积极促进农村三次产业融合发展，农业产业结构不断优化，新型经营主体培育成效明显，农业科技体系不断健全，产业活力持续增强。但仍面临着农业产业链延伸不足、产业融合利益联结机制不健全、农业多功能性发挥不足、要素配置存在短板等方面的问题。基于此，许昌市仍需要不断延伸农业产业链，拓展农业功能，充分利用科技创新成果，加强农业产业集聚，以提高许昌市农村三次产业融合发展的水平，推进农业农村高质量发展。

关键词： 农村一二三产业　融合发展　农业产业链　农业产业集聚

农业是国民经济的基础，承载着国家繁荣与稳定的重任，其重要性不言而喻。随着时代的进步和社会的发展，农业发展进入了一个新的阶段，传统的农业模式已不能满足现代经济的需求，农业的发展方式、结构调整和农民的收入增长都面临着新的挑战与机遇。基于此，推进农村产业融合发展，重新审视并赋予农业更为深远的意义成为必然要求。推进农村三次产业融合发

---

* 胡亚兰，中原科技学院经济与管理学部副教授，研究方向为县域经济；时梦真，中原科技学院经济与管理学部助教，研究方向为农业经济；梁美婷，中原科技学院经济与管理学部助教，研究方向为产业经济。

展，不仅是对农业发展方式的深刻转变，更是构建现代化农业体系、促进农民增收、推动乡村振兴、实现共同富裕的关键路径。近年来，许昌市结合区位与资源优势，积极探索、创新产业融合的方式方法，将传统的种植、养殖与加工、销售、服务结合，充分发挥农业在经济、社会、环境等方面的功能，优化、延伸产业链，促进农村三次产业深度融合发展。

一　许昌市农村三次产业融合发展现状

近年来，许昌市政府积极响应国家提出的农村三次产业融合政策，大力推进乡村产业振兴，三次产业融合加快发展，农村居民人均可支配收入持续增长。在2023年许昌市的经济表现中，三产数据呈现出稳步增长的态势。地区生产总值达到了3238.2亿元，相较于上一年，实现了0.9%的增长。具体来看，第一产业增加值216.5亿元，同比增长1.4%，展现了农业领域的稳定发展；第二产业增加值1398.9亿元，同比增长1.6%，凸显了工业的坚实基础；第三产业增加值1622.8亿元，同比增长0.1%，反映了消费和服务的良好表现。产业结构方面，第一产业增加值占比为6.7%，第二产业增加值占比43.2%，第三产业增加值占比则高达50.1%，显示了许昌市经济的多样性和活力。[①] 而2024年上半年，许昌市的经济发展势头更为强劲。全市地区生产总值同比增长6.0%，其中第一产业增加值增长3.7%，第二产业增加值增长5.9%，第三产业增加值增长6.3%，[②] 显示出各类产业均保持良好增长态势，许昌市的经济正在向更多元化、更高质量的方向发展。

（一）许昌市农村三次产业融合发展基础分析

1. 传统农业稳步发展，农业产业结构不断优化

许昌市是河南省重要的农业区域之一，主要农产品有水稻、小麦、玉

---

① 《2023年许昌市国民经济和社会发展统计公报》。
② 许昌市统计局：《2024年上半年全市主要经济指标运行情况》。

米、棉花等。2019~2023年许昌市粮食种植面积一直保持在670万亩以上，粮食产量稳定在280万吨以上①，坚决扛稳粮食安全重任，传统农业稳步发展。近年来，许昌市在农业供给侧结构性改革、农业科技创新、农产品品质效益提升和农民增收等方面成效显著。农业产业结构从传统的单户种植逐渐转变为订单种植、种养一体化和"互联网+"模式，在传统产业的基础上积极发展花、菜、药、烟四大特色产业；农产品逐步实现从低端到中高端的跨越；农业经济增长的创新驱动作用日益明显。由此可见，许昌市农村三产融合有着良好的发展基础。

2. 新型经营主体培育成效明显，经营体系初步形成

近年来，许昌市从"多""大""强""活"四个方面不断壮大农业市场主体，农业产业化经营水平持续提高。2024年，许昌市新增1个国家级农业产业强镇，6个村被认定为全国、省"一村一品"示范村，全市登记农民合作社超7000家、家庭农场超9200家②，农产品加工企业554家，农业产业化联合体16家。禹州市、长葛市、鄢陵县、襄城县、建安区5个县（市、区）均有1个省级现代农业产业园，全市已经争取国家现代农业产业强镇项目5个③。截至2024年6月，许昌市市级以上农业产业化龙头企业142家，其中，国家重点龙头企业4家、省重点龙头企业47家④。新型经营主体与经营体系在全面推进乡村振兴、引领乡村产业发展和促进农民就业增收中发挥了重要作用，推动农业农村现代化迈出坚实步伐。

3. 农产品向精深加工发展，产业活力持续增强

在农产品精深加工方面，许昌市结合地方特色和自然特性，重点抓好花

---

① 《2019~2023年许昌市国民经济和社会发展统计公报》，http://baijiahao.baidu.com/s?id=1794815449686363432 Wfr=spider for=pc，最后访问时间：2024年9月5日。

② 《新时代新征程新伟业 许昌谱写农业强市"春之曲"》，大河网，最后访问时间：2024年9月5日。

③ 《打好产业发展"特色牌"——我市发展特色农业产业助力乡村振兴侧记》，《许昌日报》2024年4月1日，第1版。

④ 《许昌市新增一家"国家级"农业龙头企业》，河南省人民政府官方网站，许昌网，http://www.ZIXC.com/content/202406/14/c520021.html，最后访问时间：2024年9月5日。

木、中药材、烟叶、蜂产品、食用菌、蔬菜、优质小麦、三粉八大优势产业，做精做优特色产业基地，扩大特色品牌影响力。依托长葛蜂产品、禹州三粉、建安腐竹等特色富民产业，从良种繁育到规模种植，从绿色农业到食品加工，不断延伸农业产业链，强化农产品的精加工和深加工，提高农产品附加值，让农民充分享有农业生产、加工、流通等全链条的增值收益。

近年来，随着休闲农业、"互联网+"农业和旅游农业等新型业态的崛起，许昌市农业产业活力持续增强。截至 2023 年底，许昌市共获评河南省乡村旅游特色村 43 个、河南省特色生态旅游示范镇 9 个、河南省休闲观光园区 13 个[1]，乡村生态休闲旅游遍布全市，以文化村镇研学体验为特色的乡村旅游成为许昌旅游的三张名片之一；乡村旅游接待人次逐年增加，相关经营主体、从业人员数量及营业收入也不断攀升，乡村旅游呈现蓬勃发展的良好态势，为农村三次产业融合注入了新的活力。

4. 农业科技体系不断健全，助推农村三次产业融合

近年来，许昌市农业信息化体系建设多点突破，物联网技术、数字化远程监控技术在农业上的应用逐步扩大。截至 2023 年底，许昌已建设完成各类益农信息社服务站 1824 个，全市涉农行政村覆盖率达到 80%；县级运营服务中心 5 个，涉农县（市、区）实现全覆盖。农业机械化水平不断提高，助推农业生产逐步向机械化、智能化转变，全市农业综合机械化率达到了 90%；在农业生产中广泛应用北斗导航，农机信息化工作处于全国领先位次。"智慧气象"逐步发展且成效显著，在全市范围内，现已建成农业气象科技示范园 10 个、自动土壤水分观测站 14 个，这在应对极端天气影响、保障农业生产安全方面都发挥了重要作用。农业科学技术的发展和应用，强化了农村三产融合的维度纵深[2]。

（二）许昌市农村三次产业融合度测算分析

结合相关文献，本研究选用 Herfindahl 指数法（HHI）来测算许昌市农

---

① 《2024 年许昌市政府工作报告》。
② 《2024 年许昌市政府工作报告》。

村三产融合度，用以发现产业之间的关联度，为后续研究打下基础。其基本测算公式为：$HHI=sum\left[\ (Xi/X)^2\right]$。

公式中 X 表示市场总规模；Xi 表示第 i 产业的规模。HHI 值共划分为 5 个区间，HHI 值越小，融合程度越高；反之，则越低。具体区间范围如下：0.2~0.36 为高度融合，0.37~0.52 为中高度融合，0.53~0.68 为中度融合，0.69~0.84 为中低度融合，0.85~1.0 为低度融合。

由表 1 可知，许昌市农村三次产业融合一直处于中高融合水平，但融合度整体呈现小幅上升趋势，且从中高水平层次上看仍然有很大的提升空间，农村三产融合度有待进一步加强。

表1　2019~2023 年许昌市农村三次产业融合度测算结果

年份	产值（亿元）				HHI
	第一产业	第二产业	第三产业	三产总产值	
2019	134.77	1380.33	916.99	2432.08	0.467343768
2020	151.29	1364.63	949.11	2465.01	0.458490410
2021	150.15	1436.03	1560.6	2608.32	0.459097849
2022	159.30	1467.21	1043.13	2669.69	0.458294626
2023	189.92	1157.14	1150.11	2497.17	0.432622742

资料来源：2020~2023 年河南统计年鉴及许昌各县市国民经济和社会发展统计公报。

二　许昌市农村三次产业融合发展面临的挑战

（一）农业产业链延伸不足

许昌市农村第一产业同第二、第三产业的融合层次不够高，突出表现为产业链延伸不足。许昌市农业资源十分充裕，物产非常丰富，特色农产品种类较多，花木、中药材、蜂产品和食用菌等产品在全省甚至全国享有盛誉，但精深加工产品种类不多，大多以"原字号"或"初字号"产品卖出去，产业链条相对较短，第一产业向后端延伸受到一定程度的制约。许昌的农产

品精深加工率仍有待提升，高科技含量、高附加值产品和产业相对较少，规模效应和品牌优势彰显不足，在消费端的市场竞争优势不够明显。此外，城市依然是许昌市农产品加工企业的聚集地，而农村地区则鲜有企业落地，这就造成农村地区农产品增值利润较低的问题。

（二）新型农业经营主体带动力不强，利益联结机制不健全

当前，许昌市有较强影响力和竞争力的国内知名加工龙头企业较少，国家级龙头企业仅有4家；农民专业合作社虽规模日增，但经营实力和带动力尚待加强；家庭农场和专业大户受教育程度和资金限制，融合参与度有限。此外，许昌市农村地区在相应的风险防范方面还没有形成健全有效的机制，如农户参与产业融合活动的风险防范机制、农业保险和担保机制等。一旦风险控制出现不确定的情况，就可能导致一连串的消极效应，也会使农民与合作社以及企业的合作组织联结作用发挥不充分，从而影响农村三产的深度融合。

（三）农业多功能性发挥不足

许昌农业与餐饮业、旅游业、文化产业等第二、第三产业的融合深度不够，没有充分实现农业休闲、娱乐、体验、创意等多功能。当前，许昌的休闲农业、旅游农业发展势头较好，但经营方式仍较为传统，且与教育、康养、文化等产业融合程度不深，农业的多功能性发挥不足。以农旅融合为例，大多还是通过餐饮、娱乐等方式带动消费，简单地将城市的娱乐方式和娱乐场所复制到农村，未能充分挖掘农村的文化特色、土特产品的开发价值，基于农业、农村的第三产业在农村地区发展成效并不显著。此外，许昌农业的规模优势和品牌优势还不够显著，农业品牌培育任务仍然比较艰巨，农业品牌效应彰显不足，农业产业综合效益不够高，一定程度上限制了农村三次产业融合的增值空间。

（四）要素配置短板依然存在

许昌市农村产业融合受限，主因在于土地、资金、人才及科技等生产要

素供给短缺。一是耕地资源约束趋紧。粮食安全和耕地红线是必须保障的大前提，但为提升农业效益，需要大力发展花木苗木、畜牧等高效农业，以及农产品加工、仓储物流等第二、第三产业，这就势必会使用地需求增加，如何合理平衡这两方面是一个不小的挑战。二是资金需求压力较大。农业贷款难、贷款贵难题仍然存在，补齐农业农村基础设施等短板也需要足够资金支持，支持农村三次产业融合发展的资金压力较大。三是人才短缺。乡村产业发展需要一批高素质新型人才，他们可以在农村管理、农民致富、创新创业及扩大农业经营主体等方面发挥主观能动性和带头作用，但当前人才缺口仍比较明显。四是农业科学技术普及率有待提升。尽管全市已兴起农业科技园，并将科技如大数据、区块链、互联网等应用于农业生产、加工、销售等各环节，然而农业科技普及仍受资金短缺及高层次专业人才匮乏的制约，加上其他各方的局限，农业科学技术在全市的普及率还不够高，农业科学技术建设任务还比较重。

三　许昌农村三次产业融合发展模式

（一）产业链延伸融合模式

该模式是在农业的基础上延伸产业链，打破农业与第二产业、第三产业之间的界限，形成集生产、加工、销售及服务为一体的新兴业态。例如，许昌长葛市石象镇通过培育发展"种子、蜂产品、面制品"三大支柱产业，建立良种繁育基地；借助互联网推动蜂产品走向全球，来延长农业产业链。中医药方面，在禹州市经济技术开发区等地建设药材良种繁育基地，中药材种子种苗企业通过现代生物技术提高中药材种子种苗质量。许昌建设 15 个以上市级中医重点专科，力争 2025 年，10%以上的村卫生室（社区卫生服务站）建成"中医阁"[①]，所有县（市、区）设置规范化中医药适宜技术推

---

① 《许昌市人民政府办公室关于印发许昌市中医药传承创新发展实施方案的通知》（许政办〔2024〕5 号）。

广中心，中医药服务体系和全产业链发展更加完备高效，大幅提升中医药科技创新能力和融合发展水平，提升中医药产业竞争力，中医药一二三产业融合发展省级示范基地全面建成，成为河南省中医药高质量发展的排头兵。

（二）多功能拓展融合模式

该模式立足于传统农业，通过充分挖掘，利用文化、教育、生态和旅游等多元价值，推动多重因素相互渗透与融合，使农业发挥出最大功效，从而开创出全新的产业模式。例如，许昌建安区五女店镇老庄陈村，近年来通过陆续引进乐佳美学农场、布兰奇自然学校、卓瑞农业等 5 家三产融合主体，以"农"字当头，探索壮大以第一产业为核心、三产融合发展的乡村研学旅游实践教育发展路线，成为远近闻名的乡村旅游"网红打卡地"，2023 年节假日期间每日游客接待量达 1.5 万人左右。2024 年新的产业模式继续发力，其中，乐佳生活美学农场举办五一草原节，推出汉服迎宾、草原舞蹈、非洲鼓等活动，日接待量达 4000 人次，[①] 拉动乡村旅游收入上亿元，增加村集体收入近 30 万元，受益群众比例达到 70% 以上[②]，这种多功能的农业经营方式，对当地农村产业的融合发展起到了极大的推动作用。

（三）新技术渗透融合模式

这一模式借助现代技术提升农业科技，促进三次产业的深度融合，助力实现高水平的农业生产管理目标。例如，许昌市农业农村局与河南讯飞人工智能科技有限公司签订智慧农业项目合作协议，联合其他相关企业共建许昌市智慧农业社会化服务平台，组建科研团队，围绕现代农业场景，利用语音识别、图像识别、大数据分析等多项人工智能技术，推动物联网、大数据等技术与农业生产的深度融合。

---

① 《许昌市人民政府 2024 年"五一"假期文旅市场综述》。
② 《许昌市"十四五"乡村振兴和农业农村现代化规划》。

（四）农业产业集聚融合模式

这一模式是以传统农业为根基，将各种生产要素汇聚在农村地区，从多个角度挖掘农业价值，使各产业之间进行渗透与融合，进而形成各产业分工合理、协作密切的农村产业空间发展体系。例如，长葛正打造集生产研发、旅游观光、休闲餐饮于一体的"蜂业小镇"，打造产业集群。据长葛市官方统计，在地方政府支持下，蜂产业已实现从点状起步到片状抱团发展，已覆盖 2 个乡镇，截至 2024 年 1 月全市蜂产品企业 230 多家，其中规模以上企业 37 家。仅 2023 年，就加工出口了 7000 多吨蜂蜡、300 多吨蜂胶和 7500 多吨蜂蜜，销售 200 多个种类养蜂机具到全球 20 多个国家和地区。这座城市的蜂产业销售收入高达 45 亿元，堪称全国之最。[①]

四　许昌农村三次产业融合发展的对策

（一）延伸农业产业链

以市场需求为导向，进一步加深第一产业和第二、第三产业的融合，打造农业全产业链。加快构建贯穿农业生产全过程全方位的服务体系，实现农业的纵向融合和一体化发展。如构建农业标准化基地，提升农产品的产出效率；培育核心龙头企业，引导加工型龙头企业强化生物、信息等技术集成应用，逐步实现对生产、加工、流通和服务等全链条的数字化改造；改善农产品市场的交通运输体系以及宣传体系，进而实现农业全产业链全面发展。

（二）发展多类型农村产业融合方式

发展多类型的农村产业融合方式，能够充分发挥农村的资源优势，激发

---

① 张文豪：《河南长葛发展蜂产品加工：产业兴旺　生活富裕》，《人民日报》2024 年 1 月 25 日，第 6 版。

农村发展的内生动力，从而更好地促进三次产业的融合。具体而言，农业可以和旅游业相结合，打造文旅农业。许昌可以充分利用其自然资源和民俗文化，如具有"钧瓷之都"美誉的许昌禹州市可以开辟荒地打造集钧瓷创作、生产、农家乐为一体的综合基地，让游客在感受乡村风情的同时促进文化传承，进而增加农民收入。另外，农业和电商产业相融合。互联网的发展为农村产业融合带来了新机遇，可以搭建电商平台，将农村的特色农产品推向更广阔的市场，减少中间环节，降低销售成本，还能及时反馈市场需求信息，引导农民调整种植结构，生产适销对路的农产品，提高经济发展水平。除此之外，农业还可以与健康产业融合，发展绿色有机农产品；与能源产业融合，利用农村的生物质资源发展可再生能源等。发展多类型农村产业融合方式可以推动产业融合向更高层次、更宽领域发展，从而促进乡村振兴。

（三）建立多形式利益联结机制

许昌各农村的资源禀赋和经济发展水平不尽相同，在农村三次产业融合中涉及多种主体，只有满足各类主体的利益诉求，才能实现有效合作，维护合作关系网络的稳定。基于各个主体拥有的资源和发展的阶段不同，因地制宜地培育多种农村新型经营主体，建立多形式利益联结机制。

培育多种农村新型经营主体。建立不同生产领域的种养大户、新时代农民，推动家庭农场发展，规范农民合作社，做强农业龙头企业，加大服务支持和理论指导，如鼓励和引导返乡下乡人员按照法律、法规和政策规定，通过多种形式创办领办新型农业经营主体。

充分发挥新型农业经营主体的示范引领作用。龙头企业和合作社一般在产业融合发展中发挥牵头作用，鉴于此，应当鼓励合作社提升规范化管理水平，逐步推进农产品的初级处理和深度处理，促使龙头企业与各类农业经营主体实现分工协作、优势互济，如禹州市作为全国四大中药材集散地之一和重要的农产品产区，可以以粮食主产区和中药材生产加工示范区为重点，依托现代农业产业园、康养小镇等农业园区和生产基地，不断提高三次产业融合的标准，带动其他农业产业以此为示范不断发展，进而推动三次产业深度融合。

充分发挥农民合作社等中介机构的纽带桥梁作用。农民合作社等中介机构是联结农民和涉农企业的纽带，是产业融合的关键点。他们在产业链的上游联结农民主体，扩大生产规模，形成农业产业集群，进行集约化生产，提高生产效率，保证物质基础可靠。在下游和涉农企业进行联结，如和农产品加工企业联结，保障农民生产的产品有稳定的销路；和农业机械企业联结，帮助农产品高效生产。农业中介组织通过发挥桥梁作用实现自身价值，获得更大的发展空间。

推广建立订单农业式利益联结机制。该机制以契约合同为纽带，涉农企业采取"农户+合作社+企业"的合作模式，农民提供产品，龙头企业进行采购，这种联结机制既可以保护农民的利益，降低生产风险，又有利于企业获得稳定的购货来源和标准化的原材料，降低交易成本，增加经营收益；同时有利于农业产业链的延伸以及农业多功能的拓展和产业的集聚。但该模式需要建立严格的监督约束机制来维持双方的友好合作。实行股份合作制。农户以资金、土地、设备等要素入股，农民成为企业的股东，拥有管理和监督权，使农民和企业形成"资金共筹、利益共享、风险共担"的利益联结共同体。由于双方的利益一致，合作关系网络才会更稳定，产业之间的融合也会更紧密。

加强相关政府和金融机构的推动作用。政府出台相关产业调整政策，进行产业结构的调整，如推动各地区根据情况成立农产品综合生产基地，对于相关基地给予财政和税收上的支持。金融机构则主要进行资金提供，推动农产品的深加工。各利益相关者找准自己的定位，发挥特长，不断推动农村三次产业深度融合，增加农业生产者的收入，提高涉农企业的盈利能力和社会影响力，促进高新技术的应用，提高农村的经济发展水平，从而实现多方共赢。

（四）综合开发农业功能

立足于农村农业丰富的资源，大力发展乡村旅游、农家乐、创意农业等

新业态，推动农业、旅游、文化、康养等产业的深度融合，综合开发农业功能。以农产品供给保障功能为基础，持续增强农业的生态保育功能，大力发展旅游休闲产业。同时，通过开发农业研学、体验参与等项目，发挥农业的科普教化功能，传承发展农文旅产业。如鄢陵县有中国花木之都之称，可以充分发挥自然禀赋和历史传统，依托农业园区和生产基地，在保障花卉供给的同时，大力发展生态康养和乡村文化旅游等。

（五）突破要素制约

要提高农村三次产业的融合发展水平，就需要打破资金、土地、劳动力和信息技术等要素之间流动的屏障，促进各要素各产业间流通顺畅，要从以下几方面入手。第一，建立服务平台，实现信息互通。政府相关部门可以搭建农村综合信息服务平台，平台设置多种板块，不同板块提供不同的信息，如农产品流通信息、加工制造企业信息、乡村旅游信息、公共宣传以及价格信息等，各利益主体可根据自身发展的需要进行相互沟通，进而实现农业信息资源的互通和共享。第二，加强人才队伍建设。一方面，加强对农民的培训，提高农业从业主体的实践操作能力；另一方面，可以积极主动与相关院校进行沟通交流，采取产学研合作模式，培育适合农村三次产业融合发展需求的新型专业人才，从而为农村产业融合贡献智慧力量。第三，加大财税支持力度。将财政资金有针对性地向新型农业经营主体倾斜，发挥模范带头作用；落实减税降费政策，免收返乡下乡人员创业创新登记类、证照类等行政事业性收费。

参考文献

李泓伯、陈政、张海兵：《农村一二三产业融合发展的现实困境与推进路径研究》，《农业经济》2024年第5期。

胡嘉慧、周笑梅：《乡村振兴战略背景下推进农村一二三产业融合发展研究》，《农业经济》2022年第8期。

王玉强：《推进农村一二三产业融合发展的路径和着力点》，《河北农业》2022 年第 6 期。

曹哲：《我国农村一二三产业的"四链"融合研究》，《农业经济》2024 年第 8 期。

刘婷：《农村一二三产业融合发展模式与路径研究》，《黑河学院学报》2021 年第 8 期。

司小飞：《农村产业融合发展程度评价及对策建议——以河南省为例》，《许昌学院学报》2020 年第 1 期。

B.10
许昌搭建城乡产业协同发展平台的研究

何春 欧阳肖阳*

摘　要：　城乡产业协同发展是消除城乡二元结构、实现城乡融合发展的有效途径。许昌市作为国家城乡融合发展试验区，搭建城乡产业协同发展平台能够优化城乡产业布局、畅通城乡要素流动、推动城乡融合发展，对实现乡村振兴和城镇高质量发展具有重要意义。近年来，在许昌市委、市政府的正确引导和政策激励下，许昌市产业体系不断优化、现代农业较快增长、制造业高质量发展、现代服务业体系逐渐完备，为搭建城乡产业协同发展平台奠定了良好的产业基础，但目前仍存在着基础设施有待完善、公共服务均等化配置有待提高、政策体系有待优化、人才力量有待增强等诸多问题。未来，许昌应从加强基础设施建设、推动公共服务均等化、加强政策体系建设和健全人才引进、培养与留存机制等方面着力优化城乡产业协同发展平台，从而促进城乡深度融合发展。

关键词：　城乡产业协同发展平台　城乡融合　许昌市

　　处理好工农、城乡关系，加速实现城市和农村的共生、共享、共荣，在一定程度上决定了我国的现代化建设进程和中华民族伟大复兴。2023年12月，中央经济工作会议明确提出："要推动城乡融合和区域协调发展，把推进新型城镇化和乡村全面振兴有机结合起来，促进各类要素双向流动，推动以县城为重要载体的新型城镇化建设，形成城乡融合发展新格局。"城乡融

---

* 何春，博士，河南财经政法大学经济学院副教授，研究方向为城市经济；欧阳肖阳，河南财经政法大学经济学院硕士研究生，研究方向为区域与城市经济。

合发展的核心是城乡产业融合发展,打造城乡互促互补的产业生态,已成为激发高质量发展内生动力。实现城乡产业协同发展需要若干种类型空间载体作为支撑。中共中央、国务院发布的《关于建立健全城乡融合发展体制机制和政策体系的意见》明确提出,要搭建城乡产业协同发展平台,推动城乡要素的跨界配置和产业的有机融合。[①]

城乡产业协同发展平台是指为了推动城市和农村之间的产业协同发展,促进资源要素在城乡之间自由流动和高效配置而建立的一系列政策、机制和项目。许昌市与郑州市地域相连,交通衔接,是"郑州都市圈"的重要组成部分,具有明显的区位优势和发展潜力。近年来,许昌市交通网络不断完善,已形成"川"字形高速铁路布局和"米"字形高速公路网,普通干线公路完成"四环十横十三纵"布局,深入实施"四好农村路"创建和"百县通村入组"工程,为许昌市搭建城乡产业协同发展平台提供便利。许昌市处于郑州都市圈核心位置,"郑许一体化"深入推进,许昌正通过持续加强要素聚集和功能承载能力,致力于打造区域经济的枢纽高地。许昌市搭建城乡产业协同发展平台对于破除城乡二元结构、推动城乡产业协同发展、实现整体经济发展水平提升具有重要意义。

一　许昌搭建城乡产业协同发展平台的意义

城乡二元经济是发展中国家在现代化建设过程中普遍面临的问题,而城乡产业发展不均衡加剧了城乡二元经济结构。缩小城乡差距、实现共同富裕是中国特色社会主义的本质要求。许昌市搭建城乡产业协同发展平台能够帮助许昌市优化城乡产业布局,畅通城乡资源要素流动,推动城乡融合发展。

(一)优化城乡产业布局

当前,许昌市城乡产业分布有待优化,农村除了拥有更高的环境承载力

[①] 《中共中央国务院关于建立健全城乡融合发展体制机制和政策体系的意见》,中国政府网,https：//www.gov.cn/home/2016-05/11/content_ 5046257. htm,最后检索时间：2024 年 9 月 5 日。

和自然资源外,在产业发展方面与城市相比存在滞后,仅依靠农村自身力量实现农村产业振兴的任务比较艰巨,因此,必须依靠城市的带动作用,形成以工补农、城乡互补的产业发展模式。通过搭建城乡产业协同发展平台,许昌市可以进一步优化城乡产业空间布局,同时,推动农村地区承接城市产业转移,引进资金、技术、人才,激发农村地区经济发展潜力,助力乡村振兴建设。通过利用农村地区的土地等资源要素,城市可以完成产业结构升级和布局优化;反过来,通过利用城市地区的资金、技术等生产要素,农村可以推进产业振兴。城乡产业协同发展平台为城市和农村取长补短、优势互补提供顶层设计,帮助实现城乡产业的相互渗透和交叉融合,推动新型城镇化和乡村振兴战略协同发展,进而促进城乡融合发展和全体人民共同富裕。

(二)畅通城乡资源要素流动

长期以来,由于城市的集聚效应和规模经济,核心地区的受益往往以牺牲外围地区的利益作为代价。在城乡"二元分割"的格局和"城市偏好"的政策下,资源要素往往呈现出由农村地区向城市地区单向流动的特征。构建新型城乡关系的内在要求是畅通城乡经济循环,城乡之间资源要素的双向流动和高效配置是实现城乡经济良性循环的基础,有助于释放资源要素活力,促进农业和非农业部门生产效率的有效提升。资源要素在城乡之间的流动配置水平,也决定着城市和乡村的发展水平。许昌市搭建城乡产业协同发展平台可以为城乡产业协同提供必要载体,能有效打破制约城乡之间要素自由流动的体制机制障碍和壁垒,促进人才、资本、技术和信息等资源要素自主有序流动和高效配置,推动生产、分配、流通和消费的各环节在城乡间有机衔接。

(三)推动城乡融合发展

城乡融合发展是实现国家现代化的重要标志,也是实现国家长远发展目标、提高人民生活水平和生活质量、构建和谐社会的重要举措。改革开放以来,我国在统筹城乡发展和推进新型城镇化建设方面取得了显著成就。但目前城乡要素流动不畅和公共资源配置不合理等问题仍然十分突出。我国城乡产业发展水平差异巨大，一边是城市先进的制造业和现代化服务业，另一边却是农村的传统农业。实现城乡融合发展需要城市的工业来延伸农业产业链条，需要城市服务业来丰富农村产业新业态，需要城市科技改造传统农业，缩小城乡之间的发展差距，加强城乡之间的经济、社会联系和文化交流。许昌市搭建城乡产业协同发展平台对于统筹推进新型城镇化建设和乡村振兴战略具有重大意义。平台的搭建有助于更好地实现城乡之间资源的互补与优化配置，从而推动构建工农互补、城乡互助、协调发展、共同繁荣的新型城乡关系，推动许昌市的城乡一体化进程，促进城乡融合发展。

二　许昌市搭建城乡产业协同发展平台的产业基础

近年来，依托中部崛起、黄河流域生态保护和高质量发展战略、国家城乡融合试验区政策，许昌市在产业高质量发展方向上不断迈进，为许昌市搭建城乡产业协同发展平台奠定了良好的产业基础。2023年许昌市市场主体已达到46.34万户，创新动能加速聚集，产业结构持续优化，营商环境不断改善，农村地区新获评1个国家级和5个省级"一村一品"示范村镇，市级以上的农民合作示范社达117家，示范家庭农场达314家，平台体系更加健全，城乡发展更加协调。①

（一）产业体系不断优化

从2018~2023年许昌市三次产业增加值占比来看，第一产业增加值在整体经济中的份额较小，总体保持在5%左右；第二产业增加值占比呈逐年下降态势，从2018年的57.8%显著下降至2023年的43.2%，显示出第二产业在经济中的比重正在减少。与此同时，第三产业增加值占比持续增长，从

---

① 《许昌2024年政府工作报告》，许昌市人民政府官网，http://www.xuchang.gov.cn/open DetailDynamic.html? infoid=1a317764-f3c4-47e1-a5a8-5e36215bfb95，最后检索时间：2024年9月5日。

2018 年的 37%上升至 2023 年的 50.1%，并在 2023 年首次超过第二产业，成为占比最大的产业（见图 1）。2023 年一、二、三产业增加值占比为 6.7%、43.2%、50.1%，产业体系不断优化。

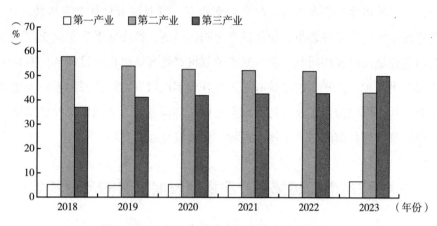

图 1　2018~2023 年许昌市三次产业增加值占比

资料来源：许昌市统计局。

此外，许昌市以"智造之都，宜居之城"作为发展目标，立足先进制造业和现代服务业深度融合优势，重点突出产业立市、强市的主题，大力发展战略性新兴产业，提升产业的基础能力和产业链现代化水平，以期加速构建具有全国竞争力的现代产业体系，许昌市各区域重点产业分布情况见表 1。

表 1　许昌市各区域重点产业分布情况

魏都区	建安区	禹州市	长葛市	襄城县	鄢陵县
高端制造、新材料、环保科技、文旅产品	发制品、汽车零部件及装备制造、食用菌和高端蔬菜种植加工	能源建材、装备制造、中医药（含生物医药）	高端装备制造、再生金属及制品、超硬材料及制品、卫浴洁具、食品产业、包装印刷	煤基化工、装备制造、服装制鞋、大豆、烟叶、红薯	苗木花卉、生态旅游

资料来源：中商产业研究院。

（二）现代农业快速增长

近年来，许昌市围绕农业高质高效，加快推进农村产业由第一产业为主向一二三产业融合转变，着力打造现代农业强市。作为全国重要的粮食生产基地，许昌市积极探索现代农业发展路径，农业发展效益不断提升。2023年全年许昌全市粮食种植面积达676.05万亩，粮食产量达289.15万吨[①]，并已发展了10个省级农业产业集群，花木、蔬菜、中药材等特色产业具有突出优势。[②] 其中，花木种植面积高达70万亩，成为我国最大的花木生产和销售集散地；蔬菜种植面积稳定在60万亩；中药材种植面积达50万亩，是全国中药材加工示范基地；烟叶种植面积稳定在15万亩，是我国浓香型烟叶的典型代表，被誉为"烟叶王国"[③]。除了传统的"花菜药烟"四大特色产业，许昌市还有建安食用菌、长葛蜂产业、鄢陵辣椒等优势产业。并且，先后有"长葛小麦""建安草莓""襄城西葫芦"等数十个农产品荣获"全国名特优新农产品"称号，相关产业成为富民支柱产业。

同时，许昌市重视新型经营主体培育工作。通过优化布局、整合资源、强化服务，先后培育壮大了长兴蜂业、盛田农业、实佳面粉等一批农业龙头企业。截至2024年1月，许昌市共拥有51家省级及以上农业产业化重点龙头企业、91家市级农业产业化龙头企业、554家农产品加工企业和1.6万余家农民合作社与家庭农场等新型经营主体，在推动农业产业化、促进乡村经济发展、提升农业竞争力和实现可持续发展等方面发挥了不可替代的作用。目前，许昌市共有22个"一村一品"示范村镇[④]，在培育和发展乡村特色产业、帮助农民增收致富、壮大县域经济等方面取得显著的成效。

[①] 《2023年许昌市国民经济和社会发展统计公报》。

[②] 《许昌市人民政府关于印发许昌市国民经济和社会发展第十四个五年规划和二〇三五年远景目标纲要的通知》。

[③] 《许昌特色产业"玩"出新花样》，新浪网，https://henan. sina. cn/city/csgz/2024-03-07/detail-inamnhkn7855098. d. html，最后检索时间：2024年7月21日。

[④] 《许昌特色产业"玩"出新花样》，新浪网，https://henan. sina. cn/city/csgz/2024-03-07/detail-inamnhkn7855098. d. html，最后检索时间：2024年7月21日。

（三）制造业高质量发展

许昌市坚持"工业兴市"，积极推进"制造业强市"建设。近年来，许昌市把制造业高质量发展作为经济发展的主攻方向，持续推进产业集群建设已取得显著成果，成功孕育了 10 个具有鲜明特色、较强优势的产业集群，涵盖了智能电力装备、再生金属、硅碳新材料、发制品、超硬材料、新能源汽车及零部件、生物医药、人工智能、电梯和食品领域（见表2）。其中，智能电力装备、再生金属产业集群的营业收入已突破 1000 亿元①，以再生金属为核心的节能环保产业被纳入首批国家级战略性新兴产业集群，智能电力装备产业被评为国家创新型产业集群试点，硅碳新材料产业被评为国家级中小企业特色产业集群、全省首批战略性新兴产业集群。许昌市现已成为我国的汽车零部件生产基地、长江以北最大的再生资源回收利用基地、中西部地区最大的电梯生产基地、全国重要的电力装备生产基地、全球范围内最大的人造金刚石生产基地和发制品生产基地。产业集群的形成对所在区域的经济增长具有很好的带动作用，有助于整合上下游产业链，促进产业链上中下游协同发展，推动城市和农村之间劳动力、资本、技术等生产要素有效流动。

表2　许昌市产业集群和集群主要发展产业

产业集群	主要发展产业
智能电力装备产业集群	特高压、智能电网、充换电等智能电力装备;新型电力系统、新能源系统等
再生金属产业集群	再生金属深加工、再生资源回收、现代物流、生产性服务业等
硅碳新材料产业集群	高端硅材料、高端碳材料、气凝胶材料等
发制品产业集群	新型纤维材料、发套、化纤发、产品设计、检验检测、电子商务等
超硬材料产业集群	工业用金刚石、第三代半导体材料、首饰加工及销售等

---

① 《许昌市人民政府办公室关于印发许昌市十大产业集群培育计划的通知》，许昌市人民政府官网，https：//www.xuchang.gov.cn/openDetailDynamic.html？infoid=e35c50b2-16e6-458e-a042-c5d0f4899c2f，最后检索时间：2024 年 7 月 21 日。

续表

产业集群	主要发展产业
新能源汽车及零部件产业集群	新能源汽车、汽车电子产业、汽车零部件等
生物医药产业集群	生物制药、高端化药、现代中药、先进医疗器械等
人工智能产业集群	软件技术研发、硬件生产等
电梯产业集群	电梯自动扶梯、升降机和相关零部件产业
食品产业集群	预制菜和酸辣粉、肉制品、面制品、白酒饮品等

资料来源：许昌市人民政府网站。

（四）现代服务业体系逐渐完备

现代服务业在推动许昌市经济和社会发展过程中起着重要作用，已经成为全市经济和社会发展的重要组成部分。近年来，许昌市积极优化产业结构，以提升整体产业竞争力和服务能力为目标，通过重点突破带动全局发展，加快现代物流、信息服务、现代金融、科技服务、商务服务等重点产业的发展步伐。目前，许昌市建有万里综合物流园、中原国际农产品物流港和多式联运物流港等十余个各类物流园区，物流园转型发展稳居河南省第一方阵；建设许昌大数据产业园、5G 新应用产业园和智慧信息产业园等重点园区；不断优化提升金融生态环境，加强和北交所、中原证券更深层次和更宽领域的合作；鼓励电商产业发展，跨境电商经营企业在 2022 年突破 2000 家[1]。生产性服务业向专业化、高端化方向发展。

同时，许昌市加快壮大文化旅游、健康养老、居民和家庭服务、商贸物流等优势产业。2023 年许昌市休闲农业投资额达到 26.4 亿元，共接待游客 2102.5 万人次；不断强化软硬件设施，加快建立完善养老服务体系，全市

---

[1] 《许昌市涉网经营主体达 1.63 万家，跨境电商企业突破 2000 家》，河南省人民政府门户网站，https://www.henan.gov.cn/2022/08-23/2565586.html，最后检索时间：2024 年 7 月 22 日。

923个社区实现基本养老服务设施全覆盖①，并将城乡社区服务体系建设纳入"十四五"规划。生活性服务业向高品质、多样化方向升级。

三 许昌搭建城乡产业协同发展平台的做法及成效

2019年12月国家发展改革委、中央农村工作领导小组办公室等18个部门联合印发《关于开展国家城乡融合发展试验区工作的通知》，设立包括许昌在内共11个国家城乡融合发展试验区，并提到建设美丽乡村、各类农业园区、特色小镇和创建一批城乡融合发展的典型项目等共5种搭建城乡产业协同发展平台的具体形式②。2021年10月《河南省人民政府办公厅关于印发国家城乡融合发展试验区（河南许昌）实施方案的通知》，对许昌市的城乡融合发展试验区建设提出指导意见，根据许昌市现实情况进一步提出许昌市搭建城乡产业协同发展平台的具体做法，涉及推进开发区高质量发展、构建特色产业园体系、打造一批产业强镇和培育发展涉农市场主体等③。近年来，许昌市按照相关政策文件进行城乡产业协同发展平台的建设和发展已取得一定的成效。

（一）推进开发区高质量发展

开发区是经济建设的主阵地、主战场和主引擎，推进开发区高质量发展是实现区域经济转型升级的关键策略。推进开发区高质量发展涉及对开发区的产业结构进行优化升级，强化科技创新能力，提升基础设施建设，

---

① 《许昌特色产业"玩"出新花样》，新浪网，https：//henan.sina.cn/city/csgz/2024-03-07/detail-inamnhkn7855098.d.html，最后检索时间：2024年7月21日。

② 《关于开展国家城乡融合发展试验区工作的通知》，中华人民共和国国家发展和改革委员会官网，https：//www.ndrc.gov.cn/xxgk/zcfb/tz/201912/t20191227_1216773.html，最后检索时间：2024年7月22日。

③ 《河南省人民政府办公厅关于印发国家城乡融合发展试验区（河南许昌）实施方案的通知》，河南省人民政府门户网站，https：//www.henan.gov.cn/2021/10-21/2331217.html，最后检索时间：2024年7月22日。

完善服务体系，促进绿色可持续发展，以及加强与周边地区的协同合作，从而构建一个开放、共享、创新和高效的产业生态系统，为城乡产业协同发展提供强有力的支撑和示范作用。许昌市现已建成许昌高新技术产业开发区、许昌经济技术开发区、禹州高新技术开发区、长葛经济技术开发区等多个具有高竞争力的经济开发区，并且不断深化开发区改革建设，通过做强开发区主导产业，实施一批带动力强的重大项目，培育信息技术、装备制造和新材料等市域千亿级产业集群，加快产业链和生态圈建设，推动重点开发区升级为国家级开发区等方式推进开发区高质量发展。许昌市开发区在经济增长、创新动能、产业集聚、民生改善等多个方面，取得了积极的进展。

（二）构建特色产业园体系

构建特色产业园体系是搭建城乡产业协同发展平台的重要形式。通过集聚特定产业的资源和要素，形成具有区域特色的产业集群，促进产业链上下游的紧密合作，加强城乡之间的产业联动，实现产业的集约化、规模化和高端化发展，为城乡产业的均衡发展和区域经济的整体提升提供有力支撑。许昌市通过实施集聚发展、龙头引领、延链强链、创新驱动、项目强基、优化生态六大行动，推进产业集群清单化、产业链条图谱化、产业培育精细化，打造集群竞争新优势。现代农业产业园是引领农村产业升级、农村发展和农民致富，促进城乡融合的重要抓手。近年来，许昌规划并建成建安现代农业产业园、鄢陵现代农业产业园等多个农业产业园区，通过加快现代农业产业园区建设步伐，做大做强中药材、畜产品、食用菌等优势特色产业，推动农产品加工业向园区集中，提升产业园区的要素集聚能力等方式构建特色产业园体系。通过这些做法，许昌市的特色产业园体系正在逐步构建并成为推动地方经济发展的重要力量。

（三）打造一批产业强镇

城镇是城乡产业协同发展的核心，是城乡要素流动和资源配置的关键节

点。产业强镇建设对于城乡产业融合和城乡共同富裕具有重要意义，通过集中资源和政策支持，培育具有区域特色和市场竞争力的主导产业，优化产业结构，加强基础设施建设，提升城镇综合服务能力，促进产业集聚和创新升级，形成以产业带动经济发展、以城镇促进产业升级的良性互动格局，为推动区域经济均衡发展和实现城乡一体化提供有力支撑。许昌市已经明确提出"一镇一特、一村一品"的建设要求，通过加快建设农业产业、强镇强村，聚焦具有地方特色的产业，如食用菌、中药材、蜂产品等，大力培育农业产业化龙头企业等农业经营主体。通过吸引资本聚镇、能人入镇和技术进镇，聚焦提升城镇的综合服务能力和现代化水平，发挥重点镇连接城乡、服务农村的节点功能，挖掘村镇乡村旅游潜力等方式打造了一批产业强镇。为实现农业产业的高质量发展、推动乡村全面振兴和城乡产业协同发展奠定坚实基础。

（四）培育发展涉农市场主体

培育发展涉农市场主体是推动城乡产业协同发展的关键环节。通过政策扶持、资金投入和技术创新，激发农业企业和农民合作社等市场主体的活力，提升其经营管理水平和市场竞争力，促进农产品的优质化、品牌化和市场化，加强农业产业链的延伸和价值链的提升，实现农业产业的可持续发展和农民增收，为构建城乡一体化的现代产业体系提供坚实的基础。许昌市通过出台《加快培育壮大农业市场主体的实施方案》等政策措施，通过建立农村产权流转交易规则体系、创新农业经营方式等，推动了农村要素资源市场化配置，使沉睡的资产资源"活起来"；通过实施涉农企业培育计划，聚焦特色优势农业，培育了一批带动能力强的龙头企业；通过"内升外引"，创新服务模式，引进知名企业等方式培育发展涉农市场主体，为农业供给侧结构性改革和乡村全面振兴提供了新动能。

四　许昌搭建城乡产业协同发展平台的制约因素

搭建城乡产业协同发展平台是促进城乡产业协同发展的有效途径，为许昌实现城乡产业协同提供了必要抓手和载体。然而，目前许昌市搭建城乡产业协同发展平台仍面临一些制约因素。

（一）基础设施有待完善

建立覆盖广泛、功能完备、高效便捷的基础设施体系，能为搭建城乡产业协同发展平台提供坚实的物质基础。总体而言，许昌市基础设施建设已经取得一些成果，然而，城乡之间在基础设施建设方面仍然存在显著的差距。农村地区的交通、水利、能源等基础设施相对不足，信息通信基础设施也较为薄弱。这不仅限制了资源的有效流动和分配，也影响了城乡经济的均衡发展。因此，加强基础设施建设，实现城乡基础设施的一体化发展，已经成为许昌市搭建城乡协同发展平台亟须解决的关键问题。

（二）公共服务均等化配置有待提升

许昌市城乡之间在公共服务资源的分配上存在着一些差异，城市地区拥有较为完善的社会保障体系，而农村居民在这方面的保障相对薄弱。2023年许昌市制定并出台了《促进公共服务优质均等建设城乡融合共同富裕先行试验区工作方案》，提出要从加快建设高质量的教育体系、提升城乡医疗卫生服务水平、优化"一老一小"等重点人群保障措施、全面改善城乡群众居住环境四个方面对促进城乡公共服务优质均等进行布局。虽然许昌市在高质量与均等化推进城乡教育事业发展、健康许昌建设、养老托育服务体系建设和城乡居民安居水平提升等方面取得了一定的进展，但目前许昌市在城乡教育、医疗卫生、社会保障等方面存在的不足仍然会对农村地区人才留存、创新创业和城乡产业协同发展产生不利影响。

（三）政策体系有待优化

政策体系的完善程度直接影响城乡产业协同发展平台搭建的成效。城乡产业协同发展涉及多个政府部门和领域，在政策制定与执行过程中，不可避免地存在跨部门协作不顺畅、信息共享不及时等问题。许昌市在推动城乡融

合发展方面取得了显著进展，但城乡要素流动不顺畅、公共资源配置不合理等问题仍不同程度存在，这反映出政策执行力度可能存在不足，需要进一步加强政策执行力度，确保政策能够落到实处并发挥预期效果。虽然许昌市在政策的贯彻与执行方面进行了一系列探索和实践，包括着力推动管理重心下移、深化乡镇管理体制改革、向乡镇下沉编制、壮大基层工作力量、创新开展"万人助企联乡帮村"活动等，但仍可能存在政策覆盖面不广的问题。例如，一些政策可能更多关注重点领域和关键环节，而对一些边缘地区和弱势群体的关注不足。这将导致城乡产业协同发展平台在覆盖不同地区和群体时存在差异，影响城乡产业协同发展的整体效果和公平性。

（四）人才力量有待增强

人才是推动产业发展的根基和源泉。搭建城乡产业协同发展平台，对于具备专业知识、创新能力和实践经验的人才需求更为迫切。然而，目前许昌市在人才引进、培养和留存方面仍然面临一系列挑战。许昌市由于受到郑州"虹吸效应"的不利影响，在薪资待遇、发展机会和生活条件等方面吸引力不足，在吸引高层次人才方面缺乏竞争优势。同时，许昌市本地人才培养机制尚不完善，在高等教育方面缺少知名高校，在培养符合城乡产业协同发展平台建设需求的人才方面存在短板。最后，许昌市还存在优秀人才流失的现象，高技能人才往往因为更多的发展机会而选择到经济发展水平更高的地方就业。

五 许昌搭建城乡产业协同发展平台的对策建议

许昌市搭建城乡产业协同发展平台既是破解当前经济社会发展中的突出难题、实现经济高质量发展的关键手段，也是落实国家"建立健全城乡融合发展体制机制和政策体系"的战略部署，对全面实现现代化的发展目标具有重要意义。针对目前许昌市搭建城乡产业协同发展平台面临的阻力，调研组提出以下对策建议，助力平台建设。

（一）加强基础设施建设

城乡产业协同发展平台的建设离不开完善的基础设施支撑。许昌市应加强城乡基础设施规划的统筹协调，优先解决农村地区交通、水利、能源、通信等基础设施的薄弱问题，确保农村基础设施建设与城乡发展规划和产业布局紧密衔接。加大基础设施建设投入力度，提升城乡基础设施的互联互通水平，通过建设城乡一体化的交通网络、信息网络等基础设施，为城乡产业协同发展平台提供有力保障。此外，许昌要建立健全基础设施运行的长效机制，在质量监管、运营维护、服务保障等方面确保基础设施建设成果能够持续发挥作用，为城乡产业协同发展提供持久动力。

（二）推动公共服务均等化

许昌应基于《促进公共服务优质均等建设城乡融合共同富裕先行试验区工作方案》，持续提升公共服务水平。首先，进一步完善城乡公共服务发展规划，确保公共服务分配的公平性，优先考虑农村地区的基本公共服务需求，通过政策倾斜和资金支持，加大对农村公共服务基础设施的投入，改善农村的教育设施、医疗服务设施和文化娱乐设施等，提升农村公共服务的水平和质量。其次，通过建立城乡公共服务的联动机制，促进城市优质的公共服务资源向农村地区延伸。同时也要建立和完善城乡公共服务绩效评估体系，定期对公共服务的供给效率和质量进行评估，确保公共服务资源的有效利用和持续改进。

（三）加强政策体系建设

政策体系建设对许昌搭建城乡产业协同发展平台尤为关键，不仅能够协调多方利益关系，也能够为城乡产业协同发展平台建设提供支持。首先，许昌可以建立一个由多部门参与的政策协调机制，确保各项政策在制定和执行过程中能够有效衔接、形成合力。其次，许昌市应严格落实《许昌市高质量建设城乡融合共同富裕先行试验区实施方案》等政策方案，为搭建城乡

产业协同发展平台提供有力的政策支持。同时，许昌应加大政策的宣传力度，通过各种渠道提高政策的知晓度，确保政策能够得到社会各界的理解和支持。最后，建立政策执行的监督和评估机制，并根据实际效果进行及时的调整和完善，确保政策能够得到有效执行。

（四）健全人才引进、培养和留存机制

许昌应继续发挥"许昌英才计划"3.0版本的作用，制定并实施一系列具有竞争力的人才引进政策，通过提供税收优惠、政策补贴等激励措施，吸引高层次人才和紧缺人才到许昌市发展。加强与高等院校和研究机构的合作，建立产学研用一体化的人才培养体系，提高人才培养的针对性和实用性，同时加大对本地人才的培养和支持力度，鼓励和支持本地人才提升专业技能和创新能力。最后，加强人才服务和保障工作，完善人才住房、医疗、教育等配套服务，解决其后顾之忧。

参考文献

黄志海：《乡村振兴背景下推动城乡产业融合发展面临的问题及对策》，《农业经济》2023年第5期。

林瑞、马虎兆：《京津冀科技创新协同重点平台发展经验和对策研究》，《云南科技管理》2022年第2期。

王向阳、谭静、申学锋：《城乡资源要素双向流动的理论框架与政策思考》，《农业经济问题》2020年第10期。

余炜楷、王诗琪、朱珏蓉等：《城乡产业协同发展平台类型、特征与规划策略》，《2023中国城市规划年会论文集》，2023。

张晓欢：《城乡产业协同发展平台是必要支撑载体》，《经济日报》2019年5月9日。

B.11

许昌畅通城乡商贸物流体系研究

韩 珂*

摘 要: 随着城乡商贸流通一体化的发展,城乡物资流通需求快速增长,物流成为城乡经济一体化实现的关键,并发挥重要的支撑作用。城乡物流作为城乡经济联系的纽带,不仅是构成供应链、价值链的基础环节,同时也是促进城乡商贸流通一体化发展的"加速器",对加快城乡经济融合发展尤为重要。许昌城乡商贸物流发展迅速,但也存在一些问题,在一定程度上限制了城乡商贸流通一体化的发展。因此,在总结许昌商贸物流发展现状的基础上,分析其面临的挑战,提出加强物流基础设施建设、提升信息化水平、推动绿色物流发展、降低物流成本、加强政策支持等策略优化许昌城乡商贸物流体系,推动城乡一体化发展。

关键词: 城乡经济一体化 城乡商贸物流 物流体系优化

我国经济虽然进入了高质量发展阶段,但仍然面临着城乡二元结构的矛盾。破解城乡二元经济结构的关键在于推进城乡一体化建设。物流业连接着生产与消费,在经济转型发展中发挥着重要作用。随着电子商务的快速发展,国家出台了一系列政策措施来引导和鼓励农村物流与电商的发展。但由于城乡二元结构的存在,城市和农村商贸物流在基础设施、物流服务、平台建设等方面存在较大差距,制约着城乡商贸物流一体化的发展。因此,畅通城乡商贸物流体系,促进农村经济发展,对缩小城乡差距、加快城乡一体化建设具有重要作用。

---

* 韩珂,博士,郑州轻工业大学经济与管理学院讲师,研究方向为物流经济。

一 城乡商贸物流的重要性及特点

（一）城乡商贸物流的重要性

商贸物流作为现代经济体系中的关键环节，其对区域经济发展的推动作用日益凸显，不仅关乎居民生活品质的提升，更是推动区域经济增长的新引擎。

1. 促进经济协调发展

商贸物流的发展水平是衡量一个城市综合竞争力的重要标志。高效、便捷、智能化的物流体系可以有效增强城市的吸引力和辐射力，促进区域经济的集聚和升级。同时，商贸物流的发展还能促进城市与周边地区的经济联系和合作，形成优势互补、协同发展的区域经济格局。城乡商贸物流的一体化发展有助于打破城乡分割的市场格局，促进商品、资金、信息等要素在城乡之间的自由流动，从而缩小城乡经济差距，推动城乡经济协调发展。通过商贸物流体系，可以实现对城乡资源的有效整合和合理配置，提高资源利用效率，降低经济运行成本。

2. 促进城乡融合发展

商贸物流作为城乡经济联系的纽带，有助于打破城乡之间的界线，促进城乡资源的高效配置和经济互动，促进城乡融合发展。通过完善农村物流网络，提高农村地区的物流配送效率，可以有效解决农产品上行难、工业品下行贵的问题，促进农民增收和农村消费升级。商贸物流的发展还带动了农村电子商务的兴起，为农民提供了更广阔的销售渠道和市场机会，进一步推动了城乡经济的融合发展。

3. 推动产业升级与转型

城乡商贸物流通过物流网络优化、供应链整合提升、配送效率提高、电商融合发展、特色产业推动、资源配置优化等方面带动传统批发、零售等行业的转型升级，推动其向现代化、信息化方向发展。随着物流技术的不断创新和应用，商贸物流领域涌现出许多新兴业态，如跨境电商、冷链物流等，为经济发展注入新的活力。

（二）城乡商贸物流的特点

1.区域差异性

城乡之间经济发展水平的显著差异，直接影响了商贸物流的发展状况。城市地区经济相对发达，物流基础设施完善，物流活动频繁且高效；而农村地区则因经济条件限制，物流设施相对落后，物态成本高且效率低下。城乡消费习惯和需求的不同，也导致了商贸物流服务的差异性。城市居民对商品种类、品质和服务有更高要求，而农村居民则更注重商品的实用性和价格。交通条件的多样性、消费习惯的差异性以及物流过程中可能出现的各种不可预见因素，如天气变化、交通事故等，都增加了物流运作的复杂性。

2.双向流通

城乡商贸物流具有工业品下乡、农产品进城的特点。通过物流渠道将城市地区的工业品输送到农村地区，满足农村居民的消费需求。同时，城乡商贸物流也承担着农产品进城的重要任务。将农产品输送到城市，实现农产品的价值增值和市场拓展。

3.季节性

由于农产品的生长周期和市场需求存在明显的季节性波动，物流需求也随之变化。在丰收季节，农产品需要快速、高效运输至消费市场，以避免滞销和损耗；而在淡季，则需考虑如何有效储存和保鲜，以保证市场供应的稳定性。这种季节性特点要求商贸物流企业必须具备灵活的调度能力和高效的仓储技术，以应对市场的变化。

二 许昌市商贸物流发展现状

随着城镇化进程的加快，城乡居民对于生活物资的需求日益多元化与精细化。许昌城乡商贸物流一方面有效保障了居民日常生活用品的充足供应；

另一方面，通过推动商贸物流与其他产业的融合，不仅丰富了消费市场的供给，还提升了城市的品牌形象，为区域经济的高质量发展注入了新的动力。许昌市城乡商贸物流的发展在保障居民生活需求、促进经济发展、优化资源配置以及带动相关产业发展等方面均发挥了重要作用。

（一）商贸物流基础设施状况

1. 综合运输体系奠定坚实基础

许昌市作为中原地区的重要交通枢纽，其交通运输网络的完善为商贸物流的快速发展奠定了坚实基础。以公路和铁路为骨干，辅以航空运输，许昌市构建起了四通八达的综合交通运输网络。京广铁路、京港澳高速公路等国家级交通干线贯穿全境，不仅极大地缩短了许昌与周边城市及全国主要经济区域的距离，也为商贸物流提供了高效、便捷的运输通道，提升了物流效率，降低了物流成本。随着交通基础设施的不断完善，特别是智能交通系统的应用，物流运输的智能化水平显著提升，进一步增强了物流运输的时效性和安全性。

2. 物流园区建设支撑商贸物流发展

许昌市积极推进物流园区的规划与建设，多个功能齐全、设施先进的物流园区相继落成，如许昌商贸物流园、许昌县城南商贸物流园区、河南冷王物流园区等，构建了以大型商贸物流园区为核心的物流体系，成为商贸物流发展的重要支撑。这些物流园区集仓储、配送、加工、信息等多种功能于一体，形成了完善的产业链条和生态系统。仓储设施的现代化与智能化水平不断提升，通过采用自动化分拣设备等先进技术，显著提高了物流作业效率。园区的建设不仅优化了物流资源的空间布局，还通过产业集聚效应吸引了大量物流企业和上下游产业链企业的入驻，促进了物流产业链的延伸与升级。园区内先进的设施设备和高效的管理机制，为提升物流作业效率、降低运营成本奠定了坚实基础，进一步推动了许昌市商贸物流的现代化进程。

3. 信息化水平提升物流运作效率

在信息化时代的大背景下，许昌市紧跟时代步伐，不断提升物流信息化水平。通过建立完善的物流信息平台，实现了物流信息的实时共享和跟踪，为物流企业提供了精准、高效的决策支持。企业可以通过该平台实时掌握货物动态，优化运输路线和仓储布局，从而降低物流成本，提高物流运作效率。同时，信息化水平的提升还促进了物流企业与商贸企业的深度融合，形成了互利共赢的合作伙伴关系。通过信息共享和协同作业，双方能够更好地应对市场变化，共同推动商贸物流的快速发展。

（二）商贸物流业务量及增长情况

1. 业务量稳健增长

近年来，许昌市商贸物流行业展现出强劲的发展势头，业务量实现了稳步增长。随着城市经济的蓬勃发展，各类商品的流通需求日益增长，为物流行业提供了广阔的发展空间。2023 年许昌市物流总运输量为 1.11 亿吨，同比增长 25.7%，其中货物运输周转量为 221.58 亿吨公里，增长 8%[①]，彰显了许昌作为区域物流枢纽的重要地位。这种业务量的稳健增长，不仅反映了市场需求的旺盛，也预示着物流行业在未来将继续保持强劲的增长动力。

2. 电商物流成为发展新引擎

随着电子商务的快速发展，许昌市的电商物流业务呈现爆发式增长态势，成为推动商贸物流行业转型升级的重要力量。随着消费者对线上购物体验的不断提升，电商物流的高效、便捷、个性化服务需求日益增长。为了满足市场需求，许昌市物流企业纷纷加大在电商物流领域的投入，通过优化仓储布局、提升配送效率、加强信息化建设等措施，不断提升电商物流服务水平。目前，电商物流已经成为许昌市商贸物流的重要组成部分，为区域经济发展注入了新的活力。

3. 外贸物流增势强劲，拓展国际市场

许昌市外贸进出口业务的持续增长，为外贸物流业务的发展提供了广阔的空间。特别是随着"中欧班列+市场采购贸易""保税物流中心"模式的

---

① 《2023 年许昌市国民经济和社会发展统计公报》。

推广，许昌市的外贸物流业务实现了快速增长。这一模式不仅缩短了商品从生产到国际市场的距离，还降低了物流成本，提高了物流效率，为中小微企业出口业务提供了有力支持。许昌是中国最大的假发制品生产基地，许昌制造的假发在欧美市场占有率超40%，在非洲市场占有率更是达到70%以上。据统计，2023年许昌市发制品累计进出口额达到196.9亿元，同比增长10%，占全市进出口总量的72.6%。① 外贸物流的强劲增势，不仅推动了许昌市物流行业的国际化进程，也为区域经济的开放发展做出了积极贡献。

4.物流服务质量持续提升，满足多样化需求

面对日益激烈的市场竞争和消费者多样化的需求，许昌市物流企业不断提升服务质量，努力打造高效、安全、优质的物流服务体系。通过引入先进的物流技术和设备，优化物流作业流程，加强物流信息化建设，许昌市物流企业在物流时效、物流安全、物流服务等方面均取得了显著提升。同时，物流企业还注重客户服务体验，提供个性化、定制化的物流解决方案，满足不同客户的多样化需求。这种以服务为导向的发展理念，不仅增强了物流企业的市场竞争力，也为许昌市商贸物流行业的可持续发展奠定了坚实基础。

三 许昌城乡商贸物流发展面临的挑战

（一）物流基础设施存在短板

交通网络作为物流运输的基础，其完善程度对物流业发展具有重要影响。许昌市交通网络虽然整体较为发达，但是城乡之间交通物流基础设施存在短板，影响物流效率与服务质量的提升。一是交通网络存在短板，部分农村地区的交通设施相对落后，部分道路狭窄、路况不佳，交通运输能力弱。这不仅影响了物流车辆的顺畅通行，降低了物流服务的及时性和可靠性，还增加了物流企业的运营成本，影响了消费者满意度的提升。二是物流节点设

---

① 《许昌：做好全球"头顶"大生意》，新华社客户端。

施不足。许昌市在物流园区、仓储中心及配送站等关键节点的建设上存在滞后性，这些设施的不足影响了物流作业的高效进行，使得货物中转时间延长，进而推高了物流成本。特别是在电商和快递业高速发展的今天，物流节点的不足，难以满足市场日益增长的需求。三是仓储设施现代化、标准化水平不高。许昌市缺乏先进的仓储技术和设备，使得货物在存储、分拣过程中易产生损坏与丢失。传统仓储模式难以适应现代物流对高效、精准、安全的要求，特别是在电商行业蓬勃发展的背景下，仓储设施的不完善更加凸显。例如，虽然许昌市已逐步引入自动化分拣设备（如襄城县阿里山路北段的县级物流中心所采用的设备，配置 118 个分拣格口，日均处理量达 7 万件[①]），但此类设施的普及率和覆盖率仍有待提高。

（二）城乡商贸物流服务资源配置不足

由于城乡二元结构的存在，城市物流业发展迅速而农村物流建设却滞后。一是农村物流网点建设不足。许昌城市拥有功能较完善的综合性物流园区、社区快递点、自提柜等，物流网点的类型、数量高于农村；而农村物流服务网点大多是在乡、镇、村开设的快递服务点，网点数量少，过于分散，功能也比较单一。许昌市的物流配送网络，特别是在农村地区，仍面临"最后一公里"难题。二是农村物流硬件资源差。城市物流硬件资源的配置优于农村，农村物流在仓储、货物装卸、运输车辆、信息技术等方面存在不足。农村物流仓库一般为传统仓库，仓库管理不够规范；缺少机械化装卸搬运设备，多为人工作业；运输工具简单，少数运输活动存在违规运输的现象，带来了一定的安全隐患。三是农村物流的信息化程度不高。多数网点仅仅配备电脑、手持终端等设备。四是农村物流通道有待优化。农村物流资源配置不足，进一步影响了城乡物流业在基础设施、信息化建设等方面有效对接。

---

① 《襄城：三级物流网络体系打通快递进村"最后一公里"》，中国新闻网 l 河南。

（三）信息化水平有待进一步提升

在许昌市商贸物流发展过程中，信息化水平虽然有了一定的提升，但是整体水平仍然不高。首先，部分物流企业缺乏先进的信息化平台支持，导致物流信息的传递与处理过程中存在时滞性与误差，影响了企业的决策响应速度和客户服务质量。尽管有诸如襄城县构建三级物流网络体系等积极尝试，但整体上城乡物流网络的覆盖不均问题依旧突出。其次，信息共享机制不健全也是制约物流行业发展的重要因素之一。物流行业作为供应链的核心环节，其高效运作离不开与上下游企业的紧密协作。然而，当前许昌市物流行业内部以及与其他行业之间的信息共享机制尚未健全，导致物流信息孤岛现象普遍存在。这不仅限制了物流资源的优化配置，还增加了企业的运营成本和市场风险。最后，随着人工智能、大数据等技术的飞速发展，智能化已成为现代物流业的重要发展趋势。然而，许昌市物流企业在智能化技术的应用方面相对滞后，急需充分利用智能仓储、智能配送、智能客服等先进技术来提高物流作业的自动化水平和精准度，进而优化物流流程、提升服务质量。

（四）物流成本偏高

随着物流需求的不断增长，运输车辆供需矛盾日益突出，车辆不足导致物流企业在高峰期难以满足客户需求，进一步推高了运输成本，使得物流企业在市场竞争中面临着较大的成本压力。一方面，土地价格和人力成本的上涨推动仓储成本的增长。随着城市化进程的加快，土地资源日益稀缺，仓储用地成本持续上升。同时，仓储管理对人工的依赖程度较高，而劳动力成本的上升也直接增加了仓储成本。物流企业为了在激烈的市场竞争中保持竞争力，不得不投入更多资源用于仓储设施的建设和维护以及仓储人员的招聘和培训，这无疑增加了仓储成本的上升压力。另一方面，物流企业运营管理的复杂性和不确定性导致管理成本增加。在物流管理过程中，需要投入大量的人力、物力和财力进行计划、组织、协调和控制。然而，由于物流业务的多样性和动态性，管理难度和复杂性日益增加。加之部分物流企业在管理上存在着流程不畅、信息不对称、效率低下等问题，进一步推高了管理成本。

四　许昌市城乡商贸物流体系优化策略

随着经济的快速发展和城乡一体化的深入推进，畅通城乡商贸物流体系成为促进农村经济繁荣、提升城镇居民生活质量、实现城乡经济均衡发展的关键。一个高效、便捷、绿色的城乡商贸物流体系，不仅能够降低物流成本、提高流通效率，还能促进农产品上行和工业品下行，增强市场活力，推动经济社会全面发展。

（一）加强基础设施建设

构建更加完善、高效的配送网络，特别是加强农村地区的物流基础设施建设，成为提升整体物流服务质量的关键。一要加强城乡交通物流基础设施建设。加强农村公路建设，提升道路等级和通行能力，确保农产品和工业品能够顺畅流通。根据市场需求和物流流向，科学规划仓储设施布局。在城市郊区、交通枢纽地带等位置建设大型仓储基地，形成覆盖城乡的仓储网络，满足不同类型商品的存储需求。二要推动仓储设施的现代化升级。采用自动化、智能化仓储系统，提高货物存储和管理的效率。建设高层立体仓库、自动化分拣中心等先进设施，减少人工操作，降低仓储成本。三要建立覆盖城乡的高效配送网络。在农村地区设置配送点或自提点方便消费者取货。通过优化配送路线和配送时间，提高配送效率和服务水平。针对"最后一公里"配送难题，探索和推广智能快递柜、无人配送车等新型配送方式。通过智能技术降低配送成本，提高配送精准度和灵活性。四要加强冷链物流基础设施建设。在农产品主产区、物流园区和消费市场等关键节点布局冷链设施，建设一批现代化冷库和冷藏运输车辆，确保农产品等易腐商品在运输过程中的新鲜度和品质。

（二）提升信息化水平

信息化是商贸物流现代化的重要标志。一要加强物流信息系统建设。利用物联网、RFID、GPS等技术手段，完善信息采集与处理系统，实现对货物从入库到出库、运输到配送全过程的实时跟踪和信息采集。引入大数据处理技术，对海量物流数据进行深度挖掘和分析，为物流决策提供数据支持。构建覆盖城乡的物流信息平台，实现物流信息的实时采集、处理、分析和共享。这不仅能够提高物流作业的透明度和可追溯性，还能通过数据分析优化物流路径，减少空驶率，降低物流成本。二要推动物流信息化技术应用。物联网技术在物流领域的应用，可以实现物流设备的智能化管理和监控，提高物流作业的自动化水平。通过物联网技术，物流企业可以实时掌握货物状态、运输车辆位置等信息，优化运输路线和配送计划。引入人工智能算法，对物流数据进行智能分析和预测，为物流企业提供精准的运营策略。利用人工智能技术进行智能分拣、智能配送等作业，提高物流效率和服务质量。借助云计算技术提供强大的数据处理和存储能力，支持物流信息系统的稳定运行和扩展。三要加强信息安全保障，提升系统安全性。加强物流信息系统的安全防护措施，防止信息泄露和网络攻击。定期对信息系统进行安全检测和漏洞修复，确保系统的稳定性和可靠性。建立健全的数据隐私保护机制，对敏感数据进行脱敏处理，防止数据被非法获取和利用，确保物流信息的安全性。

（三）推动绿色物流发展

随着环保意识的日益增强，绿色物流已成为物流行业发展的重要趋势。物流企业应将绿色理念贯穿于物流全过程。一是在包装环节，推广使用环保包装材料，减少一次性用品的使用；建立包装物回收体系，对废旧物流包装进行回收再利用。二是在运输环节，采用智能调度系统优化运输路线和车辆调度，减少转运次数，提高运输效率，减少能源消耗和排放。将公、铁、水、航空等运输方式有机结合，发展多式联运，提高运输效率和资源利用率。三是在配送环节，采用新能源车辆，降低尾气排放对环境的影响；推广共同配送和智能配送模式，减少配送车辆和次数，降低能耗和排放。四是加强绿色物流技术的研发与应用，不断提升绿色物流的技术含量和环保效益。五是优化供应链管理流程，减少不必要的物流环节和能耗，推动供应链上下游企业共同参与，形成绿色供应链体系。

（四）降低物流成本

合理的物流网络布局是提升物流效率、降低物流成本的关键。许昌市应根据自身实际情况和市场需求，科学规划物流网络布局，在城乡接合部及重要农产品产区建设一批集仓储、加工、配送等功能于一体的现代化物流中心或配送站，作为连接城乡的物流枢纽，配备先进设备，提高物流作业效率和服务水平。建设区域物流中心，作为物流资源的集散地，实现货物的集中存储、分拣和配送，减少物流环节和成本。推动铁路、航空等多种运输方式的有效衔接，形成多式联运的物流运输网络，降低物流成本。鼓励发展共同配送模式，通过整合多家企业的配送需求，实现资源的共享和优化配置。还应加强与周边地区的物流合作，构建跨区域物流网络，实现物流资源的优势互补和协同发展。

（五）加强政策支持和有效监管

政策支持和有效监管是商贸物流健康发展的重要保障。一要加强顶层设计。政府应制定明确的城乡商贸物流发展规划，为物流行业的发展提供方向性指引。制定和完善相关政策法规，为商贸物流的发展提供有力支持。通过税收减免、资金补贴等优惠政策，降低物流企业运营成本，激发市场活力。二要强化资金保障。加大对农村的物流基础设施建设投资力度，加强农村物流网络的建设和完善，推动农产品进城和工业品下乡的双向流通。设立专项资金，用于支持城乡商贸物流项目的建设和运营。对重点物流项目、农村物流体系建设等给予政府补贴或奖励。三要优化设施布局。建设或改造农村物流服务站点，提高农村地区的物流服务水平。科学规划物流基础设施的布局，确保城乡物流网络的均衡发展和高效联通，提高物流通达性和覆盖率。四要建立完善相关体制机制。鼓励和支持多式联运模式的发展，优化不同运输方式之间的衔接与转换，提高物流运输的效率和成本效益。积极搭建平台，促进内外贸市场渠道对接，推动内外贸一体化发展，为许昌市国际贸易拓展更广阔的市场空间。五要引导绿色化发展。鼓励和支持物流企业采用绿色包装、清洁能源车辆等环保措施，减少物流过程中的能耗和排放。推动建立绿色物流认证体系，对符合绿色物流标准的企业给予奖励和扶持。六要加强行业监管。建立和完善城乡商贸物流的标准体系，包括物流操作规范、信息服务标准等，推动物流行业规范化、标准化发展。完善法律法规体系，规范市场秩序，防止不正当竞争和价格垄断行为的发生，建立物流信用体系，鼓励企业诚信经营，营造良好的物流发展环境，提升行业整体水平。

参考文献

纪良纲、王佳渌：《"互联网+"背景下城乡商贸流通一体化模式研究》，《经济与管理》2020 年第 2 期。

刘坡：《共享经济下河北省城乡现代商贸物流一体化发展研究》，《全国流通经济》2021 年第 30 期。

张美：《城乡商贸物流服务资源优化配置研究》，《商业经济研究》2020 年第 17 期。

尹超：《城乡商贸物流服务网络资源优化研究》，北京交通大学博士学位论文，2019。

《襄城：三级物流网络体系打通快递进村"最后一公里"》，中国新闻网，http：//www.ha.chinanews.com.cn/wap/zx/2024/0708/54423.shtml，最后检索时间：2024 年 7 月 8 日。

B.12
长葛搭建现代种业研发平台的
经验及启示

李国政[*]

摘　要：　现代种业是促进农业稳定发展、保障国家粮食安全的根本要素。长葛市是国家重要的粮食生产地区，近年来依托种业小镇积极打造现代种业全产业链体系，在农作物新品种繁育、推广和种植等方面取得了显著成效。加大科技力量投入，打造现代种业研发平台，是长葛市推动现代种业高质量发展的重要抓手，其主要路径包括争取政策支持、强化研发平台建设、充分发挥企业主体作用、培育高素质的农业科技队伍等。

关键词：　长葛　现代种业　研发平台

"国以农为本，农以种为先"。种业作为重要的物质生产资料行业，是国家战略性、基础性核心产业，对于农业的发展具有不可替代的作用。党的十八大以来，在党中央高度重视和一系列政策推动下，我国现代种业迎来了快速发展时期。2021年中央通过《种业振兴行动方案》，此后三年的"中央一号"文件中，都对现代种业高质量发展做出指示。加大现代种业发展的创新能力，打造高质量研发平台，是现代种业高质量发展的内生动力。各地均将种业科技创新能力作为现代种业高质量发展的重要抓手。河南省长葛市以"中原种业硅谷副中心"为目标，以种业科技创新和研发平台供给为重要途径，挖掘优质种业资源，构建现代种业全产业链科技服务体系。长葛市

---

* 李国政，博士，郑州轻工业大学经济与管理学院副教授，研究方向为区域经济发展。

现代种业高质量发展的研发平台建设和创新之路为全国种业高质量发展提供了一定借鉴。

一 长葛市现代种业发展概况

长葛市地处国家粮食生产核心区，为确保粮食稳产增收，该市深入实施"藏粮于地、藏粮于技"战略，加强耕地保护，稳定粮食种植面积110万亩。实施高标准农田改造提升工程，统筹推进农田内林网、电网、路网等工程建设，持续提升粮食生产能力。截至2022年，长葛市已建成高标准农田49万亩，粮食总产达57.7万吨，连续12年保持"河南省产粮大县"荣誉，荣获"全国粮食生产先进县市"称号。[①] 同时，长葛市以河南省农作物新品种展示项目为抓手，推进一二三产业融合发展，被列入全国农村产业融合发展先导区创建单位，入选第三批国家高效节水灌溉示范县（市）。例如，长葛市坚持良田、良种、良法、良机、良制"五良"融合，集成推广统一优良品种、统一精准播种、统一水肥管理、统一病虫草害综合防治、统一化学调控、统一适时晚收"六统一"技术模式，重点做好密植+滴灌示范，建设3个百亩试验田、2个千亩高产方和2个万亩示范区，核心区面积2.5万亩，示范带动全市12万亩玉米均衡增产，示范区平均亩产达到583.6公斤，比全市平均水平高出14.1%。[②]

近年来，长葛市依托石象镇资源禀赋和产业基础优势，着力开发现代种业研发资源、加工资源、物流资源，积极推动种业科研成果转化，赋能农业"强芯"。2021年，长葛市出台《关于支持石象种业小镇的发展意见》，内容涵盖财政扶持、税费优化、金融支持和土地政策四个方面，对入驻种业小镇企业人才引进、种子研发、农业基础设施建设、产业化发展和建立种业联

① 《物阜民丰满目新 长葛市推进农业高质量发展 夯实乡村振兴基石》，https：//baijiahao.baidu.com/s？id=1679241015923813606&wfr=spider&for=pc，最后检索时间：2024年8月5日。

② 孟健、马玉娟：《长葛市示范田玉米亩产创新高》，http：//henan.people.com.cn/n2/2023/1023/c378397-40613026.html，最后检索时间：2024年8月5日。

盟进行了全方位的支持，大幅降低了种业企业发展成本，推动种业小镇做大做强。种业小镇以国家、河南省农作物新品种繁育和新品牌开发为抓手，打造乡村振兴新赛道、新平台。

二　长葛市现代种业研发平台构建方式

在现代种业高质量发展过程中，长葛市紧抓科研平台建设，强化种业关键技术攻关，培育更多优良品种，并不断发展新的大户、合作社、家庭农场，壮大种业企业发展规模，带动农民增收致富。长葛市现代种业研发平台建设离不开科技创新力量的不断投入、多方挖掘研发资源、拓展现代种业研发产业链等方式，其核心是以科技创新赋能现代种业发展。

（一）以农作物新品种为目标导向，凝聚现代种业科技创新力量

种子是农业发展的关键基础，种业创新发展是农业新质生产力的重要组成部分。近些年，长葛市聚焦保障粮食和重要农产品稳定安全供给，坚持科技创新，不断加大研发投入，充分发挥企业在种业创新发展中的主体作用，鼓励种业企业与科研院所、高等院校共建技术研发平台，引导企业构建商业化育种研发体系，进一步提高企业的良种繁育能力、创新发展能力。同时，丰富的科技资源和强大的研发平台可以产生显著的经济社会效益，推动农民增收、农业发展和社会进步。以农作物新品种的培育研发为目标导向，长葛市在厚植种业科技资源的同时，围绕种质创新、良种繁育等科技创新链条，主要开展玉米①、小麦和瓜菜类新品种的种质资源创新和新品种推广。长葛市通过"订单+保护价"进行收购，带动农户300多户，亩均效益可增加

---

① 长葛市开展绿色高产高效行动，集成组装推广区域性、标准化高产高效种植技术，着力提高单产水平，示范带动玉米大面积均衡增产增效。在统一优良品种和精准播种的基础上，采用玉米精准密植播种联合作业机一次性完成玉米播种、施肥和铺设滴灌带，或在玉米苗期铺设滴灌管，推行精准滴灌水肥一体化技术。实现了农作物控肥增效、控药减害、控水降耗、省工节本，示范展示成熟的绿色高质高效技术，最大限度提高了土地肥力和抗旱能力。见《长葛市示范田玉米亩产创新高》，http://henan.people.com.cn/n2/2023/1023/c378397-40613026.html，最后检索时间：2024年8月5日。

500 元以上。① 反过来讲,农民增收、农业发展和乡村振兴又会为农作物新品种和现代种业的研发和繁育提供倒逼效应,进一步内生推动现代种业的科技创新和高质量发展。也即是说,现代种业研发平台的打造应属于"三农"问题的一个微观领域,农作物新品种研发是农业发展和乡村振兴的基础,后者为前者提供更为宏大的推动力量。

(二)以形成研发规模效应为牵引,充分挖掘内外部双重资源

在现代种业研发平台建设过程中,长葛市汇聚科技资源,搭建种业科研创新平台,强化种子科研攻关,重视本地科技资源的培育。河南鼎优农业科技有限公司非常重视内生动能的培育,始终把科技创新作为构筑发展企业优势的重要举措,提升研发创新能力,厚植基础,注重科研,创新驱动,为现代农业植入"智慧芯片",自主繁育的一系列抗性强、产量高、品质好的粮食品种纷纷亮相,形成了"鼎优种子品牌"。同时,作为长葛市种业小镇的运营主体,河南鼎优农业科技有限公司还参与制定《辣椒杂交种生产技术规程》国家农业行业标准,将自身的科技优势推向全国。一系列优秀的科研成果为种业小镇的建设和发展提供了科技支撑,注入了源源不断的研发动力。

在现代种业科技创新和研发平台建设中,长葛市深深意识到,仅仅依靠本地区科创研发主体无法满足现代种业高质量发展所需要的科研资源,还需借力引力,综合施策,塑造现代种业高质量发展的强大动能。除了内部动能培育,长葛还大力借助外部力量,壮大自身科研实力。比如,截至2023年,长葛市种业小镇引进了国家玉米改良中心、中国农业大学、浙江大学、北京农林科学院及法国、德国、泰国等20多家科研和产业合作单位,开展优质种源"卡脖子"技术联合攻关。许昌市农业科学院与河南鼎优农业科技有限公司成立联合攻关组,许昌市农业科学院充分发挥材料、科研和团队优势,锚定小麦主粮,开展优势品种攻关。上述各种措施将长葛市内外部科创资源融

① 张培奇:《抓特色兴产业 聚合力美全域》,《农民日报》2023年7月27日,第3版。

合运用，形成强大合力和规模效应，不仅对于长葛市本地种业科技资源来说是一个良好的补充，也为外部科技资源寻找优良的试验场域提供了契机。

（三）以产业融合发展为重要抓手，拓展现代种业研发产业链

三产融合是现阶段及未来一个时期乡村振兴仍然需要倚重的发展路径，对于三次产业本身和广大乡村的高质量发展都具有独特的价值。近年来，以石象镇为依托，长葛市着力推进农村第一、第二和第三产业的融合发展。例如，优质小麦市场需求量很大，增加优质小麦供应、确保国家粮食安全是现代种业的重要战略任务，同时也可以带动面粉加工、种子生产等相关企业壮大规模，提高产品竞争力，促进产业融合。通过加快农作物新品种研发，为保障国家粮食安全提供种业支撑，以种业振兴助力乡村振兴及城乡融合共同富裕先行试验区建设，支持中小企业、专业合作社、家庭农场等主体积极探索种业多种功能，探索以"种业+"为核心的融合发展模式，推动种业发展质量效益双重提升。这些举措辐射带动了长葛市若干乡镇和农民合作社发展，成为长葛市农业提质增效、助力乡村振兴的重要抓手。

长葛市致力于打造现代种业全产业链，着力构建上中下游融会贯通的种业产业链条，鼓励企业把产业链延伸到种植服务领域。建设"良种研发—良种生产—现代化育苗"的闭合式循环内生圈，从传统粮食生产聚焦到科研服务和种子生产，利用现代科技和现代信息技术，对内进行研发，对下连接农户，对上连接科研院所，从根本上改变了传统种植增收的模式。通过现代种业链条建设，促进了农业高产高效。利用种业研发优势，长葛市大力推广适合区域性农业生产的优良品种，并通过发展订单生产、专种专收，拉长产业链，提高农业附加值。

同时，长葛市积极健全农业科技社会化服务体系，加快农业科技创新体系、现代农技推广体系、农民教育培训体系"三大体系"联动协同发展。另外，长葛市积极加强农业全产业链综合服务和农业种质资源保护开发利用，建设现代农业多功能示范园区体系。长葛市现代农业产业园区形成了以农业科技园区为龙头，以农业生产为基础，现代种业为特色，以种业链产品

博览展示、品牌文化推广、繁育试验研发为业务引领，兼顾都市休闲农业高端旅游观光，体现现代农业生产性、生活性、生态性三大理念的大型现代农业产业园区。

三 长葛市现代种业研发平台建设成效

近年来，长葛市种业小镇紧紧抓住科研这个引擎，以市场为导向，突出特色，打造品牌，以新品种新技术引领产业振兴。截至 2023 年 7 月，长葛市拥有国家级科研创新平台 3 个，省级科研创新平台 5 个，入驻科研院所和种子企业 300 余家，温室大棚 3 万平方米和玻璃育苗温室 4000 平方米，试验种植了 5000 多个瓜菜新品种，其中 300 多个蔬菜新品种在全国推广。[①] 长葛市种业小镇成立以来，河南鼎优农业科技有限公司先后获得国家实用新型专利 4 项，软件著作权 7 项，鉴定登记科研成果 2 项，申请植物新品种 16 个，年孵化新品种 10~15 个，审定登记玉米、小麦和瓜菜品种 150 个，增加经济效益 30 亿元以上[②]；审定小麦、玉米品种较当前市场主推品种平均亩产高出 5% 以上，个别品种高出 12% 左右[③]。此外，长葛市积极发挥鼎研泽田科研科技有限公司科研优势，建设科技研发中心、数字化智能大棚、电商营销平台、新品种展示基地。例如，鼎研泽田科研科技有限公司已建成种子冷库 2000 平方米，标准化育苗温室 4000 平方米，温室配套设施设备 1 套，育苗播种收获设备 2 套，有力保障了朝天椒及其他农作物育种、收购、储存、销售。[④]

---

① 《河南长葛种业小镇：感受种子萌动的力量》，https：//www.hntv.tv/rhh-31625 03193/article/1/1722778711342665729，最后检索时间：2024 年 8 月 6 日。
② 杨利伟、宋广军、代珍珍：《一粒种子改变小镇》，http：//www.moa.gov.cn/xw/qg/201912/t20191204_6332777.htm，最后检索时间：2024 年 8 月 6 日。
③ 《播种乡村振兴"金种子"》，http：//www.moa.gov.cn/xw/qg/202111/t20211122_6382590.htm，最后检索时间：2024 年 8 月 6 日。
④ 《长葛市"公司+合作社+基地"模式锻强种业发展链条》，http：//www.xuchang.gov.cn/ywdt/001004/001004003/20230529/0a9cb515-959a-40ee-80b8-710cb6dd6542.html，最后检索时间：2024 年 8 月 6 日。

通过传统种植转向订单种植和种子制种，流转土地每亩增加了 3000 元收益，有力支持了长葛市农业快速发展。① 通过长葛市种业小镇试验站鉴定筛选出更多高产、优质、抗病、适宜机械化等拥有自主知识产权的品种，特别是在小麦育种方面，通过传统育种技术与分子标记辅助选择技术相结合的方式，进行小麦种质资源创新，既丰富了种质资源，又有效解决了亲本材料匮乏和同质化严重的问题。② 截至 2023 年，长葛市新品种推广面积达 6000 万亩，促进了产业提质增效，成为中西部地区最大的瓜果新品种展示基地③；24 个自主繁育研发的玉米、小麦品种通过国家审定，受到市场高度认可，先后被河南省、农业农村部推介为农业主导粮食品种，瓜菜品种登记及鉴定证书 227 个，过审数量居行业领先地位。④

同时，长葛市种业小镇建立"1 个首席专家团队+16 个镇（办）农技推广服务小组+若干新型农业经营主体+若干农户"的农技推广模式，形成种业创新联合体，有效推进小麦、玉米等主要农作物及果蔬、瓜果等特色经济作物关键育种技术研发。⑤ 现阶段，长葛市种业小镇辐射带动 12 个镇的育种公司、合作社、家庭农场等 70 余家，带动群众 2000 多户。

四 长葛市现代种业研发平台建设经验及启示

如上文所述，长葛市在现代种业研发平台及高质量发展建设中成效显著，其中一些做法具有一定示范性，形成的经验包括重视政策支持、重视

① 《河南长葛：创立"图斑田长" 保护耕地安全》，http：//www.xuchang.gov.cn/ywdt/001004/001004003/20211214/dfcb15eb-9f81-4afb-8c39-0b6926ba7de8.html，最后检索时间：2024 年 8 月 7 日。
② 《河南长葛：为粮食安全植入"科技芯"》，https：//baijiahao.baidu.com/s？id=17133194198389721918wfr=spider&for=pc，最后检索时间：2024 年 8 月 7 日。
③ 张培奇：《抓特色兴产业 聚合力美全域》，《农民日报》2023 年 7 月 27 日，第 3 版。
④ 《长葛市："种业小镇"育种忙》，https：//app-api.henandaily.cn/mobile/view/news/287823618157576192451506，最后检索时间：2024 年 8 月 7 日。
⑤ 张勇、段西锋：《河南长葛：产业赋能建设创新型县（市）》，《中国农村科技》2023 年第 11 期，第 43~45 页。

科技园区建设、重视企业主体作用、重视科技队伍建设等，值得重视，这些经验为河南省乃至全国现代种业的科技创新和研发力量壮大提供了一定启示。

（一）重视政策供给，为现代种业研发平台建设提供制度保障

政策扶持是长葛市现代种业高质量发展的有力保障和前提条件，长葛市在推动现代种业研发平台建设过程中非常重视并善于运用相关政策支持，这些政策优势为现代种业科技创新提供良好的基础环境。从国家层面看，近年来，国务院密集出台支持种质资源保护利用、种业创新和产业发展的文件，为长葛市种业发展提供了良好的政策机遇。农业农村部、国家发展改革委、财政部等部委不断加大政策投入，出台现代种业提升工程、制种大县奖励等项目，种业发展财政支持力度不断强化。国家种业优惠政策的密集出台，既为长葛市种业发展和科创平台建设注入了持续动能，也为争取中央政策支持提供了良好机遇。从地方层面看，近年来，长葛市采取多项政策举措，为现代种业科技成果的推广和应用提供有力支持。一是根据气候、土壤条件和市场需求，选择高产、优质、抗病虫、适应性强的小麦品种。二是对种子进行消毒、包衣等处理，提高种子发芽率和抗病虫能力，在播种前进行深松、翻耕、平整土地，为小麦生长创造良好的土壤环境。三是根据土壤肥力状况，科学施用有机肥、化肥，保证小麦生长所需的养分。四是严格播种密度，按照农艺要求，控制好播种行距、株距，避免过密或过稀，保证小麦生长空间。五是抢抓有利时机，根据气候条件，合理安排播种时间，避免低温、干旱等不利因素影响小麦出苗。六是采用机械化播种，提高播种效率和质量，减少人工播种带来的误差。七是播种后及时进行覆土、压实，保持土壤湿度，促进小麦出苗。同时，加强病虫害防治，定期对示范田小麦生长情况进行监测，评估播种效果，及时调整管理措施。技术人员持续进行苗情巡查，做好缺苗补种等工作。国家和地方的一系列支持种业创新发展的政策供给，构建了长葛市现代种业高质量发展及研发平台建设的政策支持体系。

（二）重视科技产业园区建设，为现代种业研发平台建设培育创新载体

长葛市极为重视现代种业高质量发展中的科研平台打造，主要体现在科技园区和中原种业硅谷两个方面。第一，高水平建设省级农业科技园区。长葛市以河南省麦椒育种现代农业产业园建设为载体，以构建现代农业技术体系为重点，建立综合性农业科技研发平台和商业化育种体系，形成育种、制种、试验、生产、销售的种业开放创新体系。在此过程中，长葛市非常重视挖掘优势资源，建好平台，建强基地。发挥科研创新平台优势，通过建立省级工程技术研究中心和市级农业科技示范展示基地，打造出"许麦""昌麦"两大系列小麦品种。

第二，打造中原种业硅谷副中心。长葛市着力打造石象镇"种业小镇"，发挥科研平台建设和产学研合作平台优势，以种业为依托、以产业融合发展为主要方向，通过引入中国农科院等科研机构和种业企业，在产业园内建设试验基地，强化新品种孵化，加强技术攻关，着力破解种业"卡脖子"难题。同时，长葛市种业小镇制定了许昌市《机收籽粒玉米生产技术规程》《鲜食糯玉米生产技术规程》等三项地方标准，积极推进机收籽粒玉米、麦椒套、鲜食糯玉米等区域化种植品种和模式的标准化生产。

（三）重视企业主体作用发挥，为打造现代种业研发平台提供重要支撑

长葛市在现代种业研发平台建设中高度重视科技企业的主体作用，将企业看作种业高质量发展的主导力量。长葛市鼓励种业企业与科研院所、高等院校共建技术研发平台，进一步提高企业的良种繁育能力、创新发展能力。要加强制种专业技术技能人才培养，建立新型"产学研"团队，选育出更多更好的农作物新品种，促进种业产业发展。

长葛市形成以"龙头企业为主体，绿色品牌为纽带，原料基地为依托，农户参与为基础"的产业化经营体系。组织基地与豫粮种业、圣源种业、

鼎诺合作社、丰田种业、豫粮集团 5 家涉农龙头企业签订购销与加工协议，实现基地对接面积全覆盖，对接企业获得绿色食品认证的产品产量达到基地原料总量的 51%，延展绿色链条。例如，长葛市以豫粮种业为龙头，以新型农业经营主体为骨干，以河南农业大学和长葛市农业技术推广中心为支撑，以农户为主体，以政府保险为保障，在基地内构建现代农业发展共同体，共同体内部建立健全利益联结机制，逐步形成了政府、企业及农户等多渠道投入机制。在农业和种业经营方式上，长葛市鼓励种业龙头企业与农民开展双向合作，以订单粮食生产为纽带，促进农民专业合作社规模化、规范化和可持续发展。

（四）重视科技队伍引育建设，为现代种业研发平台建设提供智力支持

长葛市在现代种业研发平台建设过程中非常重视科技队伍建设，在科研队伍引进、科技人员培养、科技成果转化等方面投入了较大精力，力争走出一条高科技、高附加值的科技种业之路。针对种业科技创新面临的科研成果转化率偏低、科研人才流动不畅、技术研发低水平重复等问题以及种业企业还存在的规模较小、分散度较高、协同性较弱等短板，长葛市多措并举，内培外引，制定专项激励政策，强化农业科技人才支撑，壮大农业科研人才队伍，加大种业科技力量投入。[①] 一方面，引进法国和德国等国外研发机构，中国农业科学院、浙江农科大学、河南农业大学、河南农科院等国内科研院所以及若干种子企业，共建种业试验基地。目前，中国农业科学院、中国农业大学、浙江大学等专家团队和科研院所已在长葛市建立试验基地，开展种业新品种试验和新技术推广。另一方面，依托科研所培育本地农业人才，并成立职业技能培训学校，通过理论培训、田间实操、参观实践、农业大讲堂等方式，对农民进行培训。例如，加快建设长葛市乡村振兴农业人才技能

---

① 为引才留才育才，长葛市种业小镇用足了政策激励，技术人员不仅是种业小镇内企业的员工也是股东，不仅可以获得工资性收入，还可以获得分红性收入，技术人员还可以根据研发产品的销售量获得相应提成。

培训中心，加强制种专业技术技能人才培养，建立新型"产学研"团队，选育出更多更好的农作物新品种，促进种业产业发展。

与此同时，长葛市成立了优质专用小麦生产基地项目技术组，人员由农技中心、植保站、农科所等技术推广单位业务骨干组成，负责制定技术方案和技术指导服务，采取技术指导员包镇、包村、包户的方式，开展全程技术指导服务，指导农民落实配套栽培技术。通过开展现场观摩、技术培训、专家巡回指导、发放明白纸等活动，提高技术到位率。品种选育坚持以高产、优质、多抗为主要方向，在稳产的基础上，帮助农民群众增收。

参考文献

孟健、马玉娟：《长葛市示范田玉米亩产创新高》，http://henan.people.com.cn/n2/2023/1023/c378397-40613026.html，最后检索时间：2024年8月5日。

《河南长葛：创立"图斑田长" 保护耕地安全》，http://www.xuchang.gov.cn/ywdt/001004/001004003/20211214/dfcb15eb-9f81-4afb-8c39-0b6926ba7de8.html，2024年8月7日。

《长葛市"公司+合作社+基地"模式锻强种业发展链条》，http://www.xuchang.gov.cn/ywdt/001004/001004003/20230529/0a9cb515-959a-40ee-80b8-710cb6dd6542.html，最后检索时间：2024年8月6日。

张培奇：《抓特色兴产业 聚合力美全域》，《农民日报》2023年7月27日。

《河南长葛：为粮食安全植入"科技芯"》，https://baijiahao.baidu.com/s?id=1713319419838972191&wfr=spider&for=pc，最后检索时间：2024年8月7日。

杨利伟：《一粒种子改变小镇》，http://www.moa.gov.cn/xw/qg/201912/t20191204_6332777.htm，最后检索时间：2024年8月6日。

《长葛市："种业小镇"育种忙》，https://app-api.henandaily.cn/mobile/view/news/2878236181575761924551506，最后检索时间：2024年8月7日。

《长葛顺利通过全国绿色食品原料（小麦）标准化生产基地核查验收》，http://www.xuchang.gov.cn/ywdt/001004/001004003/20211130/6f579699-b550-4a1a-84ec-ba1a89b97f4d.html，最后检索时间：2024年8月8日。

《长葛市：农技服务助力粮食丰产丰收》，https://baijiahao.baidu.com/s?id=

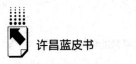

1667107802221033414&wfr=spider&for=pc，最后检索时间：2024 年 8 月 8 日。

《播种乡村振兴"金种子"》，http：//www.moa.gov.cn/xw/qg/202111/t20211122_6382590.htm，最后检索时间：2024 年 8 月 6 日。

王红茹：《长葛"种子小镇"：科技创新种下乡村全面振兴"金种子"》，《中国经济周刊》2024 年第 7 期。

城乡基本公共服务均等化篇

B.13

许昌建立城乡教育资源均衡配置机制研究

崔学华 胡佳豫*

摘 要： 教育资源均衡配置是推动城乡融合发展、促进区域教育公平、实现教育高质量发展的重要基础。本文结合相关文献和统计数据，分析发现许昌市在推进城乡教育资源均衡配置中取得了一定成效，教育资源总量及分布有明显改善，城乡教师队伍整体素质有较大提升，城乡教育差距进一步缩小。同时，许昌市在教育资源均衡配置中也面临一些问题与挑战，主要表现在：城乡教育基础设施均衡投入、城乡教师资源均衡配置以及城乡教育质量均衡提升等方面。这就需要以地方政府作为主要推动力量，学校、教师、家庭与社会积极有效地参与，加快建立城乡教育资源均衡配置机制；需要完善

---

* 崔学华，河南省社会科学院副研究员，研究方向为城乡社会治理；胡佳豫，郑州大学政治与公共管理学院 2023 级硕士研究生。

相关的法律法规，保障教育公平；完善教育政策措施，促进城乡教育均衡发展；加大乡村经费投入和资源分配；加强乡村教师队伍建设；推进教育资源共享和数字技术应用；倡导全社会参与并助力家庭教育水平的提升。

关键词： 城乡教育 均衡配置 教育公平

教育资源均衡配置是推动城乡融合发展、促进区域教育公平、实现教育高质量发展的重要基础。近年来，许昌市作为国家城乡融合发展试验区，省教育厅和市教育局先后出台了一系列支持许昌教育高质量发展的政策措施，包括支持基础教育、职业教育和高等教育的发展，强调教育均等化、教师队伍建设、教育信息化建设等方面，推动许昌城乡教育资源均衡配置取得了快速发展。

2024 年 4 月 29 日，河南省义务教育优质均衡发展监测许昌市现场测试工作圆满完成；2024 年 5 月 22~23 日，国家义务教育质量监测许昌市现场测试工作圆满完成。两次现场测试工作均取得了较好效果。[①] 同时，许昌市在促进城乡教育资源均衡配置方面仍然存在一些问题，需要加大政策支持力度，完善法律、法规，提高经费投入，合理分配城乡教育资源，重视教师队伍建设，推动教育资源共享，加快建立城乡教育资源均衡配置机制。

一 许昌市城乡教育资源配置的基本情况

为打造"教育强市"，许昌各地在城乡教育发展中开展了诸多实践，高度重视县域义务教育优质均衡发展，加大教育投入、优化资源配置、提升教育质量、探索集团化办学，推动城乡教育资源均衡配置取得了明显成效。

---

① 许昌市教育局：《2024 年度国家义务教育质量监测许昌市现场测试工作圆满完成》，http://www.jyj.xuchang.gov.cn/gzdt/，最后检索时间：2024 年 5 月 23 日。

（一）城乡教育资源总量及分布有明显改善

1. 城乡学校数量与规模有了新突破

《2023 年许昌市国民经济和社会发展统计公报》指出，截至 2023 年末，许昌市全市共有高等院校 4 所，职业中等技术学校 24 所，普通高中 46 所，普通初中 196 所，小学 766 所，幼儿园 1099 所，特殊教育学校 6 所。高等学校在校生 9.07 万人，与上年同期相比增加了 1.8 万人；职业中等技术学校在校生 4.24 万人，同比增加了近 1000 人；高中在校生 11.72 万人，同比增加了近 7000 人；初中在校生 21.01 万人，同比增加了近 5000 人；小学在校生 39.82 万人，幼儿园在园幼儿 13.68 万人，两者与上年同期相比略有下滑，这与人口出生率下降和人口流动等多种因素作用有关；特殊教育在校生 507 人。全市幼儿园、小学、初中阶段适龄人口入学率均达到 100%。城乡学校数量与规模有了新突破，迈上了新台阶。同时，许昌市聚焦质量提升，倾力满足优质教育的新期待，以县域为主体开展义务教育优质均衡创建，分年度、分县（市、区）制定创建规划，实施义务教育标准化管理提升工程，累计培育省级义务教育标准化管理示范校、特色校 35 所。[①]

2. 城乡学校在校生数量出现明显分化

从许昌市 2020~2022 年的统计数据可以清晰地看出，城镇小学在校生人数明显多于乡村，城镇地区的小学生数量是逐年增加的，并有持续增加的趋势，而乡村地区与之相反，是逐年减少的（见图 1）。另外，初中阶段也大致呈现该种趋势。城乡学生数量的变化呈相反的趋势，更多的生源向城镇地区靠拢，城乡之间在校生规模差距逐渐拉大，分化更加明显。

3. 城乡教育设施设备不断完善和升级

近年来，随着国家对教育事业的重视，农村地区的新建校舍逐步增加，公共教育服务不断延伸。许昌市乡村校舍建筑面积也在稳步增加，各地不断

[①] 许昌市人民政府：《许昌市举行"实事惠民生　聚力促融合"主题系列新闻发布会第二场》，https：//www.xuchang.gov.cn/openDetailDynamic.html？infoid=c5145a47-5c44-493a-8427-58a5c3d908eb，最后检索时间：2024 年 5 月 13 日。

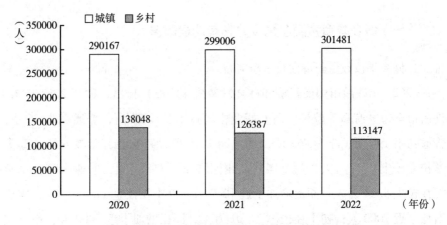

图 1　2020~2022 年许昌市普通小学在校生数城乡对比

资料来源：《河南统计年鉴》（2021~2023 年）。

完善城乡教育领域的设施设备。比如，襄城县 2024 年政府工作报告提出，要锚定"教育强县"目标，持续深化教育综合改革，实施基础教育扩优提质工程，启动襄城三高、襄城一中等 6 所学校升级改造，文化路小学、文化路幼儿园、文博幼儿园建成投用，加快推进文昌小学东区综合楼等项目建设，确保新增学位 5300 个以上，大力开展义务教育优质均衡县创建，确保全县中小学运动场地全部达标、教育装备率达到 100%。此外，乡村振兴全面提速，公共教育服务不断延伸，许昌市建安区 2023 年国民经济和社会发展计划指出，实施农村寄宿制学校提升改造，推动教育优质均衡发展，岗黄等 5 所农村寄宿制小学建成投用，在加快补齐农村短板的过程中，以镇区和 38 个中心村为重点，加快"6 有 1 中心"建设，完善教育医疗、养老育幼、商业娱乐等功能，让群众享受到优质均等的公共服务。[1]

（二）城乡教师队伍整体素质有较大提升

许昌市教委高度重视教师队伍建设，首先从师德师风方面严格治理。将

---

[1]　许昌市教育局：《对标优质均衡创建　打造人民满意教育——许昌市建安区优质均衡先行创建县工作纪实》，https://jyj.xuchang.gov.cn/gzdt/20221125/8769d121 - 66f1 - 4cac - a26c - 437f2a851be5.html，最后检索时间：2022 年 11 月 25 日。

师德师风建设作为教师队伍素质评价的首要目标，树立师德师风"第一标准"，严惩师德师风违规行为，对于违规行为实行零容忍，持续完善师德师风建设长效机制。其次，畅通优秀教师快速成长渠道。实施青年教师培养计划，全面实施新教师跟踪培训，推进梯队建设；切实减轻教师不合理的工作负担，减轻中小学教师非教学工作负担，充分保证教师从事主责主业，为教师潜心育人创造良好环境。一方面，全面深化改革5项省定任务、7项市定任务有序推进，1个案例获评省级深化改革典型案例并被省委改革办专期刊发。大力开展国培、省培、市培等五级培训，实施高中教师新高考适应能力提升等研修项目，2023年国培、省培共培训5864名教师，先后组织1100多名教师到教育发达地市学校交流学习。该市课题《基于新课标"学科实践"的小学教师培训微课程开发研究》获得省级优秀等次。另一方面，加强"三名"工作室建设，建立健全教师梯队攀升体系。成立"名校长""名教师""名班主任"工作室226个，印发《许昌市"三名"工作室考核评价办法》，完善名师、名班主任、名校长工作室考核评价机制。建立从校级骨干到中原名师攀升体系，2人获评中原教学名师，12人获评中原名师，417人获评省级名师，[①] 1人获评全省教书育人楷模，1人斩获"出彩河南人"最美教师特别关注教师奖。组织26批次2167名教师参加省外集中培训及名校跟岗实践，培育市级名师300人、市级骨干教师700人，结合各县（市、区）及市直学校实际情况，完成招聘教师655人。[②] 城乡教师队伍整体素质有较大提升。

（三）城乡教育差距进一步缩小

近年来，许昌教育强市建设迈出坚实步伐，出台乡村教育倾斜政策，加

---

① 许昌市人民政府：《许昌市举行"实事惠民生　聚力促融合"主题系列新闻发布会第二场》，https：//www.xuchang.gov.cn/openDetailDynamic.html？infoid＝c5145a47－5c44－493a－8427－58a5c3d908eb，最后检索时间：2024年5月13日。

② 河南省人民政府：《许昌：加快教育强市建设　提升教育满意度》，http：//www.henan.gov.cn/2024/03－12/2960307.html，最后检索时间：2024年3月12日。

快缩小县域内城乡教育差距，让每个孩子尽可能享有公平优质教育资源，推动多项政策建议落地实施并取得了显著效果。

一是在政策层面，许昌市出台了《关于建设教育强市加快推进教育优质均衡发展的实施意见》，明确一级目标 7 个、二级目标 7 个、具体任务 90 个，配合完成城乡融合共同富裕先行试验区建设"1+1+9+N"方案制订，省教育厅也及时出台《关于支持许昌教育高质量发展建设共同富裕先行试验区的意见》，明确具体工作举措 14 个，为城乡教育的高质量均衡发展指明方向。

二是在行动层面，一方面提高农村义务教育质量，许昌市以寄宿制学校和小规模学校建设为抓手，提升农村义务教育办学水平和教育质量。另一方面，实施基础教育扩优提质工程，加快乡村寄宿制学校建设，集中开工建设完成农村寄宿制学校 13 所，以提升农村教育条件。推动小规模学校撤并，推进集团化办学和帮扶扩面提质，打造 10 个以上优质教育集团。① 此外，许昌市实施教育综合改革，办好教育，首先要选好校长，着力推进校长负责制试点；以教师"县管校聘"改革为抓手，推动骨干教师轮岗交流，着力破解城乡师资配置不均衡不完善的问题，以改革创新激发城乡教育的内生动力。

三是从效果上看，农村教师待遇的提升使得农村地区教师队伍稳定性有所增强，教育基础设施的完善增强了农村学校的有效承载力，农村地区教育功能的发挥也在一定程度上减少了生源的流动。许昌将城乡教育公平纳入民生领域，实施的一系列措施优化了农村义务教育布局，显著提升了农村地区的教育质量，缩小了城市与乡村之间的教育差距，为建设城乡融合共同富裕先行试验区和文化强市打下了基础。

二　许昌市城乡教育资源均衡配置面临的挑战

许昌市积极推进城乡教育资源均衡配置，仍然存在一些问题与挑战，主

---

① 许昌市人民政府：《政府工作报告——2024 年 2 月 27 日在许昌市第八届人民代表大会第二次会议上的报告》，https：//www.xuchang.gov.cn/ywdt/001001/20240304/fe8ac6a0-1c62-48a2-9262-cc333ec3a9f9.html，最后检索时间：2024 年 3 月 4 日。

要表现在城乡教育基础设施均衡投入、城乡教师资源均衡配置以及城乡教育质量均衡提升等方面。

（一）城乡教育基础设施投入均衡化水平有待提升

教育基础设施主要包括信息网络基础设施、平台体系基础设施、数字资源基础设施、智慧校园基础设施、教育设施的硬件部分、教育环境等，教育基础设施不仅包括物理设施和硬件设备，还包括网络、平台、数字资源以及智慧校园的建设，这些都是为了支持教育的高质量发展。当前，城市学校的教学设施普遍完善，例如有先进的实验室、大型的图书馆、科学完备的体育设施等，能够全面激发学生的学习兴趣和运动天赋，能够培养多才多艺的高素质学生，而部分农村学校教学设施、设备等基础条件与城市相比还存在较明显的差距，影响了部分农村学生的学习环境和学习效果。由于教育投入有限，许昌市首先解决城区教育资源不足、优质资源分配不均、教育质量不高等问题，突出硬件建设，着力支撑许昌教育现代化的尽早实现。截至2022年，许昌市投入105亿元，建设300余所中小学、幼儿园，新增学位17.2万个，城区超大班额问题全部消除，超额完成预定目标任务。[①] 然而，农村地区的教育环境、信息网络基础设施等有待改善。目前，农村学校建设主要存在面积不足、体育运动设施不全、功能室配备不足、生活设施比较简陋、图书适读性不强、数字校园基础设施欠缺等问题。

（二）城乡教师资源配置均衡化水平有待提升

许昌市教师资源配置不均主要体现在城乡教师数量和质量分布不均这两个方面。一方面，教师数量差距较大，许昌市普通小学仍存在城乡教师资源单向向城镇流动的问题（见图2），普通初中学校的城乡教师数量变化也体现了类似的趋势。2020年许昌城乡教师数量差距尚小，此后

---

① 《许昌：新三年攻坚，推动教育公平高质量发展》，河南省人民政府，https：//www.henan.gov.cn/2023/09-28/2824044.html，最后检索时间：2023年10月1日。

逐年拉大，城镇地区的教师数量增长明显，然而农村地区教师流失严重，2022 年城镇教师数量已是乡村地区教师数量的近两倍。教师单向向城镇流动也与生源的流动方向紧密相关，乡村地区的学生数量不断减少，越来越多的学生倾向于到城市地区求学，这也会加重乡村教师的职业危机感。

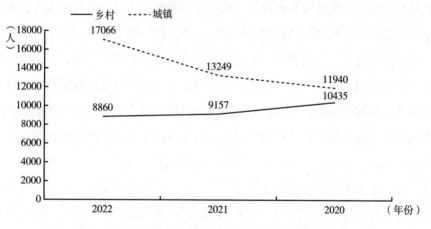

图 2　2020~2022 年许昌市普通小学教师数量城乡对比

资料来源：《河南统计年鉴》（2021~2023 年）。

另一方面，城乡教师素质差距较大。首先，年龄结构有差距，乡村小学年长的教师占比高于城市，中青年教师占比低于城市学校，可见乡村教师队伍需要注入更多新鲜血液和中坚力量。其次，城乡教师教学水平和运用数字化水平存在差距，在数字化转型背景下，城市教师在接触和使用数字化教学资源和工具方面具有明显优势。他们能更熟练地运用各种数字化工具和教学方法，为学生提供丰富多元的学习体验。相比之下，许多乡村教师在这方面的能力有待提升，由于接触数字化教学的机会有限，他们对新兴数字化工具和教学方法的掌握程度以及技术适应能力需要进一步提高。另外，城乡教师专业出身和学历也不尽相同，乡村学校非师范专业出身的教师占比要高于城市学校，学历水平普遍低于城镇学校。

（三）城乡教育质量均衡化水平有待提升

许昌市城乡教育质量存在差别是多种因素综合作用的结果。一是城市学生的学业表现和成就通常优于乡村学生。成长环境、学习目的与学习资源等多种因素环环相扣，影响着城乡学生的学习能力。城市学生通常拥有更多的学习资源，城市教师的素养也普遍较高，相比之下，乡村学生的学习资源相对较少，导致他们的学习方式单一和知识面较为狭窄。乡村学生往往将学习视为改变命运的唯一途径，因此在学习上可能更注重书本知识，而城市学生则有更多元的学习选择和更明确的学习目标，这有助于他们在学习上取得更好的成绩，这种成长环境、学习目的差异使得城市学生能够进行全面的学习并在特定领域取得更加深入的成就。

二是乡村学校的升学率普遍低于城市学校。目前，乡村学生基本上可以通过和城市学生平等竞争来获得教育机会，从而接触到更优质的教育资源。但由于乡村教育资源的劣势影响乡村学生潜能的激发与能力的培养，乡村学生在进入关键节点竞争时处于劣势地位，升学率相对较低。

三是城市学生完成从基础教育到高等教育的比例也更高。乡村学生的父母教育期望值相对较低，家庭更重视经济积累而缺乏对教育的关注，高中阶段辍学打工的比例明显高于城市学生，教育资源分布不均使高中学龄人口基本集中在城市，生源的流失又进一步降低乡村教育成效，加剧乡村教育的空心化。

三　许昌市建立城乡教育资源均衡配置机制的对策建议

许昌市为实现城乡发展同频共振，在均衡配置教育资源上做出许多努力，取得了显著成效，但是诸多数据与现实表明，城乡教育资源的配置还有待进一步优化。

許昌蓝皮书

（一）完善相关法律法规，保障教育公平

通过法律手段确保城乡孩子都能享有平等的教育机会，是推动社会和谐发展的关键。鉴于当前城乡教育存在的差异，特别是在教师素质、教育资源以及技术应用等方面的分布不均，需要从法律和法规层面入手，结合当前教育需求，完善相关法律法规，保障教育公平。首先，要对许昌市现有的教育法律法规进行审核和修订，确保其适应新时代的教育发展需求。其次，要明确规定教育公平的原则，包括城乡教育资源的均衡配置、弱势群体的教育保障等。然后针对教育资源均衡配置制定专项法律法规，如《城乡教育均衡发展促进法》。最后，要明确各级政府、学校、社会在实现教育公平方面的责任和义务，明确违反教育公平规定的法律责任，加大对教育不公行为的惩处力度。此外，要建立健全教育公平的监督机制，包括政府监督、社会监督和舆论监督。

（二）完善教育政策措施，促进城乡教育均衡发展

结合实际情况，借鉴其他地区城乡教育均衡配置的政策措施，许昌市政府应做好以下几点。一是政府可作为联结桥梁，让城镇优质学校与乡村薄弱学校结成教育共同体，通过融合型、共建型、协作型等模式，将城镇优质教育资源下沉到乡村，激发乡村学校内生活力；搭建城乡校际交流平台，落实学校撤并、推进名校引领办学模式等，不仅可以提升乡村学校的教学质量，也能够促进城镇学校的发展。二是促进职业教育与乡村振兴相结合，建立并完善发展乡村中等职业教育的政策措施。乡村中等职业教育主要对接当前乡村振兴战略的需要，为乡村人才振兴提供合格的现代化人才，培养"懂三农""懂科学"高素质的农村复合型人才。政府需鼓励职业教育机构与产业界合作，提高职业教育质量，培养更多高素质的技术技能人才，强调乡村职业教育要以推动城乡经济社会发展为目标，坚持学校教育与社会实践并举、全日制与非全日制并重，大力开发乡村人力资源，逐步形成适应县域经济社会发展要求的现代乡村职业教育体系。三是政府要大力支持城乡教育资源合

理配置相关研究。整合县域教育资源，探究资源共享举措，这包括加强学龄人口变化前瞻性研究，合理规划学校与教师队伍布局，多措并举推进城乡优质教育资源均衡发展。

（三）加大乡村经费投入和资源分配

为了促进教育公平，确保每个孩子都能享有优质教育资源，通过增加财政支持，优化资源配置，可以有效提升乡村教育设施，促进乡村教育的全面发展。一是要增加财政拨款，中央和地方政府应优先保障乡村及贫困地区教育的财政投入，逐年提高教育经费的比重。二是设立专项资金，专门用于乡村及贫困地区学校的基础设施建设、教学设备更新和教育信息化，比如建立许昌市"乡村书屋"。三是优化财政分配机制，实施差异化财政支持政策，对许昌市贫困地区和乡村学校给予更多的财政倾斜，根据学校的实际需求和学生人数，合理分配教育资源，确保每一所学校都能获得足够的财政支持。四是鼓励社会力量参与，通过税收优惠、财政补贴等政策，鼓励企业、社会组织和个人捐资助学，吸引社会资本投入乡村及贫困地区的教育事业。五是推动乡村及贫困地区的教育信息化建设，通过互联网等手段缩小数字鸿沟，提供必要的技术支持和培训，确保教育信息化设备得到有效利用。

（四）加强乡村教师队伍建设

教师是教育事业的中坚力量，加强乡村教师队伍建设是解决城乡教育质量差异、化解农村师资力量落后的重要手段。需要从教师薪酬待遇、改善工作条件、提升乡村教师整体素质等方面入手。首先，提高许昌市乡村教师的薪酬待遇，减少优秀教师的流动。提高工资水平，确保其收入与城市教师相当甚至更高；设立乡村教师特殊津贴，根据地区偏远程度、工作年限等因素给予额外补贴。其次，改善工作条件，加强乡村学校基础设施建设，改善教师办公和居住条件，提供必要的教学资源和设备，如图书室、实验室、信息化教学工具等。最后，提升乡村教师整体素质。制定全面、系统的培训计

划，包括岗前培训、在职进修、专项能力提升等，确保培训内容的实用性和前瞻性，涵盖教育理论、教学方法、学生心理、技术应用等多个方面；结合面对面培训和在线培训，提供灵活多样的培训方式，满足不同教师的学习需求，利用网络平台，开展远程教育培训，扩大培训覆盖面。

（五）推进教育资源共享和数字技术应用

利用信息技术手段实现远程教育资源共享是现代教育发展的重要趋势。一是建立远程教育平台，开发或使用现有的远程教育平台，如 MOOCs（大型开放在线课程）、Webinar（网络研讨会）等系统，确保平台稳定、易用，支持视频流、互动交流、资源共享等功能。二是利用直播技术，将城市优质学校的资源实时传送到农村学校，录制优质课程，上传至平台供农村学校学生和教师随时观看学习。三是数字资源的共享，建立数字教育资源库，包括电子教材、教学视频、习题库、教学设计等，供所有学校使用，开展在线答疑、讨论区活动，增强学习的互动性和参与感。四是给予专业发展以支持，提供在线教师培训课程，帮助农村教师提升专业能力和信息技术应用能力，通过网络平台，组织在线研讨会、工作坊等活动，促进教师的专业成长。也要为农村学校提供必要的技术支持，包括硬件设备、网络接入、软件使用培训等，定期对乡村教师进行信息技术培训，确保他们能够熟练使用远程教育工具。

总体来看，许昌市通过强化政府保障、优化资源配置、深化教育改革和探索集团化办学等多种措施，促进城乡教育资源配置进一步优化，为全市教育高质量发展奠定了坚实基础。展望未来，教育公平仍然是社会公平的基础，是城乡居民实现阶层流动的重要抓手。老百姓对于孩子教育培训的支出，仍然是家庭支出的首要考量指标。根据《中国经济生活大调查》，2021 年教育培训位居我国城乡居民消费首位，足以表明老百姓对教育的重视程度。加快构建城乡教育资源均衡配置机制，影响深远，意义重大。

参考文献

《河南省人民政府办公厅关于印发国家城乡融合发展试验区（河南许昌）实施方案的通知》，许昌市发展和改革委员会，https：//sfgw. xuchang. gov. cn/fzgg/076021/20211025/bcf7896e-995c-4ee8-a1d9-07048db29930.html，最后检索时间：2021 年 10 月 25 日。

《许昌市人民政府关于印发许昌市 2024 年国民经济和社会发展计划的通知》，许昌市人民政府，https：//www. xuchang. gov. cn/openDetailDynamic. html? infoid = 83752aa5-1f9a-4f66-bf17-33c90bad5719，最后检索时间：2024 年 6 月 6 日。

《关于许昌市建安区 2023 年国民经济和社会发展计划执行情况与 2024 年国民经济和社会发展计划草案的报告》，许昌市人民政府，https：//www. xuchang. gov. cn/openDetailDynamic. html? infoid = 6d167e7d-2b4f-486f-a790-020c 5de45706，最后检索时间：2024 年 3 月 4 日。

刘芳、吉标：《中国式教育现代化视域下县域义务教育优质均衡发展：逻辑理路与实践向度》，《教育科学研究》2024 年第 6 期。

文军、顾楚丹：《基础教育资源分配的城乡差异及其社会后果——基于中国教育统计数据的分析》，《华东师范大学学报》（教育科学版）2017 年第 35 期。

赵磊磊：《数字化转型中城乡学校如何共生发展》，《中国教育报》2024 年第 6 期。

周晓时、李谷成：《乡村教育建设的现实困境与优化路径》，《世界农业》2024 年第 4 期。

B.14
许昌健全乡村医疗卫生服务体系研究

叶亚平　杨紫如*

摘　要：　近年来，为了满足人民群众多层次、多样化的健康需求，许昌市人民政府出台了一系列健全乡村医疗卫生服务体系的措施，包括围绕"七个聚焦"推动卫生健康事业发展、推进紧密型县域医疗共同体加快建设、支持中医药的传承和创新、完善公共卫生服务体系等，切实提升了人民群众的健康指数，但同时也面临着一些问题。未来，许昌市健全乡村医疗卫生服务体系，补齐乡村医疗健康发展的短板，需要加强人才建设，稳定乡村医疗人才队伍；强化统筹协调，完善乡村医疗卫生服务体系运行系统；推进县域共同体建设，促进医疗资源的均衡分配；加强健康宣传和教育，提高群众健康意识，加快构建适应许昌乡村特点、满足农民群众需求、更加优质高效的乡村医疗卫生服务体系。

关键词：　乡村医疗　乡村卫生　服务体系

　　乡村医疗关乎亿万农民的身体健康，健全医疗卫生服务体系尤为重要。近年来，随着全面推进乡村振兴战略和健康中国战略的深入实施，许昌市乡村医疗卫生服务体系建设取得了扎实成效，形成了覆盖全面的服务网络，但是还有一些问题需要关注解决。贯彻《支持许昌高质量建设城乡融合共同富裕先行试验区的若干措施》，切实让农民拥有健康体魄，补齐乡村医疗健康发展的短板，需要强化党的领导，健全乡村医疗卫生服务体系；加强人才

---

　　* 叶亚平，河南省社会科学院研究实习员，研究方向为乡村振兴；杨紫如，郑州大学政治与公共管理学院 2023 级硕士研究生。

建设，稳定乡村医疗人才队伍；强化统筹协调，完善乡村医疗卫生服务体系运行系统；推进县域共同体建设，促进医疗资源的均衡分配；加强健康宣传和教育，提高群众健康意识，加快构建适应许昌乡村特点、满足农民群众需求、更加优质高效的乡村医疗卫生服务体系，让广大农民群众真正实现家门口看病有"医"靠。

一 许昌市乡村医疗卫生服务体系的基本现状

近年来，许昌市委、市政府和相关部门认真贯彻落实总书记关于基层医疗卫生工作的重要指示精神，深入开展爱国卫生运动，制定了一系列的发展规划和政策措施，全面巩固提升国家卫生城市（县）创建成果。加快健康许昌建设，促进优质医疗资源扩容和区域之间均衡布局。高水平建设市级公立"四所医院"、县级公立"三所医院"，推进乡镇卫生院提高运行质量和效率。着力推动县域医疗资源下沉和共享，不断提升乡村医疗服务能力，加强医疗人才队伍建设，完善乡村医疗卫生设施，强化数字赋能，全市乡村医疗卫生服务体系建设取得明显成效。

（一）围绕"七个聚焦"推动卫生健康事业发展

为了促进乡村医疗卫生服务体系建设、提升医疗服务质量、优化保障体系、传承创新中医药、完善公共卫生体系、深化医疗体制改革、推动健康城市建设以及自身建设，2024年许昌市围绕"七个聚焦"的战略措施，来推动卫生健康事业的发展。"七个聚焦"主要包括聚焦补短强弱（重点提升医疗服务能力）、聚焦优化保障（致力于促进重点人群健康水平均衡发展）、聚焦传承创新（加强中医药振兴发展）、聚焦关口前移（健全完善公共卫生体系、提升疾病防控能力）、聚焦创新发展（持续深化医疗体制改革，推进紧密型县域共同体提质增效）、聚焦共建共享（深入推进健康许昌建设，开展爱国卫生运动）、聚焦自身建设（塑造行业正气，开创卫生事业高质量发展新局面），提出了许昌市卫生健康事业的现状以及未来的发展方向。截至

2024年6月底，许昌市已经实现县级公立中医医疗机构全覆盖；其中禹州市中医院、鄢陵县中医院晋升为三级中医医院；建成市级重点（特色）中医专科22个；共投资1780万元，建成省级示范中医馆27家，搭建完成"乡乡有中医馆，村村有中医"的基本中医医疗服务网络，实现中医药的传承创新，推动中医药的振兴和发展。①

（二）加快建设"紧密型县域医疗卫生共同体"

许昌市旨在全面提升县域医疗卫生服务水平，满足群众日益增长的健康需求，于2020年10月发布了加快推进紧密型县域医疗卫生共同体（以下简称"医共体"）建设的实施方案。据《河南统计年鉴2023》，许昌市级医疗卫生机构已达到4455个，基层（县级）医疗卫生机构共计4307个，农村医疗卫生机构达到3350个；另外，许昌市级卫生人员达到42563名，乡村医生和卫生员达到3237名。许昌市成立襄城县医疗健康集团，由襄城人民医院牵头，16家乡镇卫生院挂牌医疗健康集团分院，形成医共体建设"襄城模式"，实践案例入选"首届全国县域医共体建设优秀创新成果"。许昌市通过医共体建设，有效整合了医疗卫生资源，促进了医疗卫生资源下沉，构建了分级诊疗、合理诊治和有序就医的新格局。医共体方案自实施以来，在许昌全市上下的共同努力下，不仅提升了医疗服务质量和效率，还切实改善了群众的就医体验，降低了就医成本。此外，许昌市还加强了中医药服务能力的提升，实现了市、县、乡、村四级中医药服务体系的覆盖。长社路社区卫生服务中心和南席镇卫生院将"中医药+康养"服务下沉到村里（社区）和家庭，为老年人提供持续性的健康管理和中医药服务，既发挥了中医药的优势，又落实了医共体的建设。乡村医疗卫生服务能力显著提升。随着医共体的全面铺开，截至2023年底许昌市102家乡镇卫生院（社区卫生服务中心）全部达到基本标准；村卫

---

① 许昌市卫生健康委员会：《盘活县域医疗资源 让优质便捷医疗普惠群众》，http://xcswjw.xuchang.gov.cn/gzdt/20240319/8ed485e9-995a-426d-b879-9f9718185461.html，最后检索时间：2024年3月。

生室公有化率达 89.7%，积极开展"5 个 100"实践样板创建行动，19 家基层医疗卫生机构通过市级复审，进入全省首批创建序列。同时，全市建设覆盖县域范围的医共体信息平台，实现县域内信息互联互通，打破医疗机构间的信息壁垒，满足医疗业务协同、远程会诊、家庭医生签约、日常运行监测等需求。

（三）制定"十四五"公共卫生体系和全民健康规划

基于《许昌市国民经济和社会发展第十四个五年规划和 2035 年远景目标纲要》以及《健康许昌 2030》行动规划，为持续推进健康许昌建设，促进卫生事业高质量发展，提升人民群众健康水平，许昌市人民政府制定了《许昌市"十四五"公共卫生体系和全民健康规划》。在"十三五"期间，许昌市公共卫生体系已经取得显著进步，包括改善了医疗卫生机构基础设施条件，提升了卫生健康综合服务能力，以及持续提升了群众的就医满意度。《许昌市"十四五"公共卫生体系和全民健康规划》是对许昌市卫生健康系统工作的延续和深化，涵盖了从基础设施建设到服务能力提升，从预防保健到疾病治疗，以及从健康促进到健康管理的各个方面，实现全市居民健康水平的全面提升。此外，许昌市强力推进卫生健康服务体系建设，按照项目建设四步走的要求，科学谋划精包装、强化沟通优服务、分类管理促建设、建章立制保质量。

（四）全市乡村医疗卫生体系建设取得明显成效

乡村医疗财政投入有保障。许昌市卫健委 2024 年 5 月 1 日发布的数据显示，省财政按照每个村卫生室 4500 元的标准，拨付许昌市基本运行经费 1447 万元，实现了所有村卫生室运行经费补助全覆盖。[①] 根据财政部公布的资金拨付计划，许昌市卫健委将资金按规定及时足额拨付，在维持乡村卫生

---

① 《市卫生健康委围绕"提升基层医疗卫生服务能力"民生实事进行新闻发布》，健康许昌公众号，2024 年 5 月 1 日。

室基本运行的情况下，将剩余资金部分用于房屋修缮、设备更新等，减轻了村卫生室的运行负担，筑牢了基层卫生室服务根基，在资金层面保障了乡村居民就近就医的健康需求。另外，许昌市积极争取上级资金7487万元，完成144个村卫生室、11个乡镇卫生院的灾后重建和70个乡镇卫生院设施设备购置，扎实推进村卫生室产权公有化建设，截至2022年底公有化率达82.5%，超过省定目标2.5个百分点。①

卫生机构和医护人员配备有增加。许昌市通过施行"369基层卫生人才工程"，通过引进培养、在职培训等途径，为县、乡两级医疗机构培养了一批医疗卫生人才，表明许昌市一直在致力于医疗卫生服务体系的发展和完善。许昌市各区、县都配备了一定数量的卫生技术人员和相应的卫生机构床位，切实保障基本医疗卫生服务的运行，各区县的卫生机构数、卫生机构床位数、卫生技术人员数呈现上升的发展趋势。其中，禹州市的卫生机构床位数和卫生技术人员数远高于其他区、县，可以看出，禹州市医疗卫生服务体系相较于其他区、县更完善（见表1）。

表1 2022年许昌市各县区卫生机构、医护人员配备情况

单位：张，人

县、市	卫生机构床位	卫生技术人员	执业医师	助理医师	注册护士
鄢陵县	3518	3183	896	558	1216
襄城县	4320	4533	1236	641	1909
禹州市	6724	7790	2400	1095	3050
长葛市	3372	4276	1274	417	1809

资料来源：《许昌统计年鉴2023》。

通过许昌市上下联动，共同努力，推动了基层医疗卫生服务体系的发展，乡村医疗卫生服务体系建设取得明显成效。

---

① 许昌市人民政府：《许昌市持续提升基层卫生服务能力》，https://www.xuchang.gov.cn/ywdt/001005/20230315/758906f2-c1eb-41e8-b1c0-626da6757a77.html，最后检索时间：2024年9月5日。

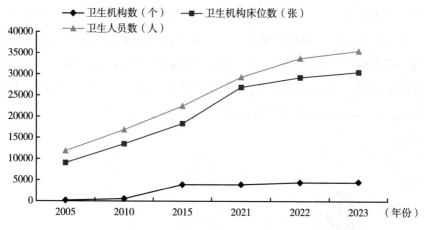

图 1 2005~2023 年许昌市级卫生机构及医护人员发展情况

资料来源：《许昌统计年鉴 2023》。

二 许昌市乡村医疗卫生服务体系存在的问题

通过上文可知，许昌市乡村医疗卫生服务工作取得了扎实成效，形成了覆盖全面的服务网络。但通过查阅相关资料和实地走访调查，发现还有一些问题需要解决，主要表现在乡村医疗卫生服务经费投入还有待提升，基层医疗公共服务设施尚需完善，乡村医疗人才队伍建设需要加强，乡村居民健康意识有待提高。

（一）乡村医疗卫生服务经费投入还有待提升

为促进卫生健康事业的稳步发展，许昌市采取了一系列相应的措施，城乡居民的健康水平逐步提高。如聚焦资源扩容持续完善医疗服务体系，在市、县、基层（乡镇、村）投入不同的财政资金。而乡村地区由于历史欠账多，医疗资源相对匮乏，包括资金投入、医疗设备、专业医务人员等。从图 2 可以看出，2023 年许昌市在地市级医院投入财政资金 24 亿元；在县级医疗卫生机构投入财政资金 29.3 亿元；在基层（乡镇、村）医疗卫生机构投

入财政资金 0.75 亿元。财政资源投入以县级为主，地市级次之，基层（乡镇、村）医疗卫生资金投入最少。许昌市建设乡村医疗服务体系的资金投入远不及县级和地市级的财政资金投入。近年来，许昌市虽然出台了相关措施和政策促进乡村医疗卫生服务体系的建设，但在资金投入方面，基层（乡镇、村）医疗卫生服务体系仍存在需要完善的地方。

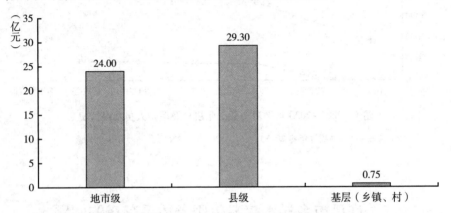

图 2 2023 年许昌市市级、县级、基层（乡镇、村）医疗财政资金投入对比

资料来源：许昌市人民政府公布的数据。

（二）基层医疗公共服务设施尚需完善

根据河南省统计年鉴 2023 年的数据，许昌市与省内其他城市相比，基层医疗公共服务设施建设仍有一定差距。以许昌、郑州、洛阳和安阳四个城市进行对比，发现许昌市基层医疗卫生机构相对较少，部分农村居民无法实现就近就医。数据显示，河南省共有医疗卫生机构 85038 个，其中，郑州市 6111 个、洛阳市 4855 个、安阳市 5697 个、许昌市 4455 个。在基层医疗卫生机构数量对比上，全省共有基层医疗卫生机构 78265 个，其中，郑州市 5734 个、洛阳市 4585 个、安阳市 5554 个、许昌市 4307 个，说明许昌市的基层医疗卫生服务设施需要进一步优化完善。资金投入方面，许昌市乡村医疗服务机构的资金投入为 7487 万元，远低于市、县医疗卫生机构的资金投入，乡卫生院、村卫生室的数量较少，市级"四所公立医院"的医疗资源已经全部达到三级以上标准，但在县级和乡村地区的医疗资源相对较少。① 禹州市、鄢陵县中医院晋升为全省首批县级三级中医院，但其他地区中医药资源的分布和发展仍存在不足，表明许昌市基层优质医疗服务资源储量较少，优质医疗资源分布不均，智能化卫生医疗服务不健全，基层医疗卫生服务设施不完善，无法满足广大人民群众日益增长的健康需求。

（三）乡村医疗人才队伍建设需要加强

乡村医疗人才队伍的建设对于基层医疗卫生服务体系的健全具有关键性影响。目前，许昌市乡村医疗人才队伍建设有待加强。第一，许昌市县级以上公立医院和私营医院不断增加，对医学人才产生"虹吸"效应，而乡村医疗公共服务不足，激励保障措施不完善，无法调动医务人员积极性等，导致部分人才由乡村向城市单向流动，乡村医疗体系出现"引进难，留不住"的现象。第二，部分老村医处于半农半医状态，对医疗行业职业认同感较低，工作时间不固定，导致乡村医生基本队伍不稳定。第三，受执业环境、薪酬待遇和发展空间等因素的影响，在考虑个人未来职业发展规划、目标追求、生活品质等现实需求后，年轻的医学毕业生大多不愿进入乡村工作，导致乡村医疗人才队伍老龄化严重。第四，基层政府在人才引进、人才激励等方面缺少一些相应的保障措施，导致乡村医疗人才队伍不稳定。在实地走访调研中，对许昌市建安区部分基层医疗机构和居民群众进行调查访谈，发现医疗卫生服务机构中全科医生数量较少，缺口较大，需要增加高水平全能型医护人员，提升基层全科医生岗位吸引力。

根据《河南统计年鉴 2023》《许昌统计年鉴 2023》的数据，截至 2023 年末，河南省卫生人员共有 1014264 人，而许昌市市级卫生人员共有 42563 人，仅占全省卫生人员的 4.2%，乡村医生和卫生人员 3237 人，仅占全省乡

---

① 许昌市人民政府：《许昌市持续提升基层卫生服务能力》，https：//www. xuchang. gov. cn/ ywdt/001005/20230315/758906f2-c1eb-41e8-b1c0-626da6757a77. html，2023 年 5 月。

村医生和卫生人员的4.6%。从表2数据可以看出，与周口和南阳相比，许昌市乡村医生和卫生员数量较少。

表2　2022年许昌市、周口市、南阳市医疗人才数量对比

单位：人

地市	卫生人员（市级）	卫生技术人员	执业（助理）医师	执业医师	注册护士	药师	乡村医生和卫生员	其他技术人员
周口	88666	68828	27701	18066	28722	2746	9973	3426
许昌	42563	33758	13961	10422	14443	1211	3237	1465
南阳	97596	75894	29669	21545	32930	3821	8776	4657

资料来源：《河南统计年鉴2023》。

（四）乡村居民健康意识有待提高

健康意识是对个体的健康状况、生活方式和行为习惯等方面具有明确的认知，并基于此认知采取积极的健康行为的状态。而受到家庭收入、生活环境、教育水平等因素的限制，相较于城镇居民，乡村居民对自身健康的关注不足，特别是在落后的乡村老年人以及文化程度较低的人群中，健康意识普遍较低。一方面，由于健康信息的宣传不足，乡村居民获取权威健康信息的渠道受限；部分虚假健康信息的传播，造成乡村居民的健康意识较低。另一方面，健康教育专业人员数量不足，整体素质相对滞后；一些地方对于乡村居民健康素养教育工作重视不足，缺乏政策支持和有效举措，缺乏专项资金投入，医疗健康人才引进难、留不住。在实地走访调研中，通过对建安区张潘镇和灵井镇的部分居民进行访谈，发现乡村居民主动进行健康体检的次数和人数普遍不高，大部分体检是由乡镇卫生室组织的大型免费体检；一些乡村居民从来没有主动参与过体检，免费体检也不参与。据了解其不参与体检的原因，主要包括以下两方面。一是体检多依托先进的医疗技术设备，所承担的经济成本相对较高，乡村居民大多不愿自掏腰包。二是不了解定期体检的重要性，认为"体检就是白搭钱"。

三 健全乡村医疗卫生服务体系的思路建议

（一）加强人才建设，稳定乡村医疗人才队伍

全面提升基层医疗卫生服务能力，人才是关键。许昌市应采取全方位、宽领域、多角度的措施，健全乡村医疗人才队伍，提高乡村医疗人才队伍整体素质，筑牢乡村医疗卫生服务体系的人才根基。一是拓宽引才用才的渠道。许昌市要主动搭建与许昌学院医学院的合作平台，开展定向培养计划，留住本地高校人才，实现医校联合。同时，通过"三支一扶"工程、"招才引智"工程吸引复合型、紧缺型医疗卫生人才，充实乡村医疗人才队伍。二是创新人才的培养和使用机制。人才考核评定机制要因地制宜，实施符合乡村特点的评定机制，例如引进同行评价和患者满意度调查等方式。职称评定要简化流程，减少不必要的行政手续，提高评定效率。三是完善人才激励保障机制。实施优秀人才奖励评定办法，推动落实"乡聘村用"政策，财政补助乡村医生参加职工养老保险，设立符合乡村特点的绩效考核机制，鼓励乡村医生多劳多得。许昌市可以借鉴郑州市设置专项奖励基金的举措，通过政策激励和资金保障来吸引年轻人才到基层工作，推动乡村医疗卫生人才队伍向年轻化方向迈进。

（二）强化统筹协调，完善乡村医疗卫生服务体系运行系统

结合许昌实际，加强乡村医疗卫生服务体系的统筹协调，推动地市、县区、乡镇和村组的医疗卫生服务部门协同发展，卫健委和其他各部门的协作配合，均有助于实现乡村医疗卫生服务体系运行系统的正常运行。通过医疗、医保、医药三方改革相互促进、互相配合，共同推动医疗卫生服务体系发展，满足人民群众的健康需求，提升人民群众的健康水平。例如，在医保支付方面，许昌市要严格贯彻落实按病组（DRG）和病种分值（DIP）付费的2.0版分组方案，达到减轻患者负担、实现医保基金的合理使用的目的。

许昌市卫健委可以在"我的许昌"App 中增加健康服务板块，提供挂号、缴费、药店查询和医保报销等服务，提升工作的信息化水平，简化就医流程，优化居民的就医体验。为乡村居民建立电子信息档案，进行乡村居民的医疗信息整合，设立动态疾病检测机制，做到"诊断、治疗、康复"环环相扣。健全医疗行业监管体系，加强社会监督力度，借鉴郑州市购买第三方监管服务的方式，丰富监管方式、提高监管效率，确保医疗卫生行业主体责任得到落实，构建政府主导、社会参与的多元化治理新局面。许昌市应以本地特色中医药服务为抓手，推动中、西医的互联互动，实现特色中医药的传承创新，填补医疗资源在中医药方面的空白，满足居民群众的健康需求，完善乡村医疗卫生服务体系的运行系统。

（三）推进县域共同体建设，促进医疗资源的均衡分配

建设紧密型县域医疗卫生服务共同体，有利于实现医疗卫生服务体系的县、乡、村三级联动以及各区域之间的协调发展。一是加快推动紧密型县域医疗卫生共同体建设，促进全科型、紧缺型医疗人才和高质量医疗设备资源下沉到基层。借鉴其他省市的先进工作经验，取长补短，例如北京积水潭医院贵州医院在福泉市中医医院设立的"博士流动工作室"，每月派驻博士专家开展临床及科研教学等工作，许昌市也可以采取专家坐诊、专家授课的方式，打破阻碍城乡医疗资源流动的藩篱，促进医疗资源的均衡分配。二是建立远程医疗协作关系，推动市级、县级卫生院带动基层卫生院发展，推动各地加快基层信息化体系和基础设施建设，着力提升基层医疗服务数字化、智能化应用水平，实现远程会诊。采取网上教学的方式，为基层卫生技术人员提供便捷的学习资源和接受继续教育的机会。三是加大资金投入。面对乡村居民日益增长的健康需求，许昌市仍需要加大对基层医疗卫生体系的财政资金投入，及时对乡村卫生室的医疗设备更新换代，对医疗场景进行整治，满足基层医疗卫生服务机构日常工作需要，提高乡村居民的满意度。

（四）加强健康宣传和教育，提高乡村居民健康意识

满足人民群众对卫生健康的需求、增强人民群众对健康管理的认识，具有重要意义。一是对全市居民进行健康监测，着力提升乡村居民健康意识。许昌市结合本地实际情况，针对健康素养较低的乡村地区制定针对性的工作方案，采取发放明白纸、开展健康讲座、发放健康用具等方式，深入乡村基层社区，开展具有针对性的农村居民健康检测，并形成常态化工作模式，不断提升乡村居民的健康意识，教育引导居民成为自己健康的"第一责任人"。二是通过树立典型、推广宣传的方式，形成"人人参与，共建共享"的乡村居民健康素养新格局。结合乡村实际情况，可以通过表彰"健康家庭"的方式，营造追求健康、保持健康的良好氛围。最后，许昌市要充分发挥医共体的优势，灵活运用医疗资源，实行市、县级医院定期定点到乡村开展义诊、大型体检和健康咨询的办法，推动健康资源进社区、进家庭，提高乡村居民对健康管理的认识，促进居民将健康素养转化为健康行动。

展望未来，智慧医疗行业在中国呈现迅猛发展态势，需要构建数字化和智能化的医疗服务体系。智慧医疗利用人工智能、大数据等先进技术，优化医疗资源的配置，提高了医疗服务的效率，并使得患者能够更加便捷地获得高质量的医疗服务。数字化和智能化医疗服务是现代医疗体系发展的趋势，对于提升医疗服务质量和效率、改善患者的就医体验具有重要意义。许昌市加快完善乡村医疗卫生服务体系，引进智能化和数字化设备，筑牢亿万农民健康防线，是民生保障和乡村振兴的基础工作。

参考文献

杨宏、肖海燕、楚文舒：《农村基层医疗卫生人力资源问题及对策分析》，《当代经济》2022年第8期。

叶春风、许博、张维宁：《推进改革 创新管理 促进乡村医疗卫生体系健康发展——河南省基层医疗卫生机构编制服务保障的研究报告》，《行政科学论坛》2023年

第 12 期。

张敏、王尔诚、王志胜：《加强乡村医疗卫生体系建设提升基层医疗卫生服务能力》，《中国发展》2024 年第 2 期。

《河南统计年鉴 2023》，https：//oss. henan. gov. cn/sbgt－wztipt/attachment/hntjj/hntj/lib/tjnj/2023nj/zk/indexch. htm，最后检索时间：2024 年 9 月 5 日。

河南省卫生健康委员会：《许昌：围绕"七个聚焦"推动卫生健康事业发展》，https：//wsjkw. henan. gov. cn/2024/02－06/2946685. html？＿ refluxos＝a10，最后检索时间：2024 年 9 月 5 日。

《2023 年许昌市国民经济和社会发展统计公报》，http：//www. xuchang. gov. cn/xcsrmzfsjfb/037003/20240430/16d4a471－c56b－43fd－836d－2f6e3294a1f4. html，最后检索时间：2024 年 9 月 5 日。

B.15

许昌健全城乡公共文化服务体系研究

张　开*

摘　要： 推动公共文化服务体系高质量发展是建设社会主义文化强国的内在要求，同时也是满足人民群众对美好文化生活需要的必要举措。通过分析公共文化服务体系建设的理论基础和现实需要，对许昌市关于城乡公共文化服务体系建设的实践成果进行了整理，并梳理了当前许昌城乡公共文化服务体系建设的问题，最后提出建设城乡融合一体的新型公共文化服务体系的对策建议。本研究旨在聚焦区域文化特色，进一步整合许昌文化旅游资源，推动地方城乡公共文化服务体系高质量发展。

关键词： 公共文化服务　城乡融合　许昌市

高水平建设城乡公共文化服务体系是顺应社会发展趋势、符合时代前进要求的必要举措。2022 年中共中央办公厅、国务院办公厅印发的《"十四五"文化发展规划》明确提出，要推进城乡公共文化服务体系一体化建设，推动公共文化数字化建设，创新实施文化惠民工程，提升基本公共文化服务标准化和均等化水平。作为文化建设的重要组成部分，城乡公共文化服务体系是保障人民群众基本文化权益、满足群众基本文化需求的主要途径，为实现文化大发展大繁荣的目标提供了坚实的基础保障。许昌作为国家城乡融合发展试验区，具备经济活跃、交通便利、人文厚重等基础优势，依托国家公共文化服务体系示范区建设，在健全城乡公共文化服务体系方面进行了艰苦

＊ 张开，中原科技学院教师，研究方向为旅游管理。

卓绝而富有成效的实践探索。为充分了解这些政策的实际成效，本文通过实地调研收集了相关数据，在此基础上，分析了许昌市在城乡公共文化服务均等化等方面的主要做法和成效，并发现了当前许昌城乡公共文化服务体系建设还需提升的几个方面，进而提出相应的完善对策建议。

一 关于城乡公共文化服务体系内涵的思考

新时期构建地方城乡公共文化服务体系，需要在城乡一体发展、产业融合共创相结合的基础条件下，着力建设覆盖城乡全域、满足人民群众多样化文化需求的公共文化服务体系。其核心要义应当以促进城乡居民共享文化资源、提升全民的文化素养、推动区域文化事业的综合良性发展为目标。有鉴于此，本文从本质体现、基建资源、服务模式和融合发展四个方面逐一展开，系统阐释城乡公共文化服务体系的深刻内涵。

（一）本质体现方面

公平性与均等性在城乡公共文化服务体系建设中至关重要。在公共文化服务中，公平性意味着遵循公平的程序和规则，无论城市居民还是乡村居民，不论性别、年龄或社会地位，每个人都应享有平等的机会来享受公共文化服务，而且服务的内容、质量和提供服务的过程都不应因地域、年龄、性别或社会地位的不同而有所差异。在均等性方面，公共文化服务的布局投放、服务水平和财政投入等资源配置要做到尽可能均衡一致，特别是要确保文化服务中活动的丰富性、设施的专业性、服务人员的专业素养等隐性因素也能达到一定的标准，从而使乡村居民能够享受到与城市居民同等质量的文化服务。

（二）基建资源方面

在城乡公共文化服务体系建设中，基础设施建设和资源共享是关键组成部分。首先，政府应持续加大对公共文化基础设施的财政预算投入，这包括但不限于图书馆、博物馆、文化馆、剧院等文化设施的建设和升级。此外，政府还应鼓励社会各界积极参与投资建设具有文化服务功能的设施设备，大力推进集宣传文化、党员教育、科技普及等多功能于一体的基层综合性文化服务中心的建设。这种多元化的投入模式不仅能更有效地满足不同层次、不同群体的文化需求，还能促进文化服务的多样化发展。其次，为有效实现公共文化资源共享，避免资源的重复建设和浪费，需要借助数字化手段对不同地区、不同部门的文化资源进行统一规划和调配。加强区域内各行业之间的文化合作与资源共享，进一步拓宽文化资源的来源和渠道，确保文化资源得到更科学合理、便捷高效的利用。

（三）服务模式方面

在城乡公共文化服务体系建设中，服务水平的提升与创新是不可或缺的，这不仅关系文化服务满足人民群众多样化的文化需求，还直接影响文化服务体系的整体效能。在乡村地区，通过建设覆盖城乡的公共文化服务设施网络，确保居民能够就近享受文化服务是缩小城乡文化差异的关键任务，特别是如图书馆、文化馆等基层站点的建设投放。与此相应的是，相关的岗位配备管理、专业素质的培养、信息的收集反馈等环节则是改进服务内容和方式的重点。特别是通过大数据分析用户行为，精准推送个性化的文化内容，提升用户体验，应当成为当前公共文化服务提升的重点方向。

（四）融合发展方面

推动文化产业与公共文化服务的融合发展是城乡公共文化服务体系建设的重要内涵，也是提升文化软实力、满足人民群众多样化文化需求的有效途径。文化产业与公共文化服务的融合发展应以民生为基础，将两者的联系纽带和共同目标聚焦于人民群众的文化需求。文化产业的发展必须依据公共文化服务体系建设的需求提供产品和服务，这也是文化产业持续创新的动力源泉和市场基础。基于国内城乡公共文化服务体系建设的现状，促进市场主体活跃，鼓励社会力量和市场主体参与公共文化服务，打破政府单一供给的模

式，形成多元化的服务供给体系既是突破瓶颈的关键，也是发展的重点。因此，地方政府应出台相关政策，支持文化产业与公共文化服务的融合发展，利用信息技术提升公共文化数字化水平，实现文化资源的数字化共享，促进文化产业与公共文化服务的深度融合。

二　许昌市关于推进城乡公共文化服务体系建设的探索实践

近年来，许昌市在高质量建设城乡融合共同富裕先行试验区的工作中，将现代城乡公共文化服务体系建设纳入城市的中长期发展规划。通过挖掘和盘活许昌特色文旅资源、探索文化产业赋能乡村振兴试点建设、推进城乡基本公共服务均等化发展等措施，加速推进文化资源优势转化为城市发展优势和产业竞争优势，着力构建公共文化服务设施城乡一体化的发展机制。

（一）完善公共文化基础设施

近年来，许昌市大力投入公共文化基础设施建设，相继投入使用了市科技馆、工人文化宫、青少年活动中心、戏曲艺术展示馆、美术馆等重要的公共文化场馆，确保了市级公共文化服务设施的完善与齐全。同时，新建并开放了建安区、襄城县的文化馆和图书馆，并对禹州市、长葛市的原有文化馆进行了升级改造，这些举措极大地丰富了区县级的公共文化资源。此外，在乡镇文化站和村（社区）文化中心建设方面，全市乡镇文化站目前已全部达到国家等级站标准，辖内各村（社区）综合性文化服务中心亦实现了全覆盖。值得一提的是，这些文化中心的达标率从 2019 年创建之初的 38%显著提升到了 2021 年的 93%①，这充分体现了许昌市在公共文化服务设施覆盖城乡方面的决心和成效。

---

① 河南省文化和旅游厅：《关于 2021 年度全省现代公共文化服务体系建设绩效考核工作情况的通报》，2022 年 12 月 1 日。

（二）提升公共文化服务水平

围绕全市的文化旅游发展格局，许昌市编制了《许昌市公共文化设施建设规划》，旨在构建"15 分钟"公共文化服务圈，确保千人占有公共文化服务设施面积、公共文化服务设施服务半径和覆盖率、公共文化服务受益率等指标达到省内先进水平，从而提高了公共文化服务的可及性和便利性。科学合理地规划了各类公共文化设施的建设，以确保文化服务的有效供给。许昌市相继投建了集大剧院、小剧场、群艺馆、书城等多功能于一体的多功能文化场馆，如许昌大剧院、许昌市文化艺术中心等，这些场馆为公众提供了多元化、一站式的文化生活体验。根据物理维度和人流分布情况，许昌建立了 31 座智慧书屋和 41 个诚信图书漂流站，目前累计接待了 110 万余名读者，为倡导全民阅读提供了场地和设备保障。①

（三）创新公共文化服务模式

为有效提升公共文化服务的效能和群众满意度，许昌市利用现代信息技术手段，创新建立了基层公共文化工作的"管理员、协管员、辅导员"三员分工协作机制，扎实推动乡村、学校、企事业单位和民营文化团体等组建新时代文化联盟，积极探索公共文化服务的数字化模式。以资源整合的方式形成了政府主导、多方参与、协同推进的乡村文化建设管理机制。这些创新机制不仅有效激活了乡村文化活力，推动了乡村文化的协同发展，同时也进一步拓宽了公共文化服务的渠道，提高了基层公共文化服务的效率和质量，从而极大缩小了乡村文化生活与城市文化服务体系之间的固有差距。

（四）推动文化产业与公共文化服务融合发展

许昌市坚持创意引领，通过编制"十四五"文旅文创融合发展规划，建立扩容文旅项目库，积极培育文旅市场主体。近年来，该市集全域文化之

① 《许昌：打造15分钟"阅读圈"智慧书屋24小时开放》，人民网，2020年6月15日。

力精心打造了数字三国的流量 IP，积极塑造了"行走许昌·读懂三国"和"千年等壹、为钧而来"两大文化品牌，并推出了"1+1+3+N"三国文化精品线路和"数字三国世界"等重点项目，丰富了文旅文创产品的市场供给，进一步提升了该市文旅产业的吸引力和影响力。与此同时，积极探索文化产业赋能乡村振兴的路径，深入挖掘乡土文化资源，建设特色文化分馆，通过激活优秀传统乡土文化和丰富乡村文化业态，建成了 9 个文化产业特色乡村，有效地将文化资源转化为乡村发展的动力。此举不仅彰显了中原乡村文化的独特魅力，也为乡村文旅等细分市场提供了更加丰富多彩的文化体验。

综上所述，许昌市通过完善基础设施、提升服务水平、创新服务模式以及推动文化产业与公共文化服务融合发展等多种措施，已逐步构建起覆盖城乡、设施齐全、功能完善的公共文化服务网络，实现了文化产业与公共文化服务的深度融合和共同发展，在推进城乡公共文化服务体系建设方面成效显著。

三 关于许昌市城乡公共文化服务体系建设问题的思考

构建现代公共文化服务体系，旨在让城乡居民共享改革发展带来的文化成果，这既是一种满足基本共性需求的文化保障，也是社会主义文化大发展、大繁荣的基石。其关键在于政府需构建相应的制度基础和实现机制。针对许昌市的实际情况，本文对其城乡公共文化服务体系建设存在的问题进行分析。

（一）文化资源整合力度还有待提升

许昌市在文化资源整合方面还存在一定的不足，主要体现在管理体制的相对分散和条块分割现象。各部门间缺乏有效的沟通与协调，未能充分认识到资源整合的重要性和必要性，同时也缺乏先进的信息管理和数据存储技术手段。这种现状导致文化资源被重复建设或浪费，而非被充分利用和共享，进而影响地方文化资源的有效整合。以许昌的三国文化产业为例，其缺乏统一的品牌形象和宣传策略，曹魏古城、灞陵桥、张潘故城等景点和文化遗址间缺乏紧密联系和合作，导致文化资源呈现碎片化状态，三国文化市场的知名度和认可度未达预期。

（二）服务体系供给精度还不够高

随着社会经济的高速发展，城乡居民对精神文化的多元需求日益提升，文化权利意识也日益增强。然而，许昌市在构建公共文化服务体系时，部分基层政府未能充分重视城乡居民的多样性需求，所提供服务的内容、方式与实际需求存在偏差，导致供需结构不平衡。这种文化供需矛盾突出、有效性供给不足的现象在城乡均普遍存在。特别是在乡村地区，尽管基础设施和公共服务已较为完善，但针对提升公共文化服务体系建设的配套建设仍显不足，无法满足当地居民的基本需求。

（三）乡村文化服务质效还需提高

许昌市在乡村文化服务方面存在质效不优的问题。受城乡二元体制影响，乡村在文化建设方面明显落后于城市。乡村公共文化服务由基层政府主导开展，在专项资金有限的前提下，工作人员往往更倾向于采用长期稳定的做法，缺乏技术创新的自主意愿和物质基础。同时，乡村群众对公共文化服务的参与度和满意度较低，这与服务内容、质量以及宣传推广等方面有关。此外，乡村文化产业对新型人才的就业吸引力不足，导致乡村公共文化服务面临人才紧缺的窘迫状态。

（四）社会参与共建意识不足

在构建城乡公共文化服务体系的过程中，许昌市政府部门的角色逐渐由"掌舵者"演变为"服务者"。然而，社会力量的参与意识不够强，这可能与公众对文化服务的认识有关，也可能受到传统观念的影响。尽管政府鼓励社会力量参与公共文化服务建设，但实际的参与渠道和机制并不完善。同

时，社会力量在参与过程中可能面临种种障碍，如城乡之间、不同地区之间的文化差异和需求多样性等。此外，地方政府在社会力量参与方面的投入和激励机制相对有限，导致社会力量参与的动力不足。

四　许昌高水平推进城乡公共文化服务体系
建设的对策建议

随着经济社会的快速发展，许昌城乡居民对文化需求的多样化、个性化、区域化特征日益显著，这对公共文化服务的能力和水平提出了新的挑战。尽管我国公共文化服务的标准化水平在不断提升，但优质文化资源、产品和服务在城乡之间、地域之间仍存在显著差距。基于这一背景，并结合许昌的实际情况，本文对许昌高水平推进城乡公共文化服务体系建设提出如下对策建议。

（一）强化政府主导与财政支持机制

受到传统计划经济体制的影响，许昌的公共文化服务体系建设在很大程度上仍由政府主导或相关职能部门管理。为适应新时期的公共文化服务体系建设的跨行业、多区域联动需求，许昌地方政府应确立公共文化服务体系建设的战略地位，将其纳入国家发展规划和地方政府的工作重点。为此，建议设立专门的文化管理部门或委员会，围绕其核心主导地位和辖内产业特征，科学制定详细的阶梯式发展规划和实施方案，明确各阶段的目标和任务。通过顶层制度设计和合理的运行机制，切实抓好各方资源的协调统筹和问责机制管理，对项目成果进行定期评估，及时调整执行策略，确保相关政策的长期一致性和执行连贯性。在财政投入方面，各级政府应设立专项文化资金，用于支持城乡公共文化服务体系的建设和运营，并根据地区经济发展水平和文化需求动态调整财政投入比例。

（二）优化与升级文化基础设施体系

针对城乡文化差异和居民多元需求，许昌应在扎实开展基层调研和广泛征求基层反馈的基础上，综合考量分析城乡公共文化服务基础设施建设的重点。建议根据城乡人口分布、文化需求等动态因素，合理配置图书馆、博物馆、文化活动中心等公共文化资源设施，并加强对文化设施的定期管理维护。同时，应充分利用大数据、VR、AR、3D等数字技术以及互联网、大数据平台，实现超越时间和空间的文化传播，推动数字化文创产品的建设，拓宽提升城乡居民文化服务体验的渠道。围绕许昌三国文化名城的品牌效应，对辖内钧瓷文化、花木文化、姓氏文化等多种文化载体进行市场挖掘，加强与周边地市的相关主题多维联动。

（三）提升民众参与共建意愿与能力

在新时期推进城乡公共文化服务体系构建时，许昌需要打破过往"干部干、群众看"的传统局面，增加民众的支持度与拥护度。为此，建议推进以供导需的本位意识转变为以需定供的服务观念，建立完善客观、真实、全面的需求表达反馈机制。通过媒体、网络等多种渠道广泛宣传公共文化服务的意义和重要性，提升居民个体参与能力，实现居民的充分参与和有效获得。在具体的文化教育活动组织实施中，要有效发挥地方群众自治的组织力量，鼓励文化能人和新乡贤建立公共文化的自我供给渠道。同时，基层政府要加强社区文化建设，通过举办各类文化活动鼓励家庭参与，让文化成为家庭生活的一部分。

（四）加强文化服务人才队伍建设与培养

在推进城乡文化服务体系建设过程中，许昌应重视文化服务人才队伍建设。特别是在乡村文化服务体系建设中，提供具有竞争力的薪酬福利和明确的职业发展路径是吸引和留住优秀文化人才的必要措施。建议参考其他地区或机构在文化服务人才队伍建设方面的成功案例和经验，建立精干高效的文化服务团队。同时，注重选拔具有创新意识和实践能力的人才，培养他们在服务对象需求变化中不断提升创新发展的能力和团队协作能力。

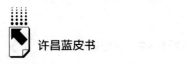

参考文献

曾文:《城乡一体化背景下公共文化政策的历史演变与未来展望》,《图书馆杂志》2024 年第 4 期。

杨林、王璐:《城乡公共文化服务资源非均衡配置的影响因素及其改进》,《宏观质量研究》2017 年第 3 期。

任贵州:《城乡公共文化服务设施共建共享机制及路径——以苏州市创建国家公共文化服务体系示范区为例》,《新世纪图书馆》2016 年第 2 期。

陈卓:《对统筹城乡公共文化服务体系建设"四性"原则的认识——以全国统筹城乡综合配套改革试验区成都为例》,《农村经济》2012 年第 9 期。

齐勇锋、李平凡:《完善公共文化服务体系　提高国家文化软实力》,《中国特色社会主义研究》2012 年第 1 期。

B.16
许昌完善城乡统一的社会保险
制度研究

梁文化 *

摘　要：　当前阶段，随着我国社会的主要矛盾转化为人民日益增长的美好生活需要和不平衡不充分的发展之间的矛盾，建立并完善城乡统一的社会保险制度具有重要的理论与实践意义。结合许昌实际，从实现社会公平正义、全面推进乡村振兴、实现共同富裕等角度分析了完善城乡统一的社会保险制度的必要性，并从基本养老保险、基本医疗保险和社会保险参保质量以及基金风险防控等方面阐述了许昌构建城乡统一的社会保险制度的现状，最后在分析当前阶段许昌完善城乡统一的社会保险制度的现实障碍及借鉴国内相关城市经验的基础上，从加强信息化网络建设、社保基金风险防控管理、完善体制机制建设等方面提出相关对策建议。

关键词：　城乡统一　社会保险　制度保障

　　党的二十大报告明确指出要健全覆盖全民、统筹城乡、公平统一、安全规范、可持续的多层次社会保障体系。社会保险作为社会保障体系的核心组成部分，同社会福利、社会救济共同构成了社会保障的主要内容体系。以养老、医疗、工伤、生育和失业等保险组成的社会保险制度，为维护社会稳定、促进社会公平和推动社会经济发展提供了重要的制度保障。构建并完善城乡统一的社会保险制度是贯彻党的二十大精神和二十届三中

---

　　* 梁文化，郑州轻工业大学经济与管理学院讲师，研究方向为公共服务管理。

全会关于完善收入分配制度、健全社会保障体系基本要求的重要举措，是推进中国式现代化建设和城乡基本公共服务均等化的具体行动。不仅有利于城乡政策标准共享统一、提高居民福利水平，而且有助于实现基本公共服务平台共用统一、提升社会资源配置效率，同时更是我国社会保险制度公平性的重要体现。在更高层面上实现社会保险制度城乡统筹，对于推动共同富裕、共享社会经济发展成果以及维护社会和谐稳定具有重要意义。近年来，许昌市在遵循国家相关政策的基础上积极构建并完善城乡统一的社会保险制度，紧抓城乡融合共同富裕先行试验区建设的历史机遇，充分调动政府、市场、社会和家庭等各方面的资源和力量，在推进城乡统一的社会保险制度建设方面取得了实质性的进展，为全面推进乡村振兴建设提供了重要支撑。

一 许昌完善城乡统一的社会保险制度必要性

（一）实现社会公平正义的基本保证

公平正义是衡量一个国家或社会文明发展的标准，是人类文明的标志之一，也是中国特色社会主义的本质属性和中国式现代化建设的内在要求。社会保险制度的建立和完善对于调节国民收入再分配，保障民生、弱化风险灾害给社会成员带来的损失具有重要的作用，因而其被形象地称为社会"安全网"和"减震器"。然而，长期以来受限于国家财力以及各种因素，大量的农村居民以及城镇灵活就业居民在养老、医疗以及生育等方面的保障措施和城镇职工相比存在着巨大差异，从而无法充分体现社会保险制度的权利公平、机会公平、规则公平和底线公平原则。因此许昌宜进一步完善城乡统一的社会保险制度，确保无论城市还是农村居民都能享受社会保障的权利平等，在有效缩小城乡社会保障差距的同时，还可以使社会应有的公平正义得到充分保证，让更多的城乡中低收入群体共享改革开放和现代化建设的成果。

（二）全面推进乡村振兴建设的重要举措

社会保障体系是人民生活的安全网，完善城乡统一的社会保险制度在全面推进乡村振兴的过程中发挥着重要作用。城乡居民保险和城镇职工保险都属于我国社会保险法明确的基本保险制度调整的对象，城乡居民与城镇职工应享有同等权利和同等国民待遇，政府负有同等的投入责任和义务，完善城乡统一的社会保险制度是助力许昌乡村振兴建设的重要举措。通过完善统一的城乡居民基本养老保险、基本医疗保险和大病保险制度，加强农村养老保障、医疗保障和突发重大疾病的保障，可以为农村居民提供稳定可预期的生活保障，从而起到政策的托底作用，有效降低医疗费用增长对生活水平提升带来的不利影响。另外，通过落实城乡居民养老保险待遇和优化基础养老金正常调整机制，并加大财政对农村低收入群体保险的投入力度，推进社会保险对城镇职工、城乡居民和灵活就业等人员的全覆盖，为许昌全面实现乡村振兴提供重要抓手。

（三）实现共同富裕的重要制度保障

共同富裕是全体人民的普遍富裕，是社会主义的本质要求和中国式现代化的重要特征。在实现共同富裕的过程中，城乡之间、不同区域和人群之间的收入差距应是不断缩小的。社会保险制度是现代政府为社会成员提供基本保障、降低其遭受风险损失的有效方法，在促进社会资源合理流动的基础上不仅可以实现经济增长还有利于社会的稳定和谐。实现共同富裕的基础是社会能够保持持续的经济增长，因此需要一个相对稳定和谐的发展环境，而社会保险制度中养老、医疗、失业、生育、工伤等每一个项目都是基于社会成员的基本权益而设置，其目的都在于为社会成员提供该领域的基本保障。因此，许昌完善城乡统一的社会保险制度不仅可以保障城镇职工的各方面基本权益，同时对于城乡居民和大量的灵活就业人员的基本风险也能够提供相应的保障，从而在社会稳定和谐的基础上促进经济的长期持续增长，并最终为实现共同富裕提供重要的制度保障。

二　许昌城乡社会保险制度的现状分析

（一）许昌城乡统一的基本养老保险制度

在构建城乡统一的社会保险制度方面，许昌根据国家以及河南省的相关统筹要求，遵循合法、便民、公开和安全的基本要求，推动社会保险制度变革取得了显著成效。具体来说，在城乡统一的居民养老保险方面，根据河南省的相关政策要求，许昌市统一的城乡居民基本养老保险制度正式建立，参保人员缴费标准的可选择档次显著增多。2021 年 7 月，在试点运行的基础上，许昌城镇职工养老保险制度与城乡居民养老保险制度顺利实现并轨和衔接。从具体数据来看，许昌市城乡居民基本养老保险基础养老金为 105 元/月/人，并且对年满 60 周岁的烈士遗属、领证的独生子女父母和农村计划生育双女父母，每人每月加发基础养老金 40 元。另外，《许昌市"十四五"公共服务和社会保障规划》提出，要不断提升养老保险参保率，到 2025 年基本养老保险参保率要在 2020 年 97.0%的基础上提升到 98%，企业养老保险实现省级统筹，基本养老保险实现全国统筹的目标，2018~2023 年许昌基本养老保险参保人数如图 1 所示。

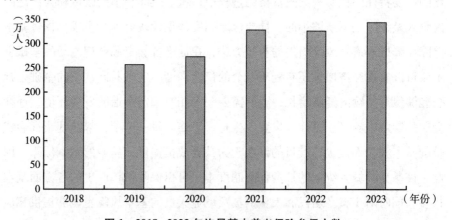

图 1　2018~2023 年许昌基本养老保险参保人数

资料来源：历年《许昌市国民经济和社会发展统计公报》。

（二）许昌城乡统一的基本医疗和其他保险制度

在医疗保险方面，许昌市加大基本公共服务投入，加快推进基本公共服务均等化，不断扩大基本医疗保险覆盖面。"十三五"时期全市参保率达到97%，城镇职工和城乡居民医疗保障待遇水平稳步提升。《许昌市"十四五"公共服务和社会保障规划》提出，基本医疗保险参保率要在97%的基础上达到应保尽保。建立职工基本医疗保险门诊供给保障机制，健全重特大疾病医疗保险和社会救助制度。推行以按病种付费为主的多元复合式医保支付方式，将符合条件的互联网医疗服务纳入医保支付范围，落实异地就医结算，并力争在2025年完成城乡统一的基本医疗待遇、筹资运行、医保支付等医疗保险关键领域的制度改革任务。2018~2023年许昌基本医疗保险参保人数如图2所示。在工伤保险方面，根据河南省人力资源和社会保障厅的相关政策规定，自2021年起，许昌全部实施工伤保险市级统筹，并实现"六统一"：统一参保范围和参保对象、统一行业差别费率、统一基金管理、统一工伤认定和劳动能力鉴定、统一工伤保险待遇支付标准、统一经办流程和信息系统。

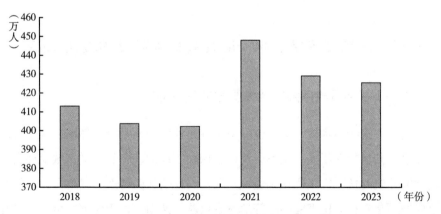

图2　2018~2023年许昌基本医疗保险参保人数

资料来源：历年《许昌市国民经济和社会发展统计公报》。

（三）许昌社会保险参保质量和基金风险防控水平

在建立城乡统一的社会保险制度方面，许昌围绕覆盖全民、人人享有的目标，坚持实施全民参保，努力将更多群众纳入社会保险保障范围。针对一些"漏保""脱保""断保"等典型问题，坚持系统观念，统筹施策。比如，针对灵活就业人员和新就业形态的就业人员社保缴费，允许这些人员自主选择参加城乡居民基本养老保险或城镇职工基本养老保险，参加城乡居民基本养老保险的灵活就业人员缴费比例为个人缴费10%，政府补贴10%；参加城镇职工基本养老保险的灵活就业人员缴费比例为个人缴费8%，单位缴费20%。在医疗保险和失业保险方面也同样赋予就业人员自由选择权。不仅如此，许昌还取消了参保户籍限制，居民可选择在户籍地或就业地参加相应的保险，许昌城乡统一的社会保险制度建设工作得到高质量推进。在社保基金风险防控方面，许昌市完善政策、规范管理、严格内控、强化监督，市人社局、公安局通力协作配合持续打击和防范社会保险欺诈行为，并通过加强数据共享，共同促进打击骗保、追逃流失基金等工作，共同维护了社保基金的运行安全，守护好参保群众的"养老钱"和"救急款"。

三　许昌完善城乡统一的社会保险制度的现实障碍

（一）社会保险保障待遇失衡需进一步协调

建立并完善城乡统一的社会保险制度是加强当前社会保障体系建设的重要抓手，其目的在于实现城乡居民社会保险制度的统一和公平，城乡社会保险制度并轨的核心在于优化调整城乡居民的社会保险待遇，以确保无论是城镇居民还是农村居民都能够平等地享有权益。然而，由于受到城市和农村经济发展水平和公共服务投入能力不同等因素的影响，许昌城乡居民之间享有的社会保险待遇还存在较大的差异。具体来说，首先在养老保险保障待遇方面，许昌农村居民和城市职工相比较，城市职工薪资相对较高，而农村居民由于收入来源有限，收入水平相对较低，二者在缴费比例方面存在着显著差异。另外，由于城市职工就业单位相对稳定，能够在较长的工作存续期间连续缴费，而农村居民受制于劳动形式，往往会出现"漏缴""断缴"等问题，从而使得农村居民和城市职工相比养老保险保障待遇出现一定的失衡现象。因此，在进一步完善许昌城乡统一的社会保险制度方面，如何合理协调城乡居民的参保缴费以及保障待遇失衡现象是需要解决的紧迫问题。

（二）社保基金管理使用效率需进一步加强

尽管目前许昌已经建立起覆盖城乡的社会保险制度，基本实现社会保险的"全覆盖"。同时，在实现企业养老保险省级统筹的基础上，基本养老保险正向全国统筹迈进。2023 年，在各项社保基金收入稳步增长的基础上，许昌市支出养老保险基金 103.76 亿元，失业保险基金 2.20 亿元，工伤保险基金 1.20 亿元[①]，城乡统一的社会保险制度有效发挥了其应有的维护公平正义和社会稳定的作用。但与此同时，仍有一些问题还需特别关注，尤其是许昌社保基金在管理使用过程中仍然存在效率不高、审核监控力度不强等突出问题。例如，由于社会保险制度的系统性特征，人社、医保、民政、社保中心、卫健等各部门需要通力协作，但由于社会保险基金各险种之间没有建立实时共享平台，不同社会保险险种之间无法实现信息和数据共享，部门之间信息平台和数据的相对独立使得不能及时将相关人员动态上报社会保险经办机构，导致向个别不符合条件的人员支付社会保险待遇，甚至个别参保人员重复享受或存在多份保险待遇。此外，由于经办机构审核把关不严以及监管不及时等原因，个别参保单位和相关人员还存在骗取社保基金等问题。

（三）社保基金支持力度需进一步提升

许昌在完善城乡统一的社会保险制度时，除了存在保障水平不均衡、管理体制不统一以及资金使用效率不高等问题，社保基金支持不足也是一个不

---

① 数据来源于许昌市人力资源和社会保障局。

容忽视的现实问题，尤其是许昌广大的农村社会养老保险，由于起步晚、基金来源渠道单一，基金的积累时间相对较短，资金的积累量相对不足。进入人口老龄化阶段，城乡居民家庭人口规模不断缩小、寿命普遍延长，许昌农村的养老保险要达到城乡统一的水平，财政无疑会背负越发沉重的压力，城乡社会保险制度并轨的难度明显增大。因此，如何更好地发挥城乡统一的社会保险制度促进社会公平正义、推进乡村振兴、实现共同富裕的作用，进一步完善社保制度，督促用人单位依法及时缴纳社保费用，推动个人在条件允可的情况下自愿增加社保缴费，进一步提高社保资金的利用效率，加强对社保资金的安全管理，减少不必要的支出，等等，均是当前亟须解决的关键问题。

四 优化完善城乡统一的社会保险制度的经验借鉴

（一）上海经验借鉴

上海作为我国经济最为发达的城市之一，其在构建并完善城乡统一的社会保险制度方面有着较多的经验值得参考借鉴，其主要特点可以归纳为"渐进式实现公平"。回顾上海近 30 年城乡社会保险制度统筹的过程可以发现，上海十分注重在社会保险制度并轨的整个过程中坚持贯彻公平正义理念。改革开放以来，为适应市场经济发展需要，减轻企业的负担，上海就率先开始了社会保险制度的变革，1986 年成立上海退休费统筹管理所，其目的在于改变以往由单位自行承担退休费的做法，探索实施统一管理模式。1993 年，上海对城镇职工基本养老保险制度进行改革，首次在国内推出五险缴费制度。1996 年，为保障农村居民年老时的基本生活，上海又颁发了《上海市农村社会养老保险办法》。2011 年，随着《中华人民共和国社会保险法》的颁布实施，上海也将原来的"综保""镇保"等四位一体的社会保险制度与城镇职工养老保险进行并轨。从 2016 年起，上海市打破了户籍限制，城乡居民统一缴纳五险。从上海市构建城乡统一的社会保险制度的历程可以看出，其经历了城乡覆盖、城乡贯通和城乡融合三个阶段，总体呈现出从分散到集中的螺旋式上升特点，城乡社会保险统筹呈现一个渐进式实现公平的过程。

（二）北京经验借鉴

北京同样是我国构建城乡统一的社会保险制度起步较早的城市之一，其首先从社会保险中较为重要的养老保险制度并轨开始，改革基本上呈现出循序渐进的过程。北京从 1996 年开始在全市范围内实施农村社会养老保险制度，当年参保人数仅为 29.15 万人，覆盖的范围极为有限，到 2007 年的 12 年间仅增加了 20 万人。[①] 2008 年，北京市劳动保障局召开"改善民生扩大内需促进经济增长'六个一'相关措施新闻发布会"，就建立城乡居民统一的养老保险制度做出尝试性的探索，并率先建立了"新型农村社会养老保险制度"（简称"新农保"）和"城乡无社会保障老年居民养老保障制度"（简称"老年保障"）。自此，北京市形成了由企业职工养老保险、新农保、老年保障以及机关事业单位退休金制度组成的综合性养老保障体系，初步实现了城乡养老保障制度的全覆盖，覆盖人数达到 1022 万人，城乡居民养老保险实现保险制度、缴费标准、保险待遇、衔接办法和基金管理的"五统一"。2018 年以来，北京市持续加大社会保障工作力度，通过提供更加快捷便利的社保经办服务构建完善的社会保障体系。截至 2023 年 8 月，北京市企业职工养老、失业、工伤保险的参保人数分别达到 1786.3 万人、1408 万人、1353 万人，五年同比分别增长 9.4%、10.2%、10.3%，[②] 并通过稳步提升城乡一体的社保待遇标准、阶段性减免政策以及借助数字化赋能提升社保经办服务水平营造出和谐稳定的发展环境。

（三）苏州经验借鉴

在乡村振兴建设和共同富裕理念愈发受到重视的背景下，苏州作为城乡

---

① 数据来源于北京市人力资源和社会保障局。

② 数据来源于北京市人力资源和社会保障局。

一体化发展的改革试点城市，其在推进和完善城乡统一的社会保险制度方面也走在我国前列，众多经验值得许昌吸收借鉴。计划经济时代，苏州和全国大部分地区一样，并没有完善的社会保险相关的制度建设，以家庭养老为主，并对"五保户"等特殊群体实行国家负担的做法。改革开放以来，在商品经济冲击以及市场风险的影响下，为保障农村居民的养老需求，苏州市于 2003 年颁布了《农村基本养老保险管理暂行办法》。但受限于当时经济发展水平，发放的养老金额度不高、覆盖面还相对有限。和上海推进城乡统一的社会保险制度并轨的做法略有不同，苏州在构建城乡一体的社会保险制度时，更加强调制度设定的一体化，并没有实现保险待遇水平的一体化。具体来说，城乡居民最终享有的社会保险保障待遇是根据参保人员缴费水平、缴费时间的长短进行确定的，总体遵循多缴多得的原则。2012 年，苏州市政府发布《关于加快推进苏州市城乡养老保险和居民医疗保险并轨的指导意见》，提出以"统筹城乡、保障全民"为核心，加速推进"两个并轨"，有效实现城乡社会保险全面协调可持续发展。截止到 2012 年底苏州市169.1 万在乡镇村各类企业务工的农村劳动力和被征地农民，已全部被纳入城镇企业职工社保。此后苏州市逐步加快推进城乡一体化的社会医疗保障制度并轨改革，建立并形成了城乡一体的社会医疗保险制度。截止到 2023 年末，苏州全市职工基本医疗保险参保人数达 836.04 万人，其中，在职职工642.05 万人，退休人员 193.99 万人，城乡居民基本医疗保险参保人数达308.34 万人，社会医疗保险的参保基本实现覆盖。①

五　许昌完善城乡统一的社会保险制度的对策建议

（一）以信息化网络建设为载体降低制度运行和管理成本

由于社会保险基金各险种之间没有建立实时共享平台，不同社会险种之

---

①　数据来源于苏州市医疗保障局。

间无法实现信息和数据共享，使得许昌社会保险制度的运行和管理成本长期居高不下，明显阻碍了城乡统一的社会保险制度的建设和完善。为此，在数字化时代，在先进的互联网技术和信息技术加持下，许昌应以信息化网络建设为载体，在充分掌握统筹地区参保者详细信息的前提下，推动各级政府和不同部门之间有效消除信息系统互通互享障碍，为城乡地区参保群众提供更加便捷快速的服务，从而有效提升社会保险服务的质量和效率。另外，还可以通过网上数据比对、异地就医网上直接结算以及在许昌不同的区县开通社保自助服务系统，为城乡居民查询社会保险相关的政策法规、个人社保缴费及待遇、打印社会保险参缴费证明提供更高效率更快速度的服务，在完善社保经办机构信息技术管理、充实信息技术人员的基础上，有效降低制度运行和管理成本。

（二）进一步加强社保基金风险防控管理

加强社保基金风险防控管理对于许昌完善城乡统一的社会保险制度的稳健运行至关重要。社会保险基金在收支和运营过程中都存在一定的风险，一旦风险演变为现实问题，将会直接影响社会保险保障对象的待遇兑现，从而给社会的和谐稳定带来不利影响。因此，从许昌构建城乡统一的社会保险制度的实际出发，应不断加强对社保基金风险防控和管理。具体来说，许昌社会保险中心应加强与政策部门、信息部门、监管部门等合作机构的协同，建立定期会商的沟通机制，形成促进社保经办工作的强大合力，从而有效应对社保基金运行过程中可能出现的各种风险。此外，还应采取多元化的监管措施，常态化开展数据稽核，持续深化社保数据治理，严格落实要情报告制度，深入开展基金安全警示教育活动，多措并举维护社保基金安全。

（三）进一步完善城乡统一的社会保险制度体制机制建设

当前，虽然许昌在构建城乡统一的社会保险制度方面已经取得显著成效，但仍然存在许多体制性和制度性的问题亟待解决，诸如管理体制的分割、城乡待遇差别较大，社保基金长期平衡以及保值增值的压力依然较大。

因此，应进一步完善许昌城乡统一的社会保险制度建设，大力创新体制机制。具体来说，首先，应在稳定城镇职工和城乡居民各项社会保险待遇的基础上，重点关注配送、出行、运输、家政服务等领域的新业态和灵活就业人员的社会保险问题，逐步扩大社会保险的覆盖范围。其次，应进一步提高退休人员基本养老金、城乡居民基本医疗保险财政补助标准，使得公平正义理念在完善城乡统一的社会保险制度中得以体现。不仅如此，还应进一步完善医保经办管理服务，在实行省级统筹的基础上，许昌市县级地方政府相关职能机构参与医保监管的责任和动力机制应重新设计。此外，还应充分利用人工智能、大数据、物联网等先进数字化信息技术，逐步推进许昌医保管理和服务创新，从而有效提升医保管理服务的标准化、规范化和便利化水平。

参考文献

房连泉：《我国养老保险统筹制度的历史演进、运行逻辑与改革路径》，《经济纵横》2024 年第 3 期。

高传胜：《有为与可为：新发展阶段城乡居民基本养老保险制度建设与改革》，《社会科学战线》2023 年第 12 期。

王立剑：《新业态背景下社会保险制度包容性研究：认识、审视与调适》，《社会保障评论》2023 年第 4 期。

袁涛：《基本医疗保险省级统筹的科学内涵与路径优化》，《中州学刊》2022 年第 12 期。

李华、祝秋思：《缩小城乡收入差距哪种社保类型更有效？——基于财政社保与社会保险的比较分析》，《北京工商大学学报（社会科学版）》2022 年第 2 期。

陈成文：《论完善社会保险制度与实现新时代共同富裕》，《社会科学家》2022 年第 1 期。

王全兴、赵庆功：《我国社会保险制度深化改革的基本思路选择》，《江淮论坛》2018 年第 3 期。

B.17
打造养老服务供给的"许昌模式"研究

徐明霞　闫向哲*

摘　要：　基于老龄化加速发展的市情，许昌市致力于打造较为成熟的城乡养老模式，建设老年友好型社会，并在未来进一步发展完善本市养老服务体系。但是，受到经济发展水平、农村人口比例、医疗资源分配、数字化平台以及科学技术等一系列因素的影响，许昌养老模式的发展和优化还面临一些困难和挑战，与建设成熟的养老服务体系还有一定距离。许昌市需继续紧跟国家政策，依据具体市情和特色，充分运用社区养老、居家养老、机构养老等模式的优点，结合数字化技术手段，全面升级打造以区域化养老服务中心辐射区域内养老需求的"许昌模式"，为全国养老行业发展带来许昌经验。

关键词：　人口老龄化　养老模式改革　公建民营　数字化养老

一　许昌市养老服务发展现状

许昌市第七次全国人口普查结果显示（见表1），全市常住人口中，0~14岁人口数量976556人，占地区总人口数量的22.30%；15~59岁的人口数量为2540786人，占58.01%；60岁及以上人口共862656人，占

---

* 徐明霞，郑州轻工业大学经济与管理学院工商管理系主任，博士，副教授，硕士生导师，研究方向是企业战略管理、创新管理等；闫向哲，郑州轻工业大学经济与管理学院硕士研究生，研究方向是物流管理、创新管理。

19.70%，其中，65 岁及以上人口为 655100 人，占总人口数量的 14.96%。①与第六次全国人口普查结果（2010 年）相比，第七次全国人口普查结果显示，0~14 岁人口的占比上升 2.59 个百分点，15~59 岁人口的占比下降 8.69 个百分点，60 岁及以上人口比重上升 6.1 个百分点，65 岁及以上人口的比重上升 6.08 个百分点。预计在"十四五"规划期末，许昌市的老年人口将进一步增加，60 岁及以上的老年人口将达到 100 万，其中，65 岁及以上的老年人口将超过 70 万。人口老龄化的规模持续扩大，老龄人口比例增长速度较快，特别是高龄老年人口的增加尤为显著，其中不乏大量空巢、独居、失智或失能的老年人，这对许昌市构建老年人友好型城市构成了重大挑战。社会对养老服务、医疗保健、社会保障和公共服务需求的急剧增加，对许昌市的劳动力市场和社会结构产生了深远的影响，进而影响当地的产业结构和经济结构。

表 1　第七次全国人口普查许昌市常住人口年龄构成

单位：人，%

年龄	人口数	占总人口数比例
0~14 岁	976556	22.30
15~59 岁	2540786	58.01
60 岁及以上	862656	19.70
其中:65 岁及以上	655100	14.96
总计	4379998	100

资料来源：全国第七次人口普查数据。

　　要实现"老有所养"的目标，必须加快推进养老服务高质量发展。"十四五"时期是我国应对人口老龄化、实现向老龄社会转型的重要窗口期和机遇期，为此，许昌市积极回应国家的老龄化应对策略，并深入实施中央政府和省级政府关于养老服务和模式创新的指导原则，结合人口老龄化加速的

---

① 《许昌市第七次全国人口普查公报》，http：//www.xuchang.gov.cn/openDetail Dynamic.html?infoid=e0e1fa94-5cb8-477d-9afc-c4a8ad475b61，最后检索时间：2024 年 8 月 8 日。

阶段性特征，许昌正全力围绕推动老龄事业发展和产业协同发展，印发《许昌市"十四五"老龄事业发展规划》，提出许昌市在"十四五"时期老龄化事业发展的目标：至 2025 年，许昌市老龄政务工作体系、老年社保体系、养老服务体系、老年健康支撑体系得到进一步完善；老龄事业和产业健康发展；居家、社区和机构养老服务模式协调发展，以及医疗、养老和健康支持体系逐步完善；形成一个全社会积极应对老龄化的初步格局，从而显著提高老年人的获得感、幸福感和安全感。

（一）许昌养老服务的发展成效

许昌作为全国首批城企联动普惠养老专项行动试点城市之一以及国家智慧健康养老示范基地，同时还是省内首批获得中央财政支持、开展居家和社区养老服务改革试点的城市，许昌养老行业正面临改革发展的重大机遇。近年来，许昌不断完善居家社区机构相协调、医养康养相结合的养老服务体系，积极推进"智慧养老"建设，通过运用现代信息技术，提高养老服务的质量和效率。同时对运营模式进行深度探索，实践公建国营、公建民营、配建民营、以大带小等模式，激发许昌养老行业的无限潜能，让许昌成为孕育经验的"试验田"。

许昌市积极利用建设国家城乡融合共同富裕先行试验区的机遇，专注于满足老年人的实际需求，致力于加速实现全市范围内城乡居家社区养老服务设施的全面覆盖。在全省范围内，许昌市率先推行城市社区的规范化建设，将老年人日间照料中心纳入社区基础设施的核心组成部分，并作为"一有七中心"模式的基石。此外，许昌完成了 7 个县的特困人员供养服务设施改造任务，综合养老服务中心实现 28 个街道全覆盖，养老服务设施实现 924 个社区全覆盖，提升改造 79 家乡镇敬老院，中心城区"15 分钟养老服务圈"基本形成。① 2023 年 1 月 1 日，许昌市再次调高

---

① 《许昌市把养老服务作为重点民生实事紧抓抓实　从"老有所养"向"老有颐养"转变》，大河网，https：//baijiahao.baidu.com/s? id＝1800623561901292414&wfr＝spider&for＝pc，最后检索时间：2024 年 6 月 1 日。

退休人员基本养老金,不仅为老年人提供更坚实的基本生活保障,也提升了老年人的生活质量及生活满意度,在一定程度上减轻了大部分家庭的养老负担。

同时,许昌市努力构建"12345"养老服务体系,切实保障和改善民生。许昌积极做优做实基本养老服务,以打响"昌佑福"许昌养老品牌为目标,依托智慧养老服务体系和从事养老事业产业发展的国有资产管理平台,探索优化服务供给、提升服务质量、推进良性运营的有效途径,着力实现"三个贯通",即医养康养医保政策贯通,实现机构、社区、居家养老模式贯通,养老服务与幼教幼育、体育健身、文化娱乐、商业服务、便民服务贯通;建立健全"四个体系",即养老政策体系、基础设施体系、服务运营体系、综合监管体系;从组织、资金、场地、人才、机制五个方面提供保障。

许昌市人民政府发布的《关于推进"12345"养老服务体系建设的实施意见》,聚焦解决一系列发展所需、改革所及、基层所盼、民生所向的问题,提出了全市基本养老服务清单,涵盖了物质帮助、照护服务、关爱服务等内容,并按照覆盖范围、实现程度不低于《河南省基本养老服务清单》的要求,提出充实、具有可操作性、十分具体的实施意见,旨在全面优化许昌市的养老模式及养老体系,将老有所养、老有所依所必需的基础性、普惠性、兜底性的服务提供给每位老年人,积极打造高质量养老民生保障体系的"许昌样本",让全许昌的老年人能够安享晚年、乐在其中。同时,为更好地彰显许昌作为全国普惠养老城企联动首批试点之一、国家智慧健康养老示范基地的形象,将"许昌经验"带向全国。

(二)许昌养老服务发展面临的问题

从全国范围来看,城市人口老龄化速度日益加快。当前,我国养老格局呈现为"9073"或"9064"的总体格局:约有90%的老年人选择在家庭的照顾下居家养老,同时利用社会化服务作为辅助;还有6%~7%的老年人依赖于政府提供的社区养老服务;而选择居住在养老服务机构、享受更为集中的养老服务的老年人比例则在 3%~4% 之间①。对照这种发展格局,当前许昌养老模式暴露出一定问题。如基础设施的建设完成度低且升级需求明显、社会对养老服务的认知不足、医疗资源分配不均匀、专业化人才缺失等。当下占据主流的社区居家养老模式难以为老年人提供合适的养老服务,在相当程度上阻碍了许昌市养老行业的健康发展。

第一,养老基础设施建设完成度低且改造升级需求明显。当前,许昌老龄人口基数在不断提高,养老行业供不应求矛盾还在加剧,但由于许昌整体实力还有待提升,对养老行业的资金支持力度相对偏弱,导致社区养老基础设施升级改造、养老机构建设进度偏慢,养老机构数量尚无法完全满足社会需求。同时,对于养老机构或企业来说,成本高、利润低的养老行业经营现状令其望而却步,社区居家养老模式依然主要依靠政府资金支持,且经营模式单一,没有持续性的投入维持经营以及升级设施。此外,不同养老机构的硬件水平参差不齐,为老年人服务质量差别也较大,部分养老机构硬件设施亟待提升,影响养老服务产业整体发展水平。

第二,社会对养老服务的认知不足。一是对养老概念的认知不足,社会往往简单地把养老理解为生活照料,而忽略老年人心理健康,事实上心理健康和身体健康同等重要,都决定着老年人的养老生活质量。二是对非居家的其他养老模式认知存在偏差,相当一部分人认为养老机构就是"等死"的地方,住进养老机构就象征着生命的结束。这种消极观念严重影响了老年人对养老机构的接受程度。当前许昌农村人口的比例仍然较高,许多老年人对于进入养老机构养老带有抵触情绪。同时,农村老年人的子女大多在城市中务工,农村老年人"养儿防老"的养老观念使其把儿女将老年人送至养老机构视为"不孝",农村老年父母并不希望儿女被贴上不孝的标签,而不愿进入养老院。

第三,养老医疗资源分配不均匀。受年轻时超负荷农业劳作以及生活

① 《国家卫健委:我国养老呈"9073"格局 约 90% 老年人居家养老》,央视网,https://baijiahao.baidu.com/s? id=1696440780760845524&wfr=spider&for=pc,最后检索时间:2021 年 4 月 8 日。

水平不高等因素影响，许昌市老年人身体状况欠佳的比例较高，往往伴随有不同程度的慢性病，且老年人对智能化数字化设备接受程度低，是老年群体相对独特的群体性特征。医疗服务的质量是衡量养老服务质量的关键指标之一。当前，由于医疗资源分布不均，医疗资源的可及性和基层医疗服务的普及水平有限，无法为老年人提供专业、权威且及时的服务，特别是农村地区的老年人，往往倾向于忍受病痛而不寻求治疗，导致病情进一步恶化，这些因素相互交织，共同影响了许昌市整体养老服务的质量和水平。

第四，养老的专业化人才缺失。从整体来看，许昌市人才的培养机制还不够完善，养老行业人力资源相对短缺，专业人才保有数量相对不足。目前，社会对养老专业化工作人员供需矛盾较为突出。从需求端来看，高龄人群中一定数量的老年人自理能力有限，加之身体机能有一定程度上的退化，无论是社区居家养老还是在机构养老，都需要具有一定专业能力的护工对其生活进行帮助，因而产生大量用人需求。从供给端来看，养老的专业化人才供给明显不足。一方面，养老体系中护工、社工乃至志愿者的数量较为有限，且综合素质、专业能力等也都无法满足需求；另一方面，由于地理位置的原因，非营利组织或学生团体的帮扶活动很难顾及地处偏僻的养老机构。

二　许昌市养老服务发展问题的成因

（一）城市经济发展水平还有待提高

当前，与一线城市相比，许昌经济发展水平还有待提高，城市整体实力还不够高。因此，政府对于养老行业的政策推动及资金投入力度也相对有限。但是，作为半公益性行业，养老行业具有成本高、利润低的特性，使得企业在缺少政府帮扶的前提下，不愿投资发展养老行业。在政府对养老机构等的资金支持力度有限的情况下，养老机构升级硬件及服务质量的意愿和能力也不足，最终造成整体的养老服务供给水平落后。

（二）思想观念还有待进一步解放

当前，许昌新型城镇化及城乡融合发展规划仍然处于初步实施阶段，农村居民比例仍然偏高。相比于城市中的老年人，农村老人对于故土、家庭的观念较为浓重并且普遍对于养老的概念认知并不正确，人们没有足够的渠道去了解究竟如何养老，怎样度过晚年，对于相关知识的普及等也都明显逊于经济发达地区。社区养老和居家养老也慢慢成为更多农村老年人追捧的养老形式。然而农村养老服务供给需求矛盾更为突出，对养老模式的创新和发展提出了更大的挑战。同时，老年人对于养老的付费观念也较为保守，从一定程度上制约了养老行业的市场化发展，价格低廉的养老机构往往难以提供高质量的服务，无法满足老年人对生活品质的追求；另外，那些环境优雅、服务质量高的养老机构，其高昂的费用又超出了许多老年人的经济承受能力。

（三）医疗资源分配有待优化提升

老年人作为特殊群体，对医疗服务的需求也较为突出，医疗资源分配不均的现状对养老模式的发展起到了极大的影响，严重影响了养老医疗服务的覆盖面。目前，许昌市的医疗系统科技融合程度还不够高，难以有效实现优质医疗资源下沉，部分高龄群体无法及时获得权威的、精准的诊疗服务。另外，医疗资源的整合作用发挥也有限，不能很好地将医疗和养老服务相结合，尚未完全实现养老医疗资源共享，难以完全满足老年人日益增长的医疗和护理需求。此外，老年人无法及时跟进养老体系智能化、数字化的脚步，加之智能设备适老化不足，进一步加剧了医疗资源分配不均衡的问题。在医疗资源与科技资源相融合的进程中，老年人作为接受服务的主体，对于这些新鲜事物的接受程度有限，无法将智能医疗技术的作用最大化，科技为养老体系带来的效益无法充分发挥。

（四）资源整合力度还需加大

当前，政府对于多方资源的整合仍有较大发展空间。对于高校、高职高

专等资源需要进行充分整合并进行整体规划布局，将志愿服务或是养老机构的护理实习工作作为学校培养方案的一部分，可以兼顾人力资源不充足以及学生对于实习经验的需求。同时，围绕养老行业形成的产业仍然具有广阔的市场发展空间，由养老行业带动市场需求，推动产业发展。可以通过对养老行业品牌提供招商引资的扶持政策，构建特色明显、分布合理的老年产业；也可以发挥许昌的资源优势和特色，吸引更为丰富的人力资源、企业资源等参与许昌养老行业的发展。

三 构建养老服务供给的"许昌模式"

"十四五"期间，许昌市致力于构建一个以社区养老为核心的多元化养老服务体系，涵盖居家养老、机构养老、以房养老、乡村养老等多种养老形式。同时，发展数字化手段为养老提供便利，搭建智慧养老体系，打造较为成熟的养老服务中心体系，全面支撑五类养老形式，形成具有许昌特色的养老模式，即"许昌模式"。许昌市养老服务中心作为这一体系的资源共享中心，承担着整合各类养老服务资源、发挥其功能和作用的重要职责，为五类养老形式提供有力支撑。如图1所示，社区养老作为这一体系的核心，与居家养老、机构养老、以房养老和乡村养老等模式相结合，共同构成了一个成熟的养老服务体系，通过优化资源配置和创新服务模式，满足老年人多样化的养老需求。

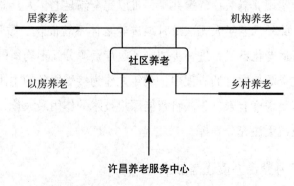

图1　养老服务供给的"许昌模式"

（一）加速打造许昌养老服务中心

通过打造区域养老服务中心，辐射社区内居民养老需求，同时不断扩展服务对象及数量，增加养老服务中心的功能结构，使其真正成为综合性的养老服务平台。

第一，将康养理念融入医疗，建设"医养康养"结合型服务的养老服务中心。加强医疗机构与养老机构的合作，推动医院和养老院资源共享，建立健全老人健康档案和长效管理机制，实现老年人医疗与养老服务无缝对接。完善老年人的健康档案管理，建立长效的健康管理体系。同时，通过统筹实施针对老年人的基本公共卫生服务项目，开展针对老年慢性病的综合防治，并采取有效的预防措施，以完善老年疾病的预防体系。此外，不断优化医院的科室结构，加强老年医学科及相关专科联盟的建设，以提高医疗服务的专业性和针对性。统筹实施老年人相关基本公共卫生服务项目，针对老年慢性病开展综合防治服务，并采取预防措施，完善老年疾病预防体系，提升养老服务中心的专业水平及养老服务质量，将其建设成为综合性的养老服务中心。

第二，健全完善养老服务中心的基础设施建设。全面确保各项养老模式发展政策有效实施，拓宽资金筹集渠道，实现基础设施的全面升级及更新。紧抓许昌建设国家城乡融合共同富裕先行试验区的历史机遇，从满足老年人的实际需求出发，以提升养老服务中心的服务质量和管理水平为核心目标，对敬老院进行必要的改造升级，建立公建民营的工作机制，推动养老服务中心管理服务向高质量发展。重点从医疗、住宿、餐饮、娱乐等方面进行基础设施改造：配备专业的医疗保健人员和医疗检查设备，给老年人提供全天候的医疗服务，甚至包括物理治疗、职业治疗等康复设施，帮助老年人恢复身体功能和享受健康生活；提供高品质的住宿服务，可以根据老年人的需求分别建设独立的公寓或套房，确保老年人在安全、舒适、卫生且私密的环境中居住；打造老年人餐厅，提供定制化、多样化的餐饮服务，满足老年人的特殊饮食需求和营养膳食均衡；建设各种文化娱乐空间和场所，例如提供音乐

会、书法班、棋牌室等，满足老年人精神文化需求。未来进一步对养老服务中心提供人力物力财力上的帮助，切实提升老年人在养老服务中心的养老生活质量，提高老年人心中的养老幸福感。

第三，推动养老服务中心更加关注老年人精神文化生活。除了提升物质生活的保障，养老服务中心还应加大对老年人的精神文化生活关注力度，将"养老"变成"享老"。在许昌，不仅"养老文化"深入人心，养老行业的市场前景也呈现出积极增长的趋势。随着时间的推进，养老行业不再局限于满足基本生活需求，更拓展至满足老年人在精神文化层面的多元追求。而伴随着养老产业的持续进步，越来越多年轻人也被吸引选择加入养老行业，养老服务中心的经营模式也在发生翻天覆地的变化，已经有养老服务中心尝试融入年轻一代的流行文化，例如引入电子竞技和调酒活动，以此使老年人的生活紧随时代潮流，让他们体验到年轻人生活方式的乐趣。此外，可以结合许昌当地特色文化，如禹州钧瓷等，为老年人开发具有本土特色的养老娱乐项目，不仅丰富了老年人的精神生活，还使其感觉养老院更加亲切、具有归属感。此外，利用公建民营的特殊经营模式，为新发展起来的养老服务中心注入新鲜血液，让年轻一代的管理者为养老行业发展提供更为新潮的想法和思路，如曾经参加快手"500 个家乡"主题纪录片创作的网红养老中心院长林烧，不仅为老年人提供了更新颖、更快乐的养老活动，同时也让更多的人认识许昌这座人口不足 400 万的河南小城。他主动寻求与外部的协作机会，与快手平台联手，创建了"幸福银龄学堂"。吸引更多年轻人投身于养老服务领域，让养老行业具有更广阔的发展空间，林烧借助"许昌模式"，使养老服务中心在公众视野中焕发新的活力。

第四，扩大养老服务的覆盖面。增加养老服务中心服务覆盖对象人数，为居家养老、社区养老等模式提供强有力的资源支持，充分发挥养老服务中心区域服务功能及作用。利用时代与技术发展，推进养老服务中心数字化、智能化发展，建设和推广数字化养老平台，落实"一人一档"，将个人的健康数据等进行存储及分析，做到实时监控，第一时间采取措施。通过智能设备、技术等，实现优质医疗资源下沉，缓解医疗资源分配不均匀的难题，利用远程问诊、远程会议、远程指导甚至远程手术等手段，使患者第一时间获得更加专业、更加权威、更加细致的诊疗方案。通过智能化数字化平台，将不同区域的老年人有效连接起来并形成各具特色的管理模式，并通过监测记录老年人的健康数据形成大数据库，以有效分析老年人典型的病例，并应用于各种诊疗过程中。在养老服务中心的覆盖范围内，对老年人健康数据进行即时观测，适时合理地调配人力资源，满足最大范围的老年人群体需求。例如，针对服务对象实际需求，长葛市通过"中心+平台"的服务模式，将政府、区域养老服务中心、服务对象群体进行有效连接，构建居家上门运营管理体系，推动形成"一中心、一站式"服务网；组织专业人员对服务对象进行能力评估，将服务对象基本情况与需求等数据上传至智能平台系统，并将服务对象就近划分至区域养老服务中心。各中心根据老人需求制定服务项目、服务方式和时间频次，完善服务内容，提升服务等级。

第五，定期开展各种类型的公益性讲座和培训，丰富养老服务中心的功能。推动养老服务中心不断丰富公益讲座和培训活动，全面支撑建设老年友好型社会。加强积极老龄观宣传教育，扩大尊老敬老活动影响力和辐射范围，弘扬孝亲敬老传统美德。如将老年人心理需求科普给年轻一代，增强子女赡养老人的责任心及意识等，从子女层面对老年人的养老生活提供支持，配合养老服务中心开展工作。鼓励养老服务中心的老年人参加群体活动，培养邻里之间的感情，也可以从一定程度上减缓空巢老人的心理压力。其合理利用养老服务中心的培训资源，加大对养老行业服务人员专业素养培训力度，提高从业人员专业素质和服务能力。形成区域养老服务团队，为居家养老或其他非机构养老的老年人提供上门体检、活动组织和人文关怀等服务，实施包括专业护理员、社会工作者、康复治疗师在内的培训计划，提高养老服务的专业标准。增加养老服务行业的人力资源供给，面向社会各界招募志愿者或者联合开展志愿活动，确保养老服务中心服务力量合理配置。

（二）大力发展社区养老

社区养老主要针对那些有一定自理能力及慢性疾病症状不严重，健康状况良好的老年人，可以使空巢老人在社区内邻里活动中与邻里关系更为密切，在满足城乡老年人对于家庭归属感的同时，使他们享受到专业的照护和服务，如日间照料、上门服务、休闲娱乐餐饮等。社区养老模式可以通过邻里活动极大满足老年人的精神文化需求，如在社区内创办老年文化活动中心，举办老年人文化活动，可以有效防止空巢老人心理健康问题的出现。社区养老模式同时结合了居家养老以及机构养老模式的优点。在社区内，老年人同样可以依托养老服务中心的餐饮、医疗、康养服务，来满足日常养老需求，不仅提高了养老服务中心的利用率，为养老服务中心带来营收及持续性长久性的客户群体，也可以使区域内的老人获得更好的养老体验。

（三）鼓励支持居家养老

当前环境下，人们对于敬老院等养老机构仍然抱有抵触情绪。居家养老作为一种传统的养老方式，老年人可以与家人在一起生活，而不需要移居至养老机构或社区，让老年人得以保留长期以来形成的生活习惯。这种模式因符合传统文化观念和家庭价值观而在当今社会较为流行。居家养老还有助于缓解养老机构床位紧张的状况，确保资源能够更公平地分配给那些迫切需要机构养老服务的老年人。但同时，这种模式对家庭成员也提出了较高的要求。它要求家庭成员之间关系融洽，在养老责任分配上不产生分歧，同时子女要有足够的时间、精力和技能来满足老年人的生活和健康需求。养老服务中心也可以为居家养老模式提供支持，向需要照顾老人的子女进行相关知识和技能的培训，提高老年人居家养老生活质量。

（四）稳步扩大机构养老

老年人入住专业的养老机构，在养老机构中可以享受到包括医疗、康复、护理以及其他基础性生活必需的全套服务。对于失能或半失能老年人较为友好，同时养老机构也能有效减轻家庭成员的日间照护负担，交由养老机构全权负责。但这种养老模式往往费用较高，尤其那些基础硬件设施、医疗水平较高的养老机构费用，一般家庭很难负担。另外，在养老机构内，家庭成员无法像在家一样经常与老年人进行交流相处，对父母子女之间的关系造成一定影响，如若处理不当，还可能对老年人的心理造成损害。但同时，社区养老服务中心也可以为身体健康状况较差或者子女工作负担较重的老年人提供这种针对性的服务。

（五）探索实施以房养老

"以房养老"是老年人通过抵押或出租自己的房产，定期获得资金收入或一次性获得一笔养老金，自己选择机构或者老年公寓的一种养老方式。这种方式适用于名下有房且无子女或者不愿意将房产留给子女的老年人。在以房养老的模式下，老年人通过房产价值获得晚年养老生活的经济保障，为子女减轻养老负担。政府可以通过制定支持性政策来促进"以房养老"模式的发展，如提供税收优惠、金融支持等措施，以降低老年人以房养老的门槛和风险。同时，随着市场的不断成熟，以房养老相关的服务和产品也在不断丰富，为老年人提供了更多的选择。通过这种模式，老年人按照自己的意愿去规划自己的养老生活，实现老有所养、老有所依。

（六）有序推进乡村养老

乡村养老模式是指城市居民在养老时远离城市，到附近的乡村地区进行养老的模式。随着城市快速发展，许多老年人开始怀念自己年少时的乡村环境，在远离城市的乡村，空气清新，环境优美且生活成本低廉。如今许多机构为响应城市老年人的乡村养老需求，在乡村建设养老机构，让人们在晚年回归大自然，感受乡村生活气息。这种模式也促进了城乡人口流动与城乡经济文化交流。但由于远离城市，医疗资源相对匮乏，老年人在突发身体状况时，医疗救援的时效性无法得到保障。因此，在选择乡村养老模式时，要做

好充足的准备以应对紧急情况，但对于身体健康状况良好的老年人来说，仍是比较受欢迎的养老方式。

四 "许昌模式"养老供给的保障措施

为继续深化改革、促进养老行业发展，进一步打造具有许昌特色的养老行业，落实《许昌市"十四五"老龄事业发展规划》，许昌市不断强化党对养老事业发展的统一领导，明确各部门的主体责任，积极推动了跨部门协同。通过这种机制，许昌市旨在构建一个高效、协调的养老服务体系，确保各项养老政策和措施得到有效执行。

首先，许昌市在养老事业发展中注重人才队伍的建设，确保服务人员的数量和素质。通过配齐配足具备必要素质和技能的工作人员，许昌市致力于在养老服务的各个岗位上提供专业、高效的服务，提升养老服务的整体水平，为老年人提供更加贴心和周到的照顾。

其次，完善养老行业资金支持体系，拓宽筹措经费的渠道。通过引导企业、社会组织等社会主体参与到养老服务的投入中，为养老事业的发展注入新的活力。通过多元化的资金来源保障养老服务的质量和可持续发展。

最后，在重要环节设立严格的监管部门和措施，对既定的目标和任务进行定期的循环检查，确保养老服务的每一个环节都能够按照规划稳步推进，一步一个脚印地发展独具特色的养老体系，为广大群众提供满意的养老服务。

参考文献

周璟罡、张倩男：《商业保险公司参与社区居家养老模式的路径研究》，《当代经济》2024年第7期。

徐莎莎：《乡村振兴背景下农村精准养老的可行性》，《黑河学院学报》2024年第6期。

朱清钰：《人口老龄化背景下社区嵌入式养老模式路径探析》，《西部财会》2024 年第 6 期。

于健豪：《农村空巢老人互助养老模式探讨》，《合作经济与科技》2024 年第 9 期。

廖欢：《互助养老：破解农村养老难题的现实抉择》，《数字农业与智能农机》2024 年第 6 期。

苗宇：《农村智慧养老服务高质量发展的路径研究》，《村委主任》2024 年第 12 期。

《幸福养老的许昌模式》，《许昌日报》2024 年 5 月 24 日。

《河南省人民政府办公厅关于推进基本养老服务体系建设的实施意见》，http：//dongchengqu. xuchang. gov. cn/jczwgkbzhgfhml/029001/029001006/029001006002/029001006002001/20231026/149081e0-8701-4fa1-9752-ba9755e0d486. html，最后检索时间：2023 年 10 月 26 日。

许昌市人民政府：《许昌市努力构建"12345"养老服务体系切实保障和改善基本民生》，http：//www. xuchang. gov. cn/ywdt/001005/20231228/5372e04d-08ca-499f-8ee3-081dcc7136c9. html，最后检索时间：2023 年 12 月 28 日。

河南省人民政府：《这是一部与许昌共创的作品——专访"许昌不慌"主创人员》，https：//www. henan. gov. cn/2023/11-27/2854687. html，最后检索时间：2023 年 11 月 27 日。

城乡建设篇

B.18
许昌推动县域城乡融合发展研究

王光霁*

摘　要：　　县域是城和乡的结合点，是连接城市、服务乡村的天然载体。县域城乡融合发展是推动城镇化建设、增强城乡经济联系、畅通城乡要素循环的重要手段，也是全面推进乡村振兴的重要目标。许昌市作为河南省唯一、全国两个全域"国家城乡融合发展试验区"之一，承担着探索城乡融合发展新路径、新模式的重要使命。推进许昌县域城乡融合发展要立足整体范畴、聚焦关键要素、推动产业协同、围绕现实任务，进而形成城乡相辅相融、功能互补、共生共融的县域发展共同体。

关键词：　　县域　城乡融合　发展

党的二十大报告指出，要坚持城乡融合发展，畅通城乡要素流动。县域

---

* 王光霁，郑州轻工业大学讲师，研究方向为就业创业与区域发展。

作为国民经济的基础单元，是推进城乡融合发展的基础承载和有效节点，统筹推进许昌县域城乡融合发展有利于探索破除城乡二元结构、重塑新型工农城乡关系、促进城乡公共资源合理配置、加快城乡经济循环的路径和方法，对于推动县域高质量发展具有重要现实意义。

一　县域城乡融合发展的提出与内涵

县域城乡融合发展的概念是在城乡融合发展的基础上提出的，不仅拓展延伸和丰富深化了城乡融合发展的内涵，而且具有经济发展的阶段性特征和鲜明的实现共同富裕的中国特色。

（一）城乡融合发展的提出

城乡融合发展的概念最早由恩格斯在《共产主义原理》中提出。恩格斯在书中首次阐述了"城乡融合"的理念，着重指出实现社会全员能力全面发展的方式包括：废除传统分工界限、推行生产与教育相结合、促进职业流动、共享社会福祉成果，以及推进城乡空间与功能的深度融合。这一概念强调了城乡融合发展的必要性和目标，即通过消除城乡对立，实现城乡之间的和谐共处和共同发展，以促进社会全体成员的全面发展。

我国最早提出城乡融合发展的概念是在 2017 年 10 月，党的十九大进一步强调"建立健全城乡融合发展体制机制和政策体系"，这是中央文件首次提出"城乡融合发展"的概念。回顾之前，早在 2003 年 10 月召开的中共十六届三中全会上，中央就提出了"统筹城乡发展"的要求，2012 年 11月，党的十八大明确提出了"推动城乡发展一体化"。从"统筹城乡发展"到"城乡发展一体化"，再到"城乡融合发展"，体现了我国在不同发展阶段根据实际在处理城乡关系上的政策导向变化，既反映了国家政策的一以贯之、一脉相承，又符合新时代发展的阶段特征和具体要求。

城乡融合发展是经济社会发展到一定阶段，推进城市和农村实现协同协

调发展和共同进步的一种经济发展思路和发展模式，它以城市和乡村之间生产要素的"双向"自由流动和政府公共资源的科学合理均衡配置为核心，通过以工补农、以城带乡等措施，统筹推进城乡发展规划一体制定、城乡基础设施一体建设、城乡基本公共服务普惠共享、城乡产业联动协调发展、农民收入持续快速增长，形成工农互促、城乡互补、协调发展、共同繁荣的新型工农城乡关系，加快实施乡村振兴战略，推动农村地区的高质量发展，全面实现农业农村的现代化。

城乡融合发展主要包括：城乡资源的合理优化配置、城乡产业的协调协同发展、城乡人口的双向自由流动、城乡基础设施的一体化建设、城乡环境的联动保护与治理，等等。

（二）县域城乡融合发展的内涵

2019 年发布的《中共中央　国务院关于建立健全城乡融合发展体制机制和政策体系的意见》进一步明确了选择有一定基础的市县两级设立国家城乡融合发展试验区的政策，并公布了首批 11 个国家城乡融合发展试验区名单，从而正式开启了县域城乡融合发展的实践进程。

《国民经济和社会发展第十四个五年规划和 2035 年远景目标纲要》明确提出要以县域为基本单元推进城乡融合发展，2023 年中央一号文件在县域城乡规划、农民工市民化、公共资源配置等方面提出要求，明确以县域为切入点推动城乡融合发展，从而把推动城乡融合发展提上正式议事日程。

县域城乡融合发展就是要在全县域范围内无差别地推动经济社会文化生态发展，以及服务、治理的无死角覆盖，其内涵可归纳为：一是通过实施县域城乡空间一体化规划策略，达成多规融合，促使多元功能有效嵌套，以优化城乡空间组织结构；二是根据生产要素的独特属性及各产业间的相互联系与补充性，推动城乡产业协同发展；三是依据我国经济社会发展趋势和城乡发展的实际现状，加大调整城乡供需结构和优化共享机制力度，最大限度实现城乡公共服务共享、制度一体的目标；四是以有为政府和有效市场的职能明晰和有序互动，加快城乡治理体系和治理能力的现代化，实现城乡社会高效能治理。

二 许昌推进县域城乡融合发展取得的成就

许昌县域包括禹州市、长葛市、鄢陵县和襄城县，总面积约 3932 平方公里，其中，城市建成区面积 141 平方公里，下辖 70 个乡镇（街道）、1886 个行政村（社区）；2023 年县域常住人口 304.5 万人，其中城镇人口 156.6 万人，城镇化率 51.43%；2023 年许昌县域地区生产总值为 2210.68 亿元，人均 GDP 72600 元，一般预算财政收入 118.92 亿元，人均财政收入 3905 元。[①]

（一）城乡基础设施一体化建设水平不断提高

推进城乡融合发展，城乡基础设施一体化建设要先行，最关键的是农村基础设施的提升和完善。近年来，许昌紧紧抓住国家建设城乡融合示范区的机遇，着力推进基础设施的持续完善和提升，尤其是农村地区的交通、供水、供电、通信等基础设施得到了显著改善，有效缩小了城乡之间的基础设施差距。在交通方面，禹州市、长葛市和鄢陵县等地均达到了万村通客车提质工程示范县的标准，其中长葛市的建制村道路硬化率达到了 100%[②]，显著提升了农村地区的交通便利性，解决了市至镇、镇至村、村与村的通客车线路问题，为农村居民的出行提供了极大的便利。在供水方面，近年来农村供水普及率已经达到 99%，农村集中供水率也达到了 100%[③]，确保了农村居民能够享受到安全、清洁的饮用水。同时，供电可靠率逐年提升和通信网络覆盖率不断提高，为农村居民提供了稳定和高效的电力供应以及畅通的通信服务，极大地改善了农村居民的生活条件和生活质量。此外，许昌各县市

[①] 根据相关数据计算整理。

[②] 孙江锋：《全市自然村通硬化路率达到 100%》，《许昌日报》2024 年 3 月 15 日。

[③] 武芳：《我市农村自来水普及率达 99%》，《许昌日报》2024 年 2 月 9 日。

还在不断推进农村地区的教育、医疗、文化等公共服务设施的建设,努力实现城乡公共服务的均等化,提高农村居民的生活品质。通过这些措施,许昌县域正逐步实现城乡基础设施的一体化发展,为城乡融合发展奠定了坚实的物质基础,促进了县域经济社会的全面发展和进步。

(二)城乡产业协同发展初见成效

许昌各县市域依托自身独特的资源禀赋和坚实的产业基础,形成了具有地方特色的产业集群,不断推动城乡产业的协同发展。禹州市以其深厚的钧瓷文化和丰富的中药材资源为依托,打造了特色鲜明的文化产业集群和健康产业集群;长葛市则利用其在机械制造和食品加工方面的传统优势,不断推动产业升级和技术创新;鄢陵县以其得天独厚的自然环境和丰富的花木资源为基础,大力发展花木产业和生态旅游业,吸引了大量游客和投资;襄城县则依托其丰富的煤炭资源和稳定的烟叶产业,大力发展地方经济。同时,各县市将产业转型升级作为推动高质量发展的主攻方向,不断引链延链补链强链,促进经济结构优化和整体竞争力提升。例如,襄城县围绕产业链部署创新链,围绕创新链布局产业链,培育壮大硅材料、碳材料、新能源三个新兴产业,提质发展煤基化工、装备制造、服装制鞋三个传统产业,打造千亿级硅碳新材料产业集群,形成了年产 300 万吨焦炭、7 亿立方高纯氢、20 万吨环己酮、30 万吨焦油深加工、4 万吨针状焦、5 万吨超高功率石墨电极、7000 吨高纯硅烷、4800 万平方米光伏玻璃和 12GW 高效太阳能电池片、1.5GW 光伏组件的生产能力①,在河南西南部打造出装备水平世界一流、科技含量国内领先、总产值超 300 亿元的碳基新材料产业园。此外,各县市还在积极探索产业融合发展的新路径,如通过发展乡村旅游、特色农业等,实现一、二、三产业的融合发展,提高产业的综合效益。同时,通过加强产业园区的建设和管理,提供更加优质

---

① 《襄城县基本县情简介》,襄城县人民政府网站,https: // www. xiangchengxian. gov. cn/zjxc/ 002001/20170824/e72db3ae-1edO-4d67-8835-c303b833fd55. html,最后检索时间:2024 年 11 月 2 日。

的营商环境，吸引更多的企业和投资者参与到地方经济建设中来，共同推动许昌县域经济的城乡协同高质量发展。

（三）城乡公共服务水平不断提升

各县市通过加大教育、医疗、文化、体育等公共服务领域的投入，大幅提高公共服务供给数量，显著提升了供给质量，在相当程度上推动了城乡基本公共服务的均等化。农村学校、卫生院、文化设施等建设得到了加强，使得城乡居民享受到了更加便利的公共服务。2023 年，禹州市新建和改扩建中小学 26 所、幼儿园 11 所，竣工投用乡村寄宿制学校 6 所；鄢陵县新建、改扩建学校 10 所，新增学位 3320 个。[①] 在医疗领域，县级医院、乡镇卫生院和社区医院的数量以及卫生技术人员的数量也都实现了明显增长，如 2023 年长葛市共有医疗卫生机构 85038 家，其中医院 2528 家，包括公立医院 706 家和民营医院 1822 家；基层医疗卫生机构 81645 家，包括社区卫生服务中心（站）1993 个，卫生院 1998 个，村卫生室 59447 个，诊所 13730 个；专业公共卫生机构有 717 个，包括疾病预防控制中心 185 个，专科疾病防治院（所、站）21 个，妇幼保健院（所、站）164 个，卫生监督所（中心）169 个。[②] 此外，文化和体育设施建设和改善，如公共图书馆藏书量的增加和文化大院的建设，丰富了居民的文化生活。这些努力不仅提高了农村居民的生活质量，也促进了城乡一体化的发展。随着公共服务水平的提升，城乡居民在教育、医疗等方面的支出占比逐年下降，使得更多的家庭能够享受到高质量的公共服务。

（四）城乡生态环境保护得到持续加强

近年来，许昌市下辖的各县高度重视生态环境保护，致力于绿色低碳发展，通过实施生态修复、污染防治等措施，显著改善了农村生态环境质量，

---

① 根据禹州市人民政府网站和禹州市卫健委网站整理。
② 根据长葛市人民政府网站和长葛市卫健委网站整理。

有效提高了森林覆盖率，并确保了主要河流水质达到国家标准，空气质量优良天数比例也显著提升。2023年长葛市绿地覆盖率达到38.5%，人均公园面积15平方米；禹州市、鄢陵县和襄城县三地空气质量优良天数同比增加18天以上，PM2.5和PM10平均浓度均有明显下降。[①] 这些努力不仅为居民提供了清新的空气、清洁的水源和优美的自然环境，还促进了生物多样性的保护和自然生态系统的恢复。同时，绿色低碳发展策略的推进，如循环经济的发展、节能技术和产品的推广以及绿色出行的鼓励，都为实现经济发展与环境保护的协调提供了有力支撑。生态环境的持续改善不仅提升了居民的生活质量，也为当地的可持续发展奠定了坚实基础，增强了地区的生态服务功能，为吸引投资、促进旅游业发展和提高地区竞争力创造了有利条件。

三　许昌推动县域城乡融合发展中存在的主要问题

尽管许昌县域在城乡融合发展上取得了一定成绩，但仍面临一些问题和挑战，在一定程度上制约了城乡融合发展的进程和效果，需要我们深入剖析并寻求有效的解决方案。

（一）城乡发展不平衡问题依然突出

和全国其他地方一样，许昌城市地区凭借产业集聚和经济发展的先发优势，展现出更高的经济活力和增长速度，而农村地区则面临着经济发展相对滞后、缺乏产业支撑和创新动力的挑战。城乡之间的居民收入差距较大，城市居民的收入普遍高于农村居民。据统计，许昌县域城乡居民收入比达到3∶1，这种差距限制了农村居民的消费能力和生活质量的提升。教育和医疗资源的分配也存在明显的不均衡，城市地区拥有更多的优质教育资源和先进的医疗设施，而农村地区的学校和医院在数量和质量上都难以满足居民的需

---

① 根据长葛市和禹州市、鄢陵县、襄城县人民政府网站整理。

求。此外，相较于城市而言，农村地区的基础设施建设存在显著差距，具体体现在交通、水利、能源及信息基础设施的不充分和较低的质量水平上，这些因素共同制约了农村经济的发展潜力挖掘及居民生活品质的提升。

（二）要素流动不畅制约城乡融合发展

城乡要素流动不畅的问题正制约着城乡融合的进一步发展。土地、资本、人才等关键要素在城乡间的自由流动受到限制，这种市场分割现象不仅影响了城乡经济社会的协调发展，也限制了农村地区潜力的挖掘和活力的发挥。例如，农村地区常因土地政策限制和资金瓶颈而难以吸引和留住优秀人才，导致严重的人才流失，进一步加剧了城乡发展的不平衡。同时，土地资源未能得到充分有效的利用，限制了农村经济的发展和农民收入的增加。此外，农村地区还面临着资本投入不足的问题，信用体系不健全和金融服务覆盖不足使得产业发展缺乏必要的资金支持，难以实现产业升级和经济结构调整。

（三）产业支撑不足限制城乡产业协同发展

部分县域产业基础薄弱，缺乏具有竞争力的产业集群和龙头企业，导致农村地区的产业发展滞后，农民收入水平难以提高。这不仅影响了农村地区的经济活力和发展潜力，也制约了城市地区产业的进一步升级和拓展。据统计，许昌县域农村地区产业增加值占地区生产总值的比重大约为20%，远低于城市地区的水平，这一数据凸显了农村地区产业发展滞后的问题，亟待解决。产业支撑不足的问题表现在多个方面：首先，缺乏有效的产业支持政策和发展规划，导致农村地区难以形成具有特色的产业体系；其次，农村地区的产业结构单一，缺乏多元化的产业发展模式，这使得农村地区在面对市场变化时缺乏足够的应对能力；再次，农村地区的产业链条短，缺乏上下游产业的有效衔接，限制了产业的规模扩张和效益提升；最后，农村地区的产业创新能力不足，缺乏技术研发和人才培养机制，这使得农村地区难以实现产业的转型升级。

（四）政策落实不到位延缓城乡融合发展进程

尽管政府出台了一系列支持城乡融合发展的政策措施，但在实际执行过程中，仍存在落实不到位、执行力度不够等问题，这些问题严重影响了政策效果的充分发挥。例如，一些针对农村地区的扶持政策在执行过程中往往面临资金不到位、项目落地难等挑战，这些问题不仅影响了农村地区的经济发展，也制约了农民生活水平的改善。资金的不足和项目的难以实施，使得原本旨在促进农村发展的措施无法达到预期效果，进而影响了农村地区的发展潜力和活力。此外，一些政策在执行过程中缺乏有效的监督和评估机制，导致政策执行效果不佳。没有明确的监督和评估，政策的执行就难以保证质量和效率，也无法及时发现和纠正执行过程中的问题。这种缺乏有效监督和评估的情况，不仅使得政策难以达到预期目标，也可能导致资源的浪费和滥用。

四 许昌推动县域城乡融合发展的对策建议

许昌推动县域城乡融合发展，需要认真总结好的做法和经验，着力解决其中存在的问题，同时采取强有力的针对性措施，对此特提出以下若干建议。

（一）强化新型工业化与城镇化质量建设，增进农业与农村的互补支撑效能

强化新型工业化与城镇化质量建设，首要任务在于优化县域产业结构布局，升级县城服务功能，从而有力推动城乡一体化进程。为此，一要壮大县域内的富民经济。依据各地特色产业优势，拉长产业链条，促进"农业+"模式的多元化创新与发展，确保区域间顺畅连接与合作，旨在提升县域的产业集聚效应及就业吸收力，确保产业链关键环节留驻县域，使农民能更多参与价值链增值。二要解决县城发展不足之处。精确识别并弥补县城公共服

务、市政设施及生态环境基础设施等方面的缺陷，加强财政资金与土地资源的支持力度，探索高效利用县域内闲置低效建设用地的新路径。三要完善农业转移人口的社会保障机制。确保进城农民保留其农村土地承包权、宅基地使用权及集体收益分配权，移除影响农业转移人口在城镇定居的隐形障碍。全面执行"人随地走、财随人走"政策，建立健全农业转移人口市民化的全方位配套政策体系。

（二）完善城乡要素顺畅流动机制，有序激活乡村发展潜力

聚焦深化农村改革的集成效应，搭建城乡要素双向往复流通的桥梁。关键在于巩固与拓展农村集体作为城乡要素对接的平台：通过农村集体经济组织引领，结合科学规划策略，对零散的集体建设土地与闲置宅基地等资源实施整合储备，高效对接引入的资本与人才等关键要素，以此培育高质量的现代农业和新兴乡村经济业态。其次，增强金融服务于乡村振兴的效能：完善金融机构支持农业的激励机制，稳步开展涵盖农村集体经营性建设用地使用权、宅基地使用权及耕地承包经营权等多种农村产权的抵押融资业务。再次，优化返乡人才激励机制：细化并落实针对返乡创业人员的创业扶持、医疗保障、住房安排、子女教育等优惠政策，确保对高素质农民社会保障措施的连续性，旨在吸引电商、农业科技等领域的专业人士及各类型领军人物投身乡村建设。

（三）推动产业协同发展，夯实县域城乡融合发展基础

要通过完善城乡一体化规划，结合乡村振兴战略的实施，强力推进县域城乡产业一体化发展。一是各县域需要根据自身的资源禀赋和产业基础，科学规划产业布局，明确产业发展的方向、重点和战略，合理布局产业空间，确保产业发展与当地经济社会发展相协调。二是通过培育和发展具有竞争力的产业集群和龙头企业，形成产业的集聚效应和品牌效应，提升县域经济的整体实力。三是通过产业链条的延伸和升级，强化城乡产业联动和区域协作，促进城乡之间产业的有机融合和互动发展。四是通过推动产业协同发

展，为农村居民提供更多的就业机会和增收渠道，有效缩小城乡差距，提高农村居民的生活水平和幸福感。

（四）提升相关政策执行效率，加快推进县域城乡融合发展

一是加强政策宣传和解读，提高政策透明度和公众知晓度，确保政策内容和目的被准确理解。二是确保资金及时到位，通过建立和完善资金监管和执行机制，保障扶持资金能够及时、足额地支持农村地区项目实施。简化项目审批流程，减少行政环节，提高项目落地效率；建立有效的监督和评估机制，定期对政策执行情况进行评估和反馈，及时发现和解决问题；强化政策执行责任制，明确各级政府和相关部门的责任，对执行不力的情况进行追责；提高政策执行人员的培训和能力建设，确保政策能够准确无误地传达和执行；鼓励公众参与和社会监督，利用社会力量提高政策执行的透明度和效果；加强政策的灵活性和适应性，根据城乡发展的实际情况，适时调整和完善政策措施；建立政策执行的激励机制，对政策执行效果好的地区或部门给予奖励或激励。三是加强跨部门协调和合作，确保不同部门之间的政策协调一致，形成合力，共同推动城乡融合发展政策的落实。

参考文献

许昌市人民政府：《城乡融合共同富裕的"许昌实践"——关于许昌市城乡融合共同富裕先行试验区建设的调研报告》，河南省人民政府网站，https：//www.henan.gov.cn/2022/11-29/2648009.html，最后检索时间：2024 年 8 月 20 日。

许昌市人民政府：《〈许昌市高质量建设城乡融合共同富裕先行试验区实施方案〉出台——探索符合河南实际的共同富裕路径》，河南省人民政府网站，https：//www.henan.gov.cn/2023/02-22/2693606.html，最后检索时间：2024 年 8 月 20 日。

王晓东：《把县域作为城乡融合发展的重要切入点》，《人民日报》2024 年 6 月 12 日。

高强：《以县域城乡融合发展引领乡村全面振兴》，《经济日报》2023 年 12 月 22 日。

B.19
许昌城乡基础设施一体化发展研究

乔钰容*

摘　要：　本文从交通、物流、能源与环境四大领域总结了许昌市在城乡基础设施一体化发展上的成效，包括"四好农村路"示范创建成果丰硕，城乡快递物流体系建设初具成效，城乡供水、电、气一体化提档升级，城乡人居环境整体治理成效显著。基于全国、省域和许昌等不同视角，分析了许昌进入新发展阶段推进城乡基础设施一体化面临的机遇，并从优化政策导向、平衡资源分配、创新金融机制和加强维护管理四个方面提出政策建议，以确保稳步推进许昌城乡基础设施一体化建设，为高质量建设城乡共同富裕先行试验区提供"许昌样板"。

关键词：　基础设施　一体化　发展对策建议

基础设施一体化是加快推进城乡融合、实现共同富裕的支撑。许昌作为"国家城乡融合发展试验区"，是全国 11 个试验区中仅有的 2 个全域试验区之一，也是河南省唯一的国家级城乡融合发展试验区。近年来，许昌在交通、物流、供水、供电、供气、环境治理等方面取得了显著成效，为城乡基础设施一体化提供了"许昌模式"和"许昌经验"。本研究在回顾许昌城乡基础设施一体化发展成效的基础上，分析新时期许昌城乡基础设施一体化发展的机遇和挑战，针对发展中遇到的问题，提出对应的解决方案。

---

* 乔钰容，南开大学经济学院博士，研究方向为区域政策、城市与区域经济理论。

一　许昌城乡基础设施一体化发展的成效

自从被确立为国家城乡融合发展试验区以来，许昌市承担起为改革"探路"的使命，在城乡基础设施一体化探索实践中取得令人瞩目的成就，交通、物流、能源与环境四大领域的革新，深刻诠释城乡融合发展的新时代画卷，为积极推进城乡融合共同富裕先行试验区建设奠定基础。其建设主要体现在以下方面。

（一）"四好农村路"示范创建成果丰硕

许昌市在推动城乡交通基础设施升级方面取得了显著成效，通过"四好农村路"示范创建活动，提升了农村道路质量，促进乡村振兴。截至2024年6月，全市已成功打造2个国家级"四好农村路"示范县、2个省级示范县，铺设2条总计28.3公里的省级"美丽农村路"①，为农村地区营造了畅通、便捷、优美的交通环境，农村公路成为乡村振兴的强力助推器。第一，为实现全域交通网络的标准化发展，许昌市政府积极响应习近平总书记关于"四好农村路"建设的重要指示，致力于全面建设小康社会、脱贫攻坚及乡村振兴战略的实施，市政府相继发布一系列指导性文件，如《许昌市关于推进"四好农村路"建设实施方案的通知》《许昌市加快推动"四好农村路"高质量发展的实施意见》《许昌市深化农村公路管理养护体制改革的实施意见》等，旨在细化"四好农村路"的管理、资金保障、绩效考核及激励机制，该文件特别提出市级财政每年需划拨不少于当年财政一般预算收入1.5%的资金用于农村公路的维护工作。第二，在推动县乡联动发展方面，许昌市秉承"修好一条路、带动一方富"的理念，积极寻求上级项目资助，持续加大对农村公路建设的投入。通过构建与高速公路、国省干线

---

① 《许昌市："四个维度"高质高效推进"乡村著名行动"》，许昌市人民政府，https://www.xuchang.gov.cn/ywdt/001005/20240428/19b0f063-1247-4816-9666-81582bd2703b.html，最后检索时间：2024年7月13日。

的无缝对接，实现县道与乡道的深度互联，进而形成县道"联县串乡""联乡串村"的格局。截至 2023 年底，许昌市公路总里程达到 10435.89 公里，包括 7 条共 286.91 公里的高速公路、23 条总计 1219.98 公里的国省干线以及长达 8929 公里的农村公路（含 1368 公里县道、2214 公里乡道、5144 公里村道），[1] 广覆盖、高通达、高品质的农村公路网络，极大地改善农村交通条件。第三，为了打造独具特色的亮点，许昌市积极探索"公路+"发展模式，遵循"一段有特色，一路有亮点"的原则，结合地方资源优势，构建多个以特色产业园区、旅游景区为核心的精品路线，鄢陵"花都 1 号"公路、襄城首山"彩虹路"、禹州鸠神旅游"红叶专线"等网红公路的出现，有效促进当地旅游、农产品销售等相关产业的蓬勃发展，实现交通与经济的双赢。

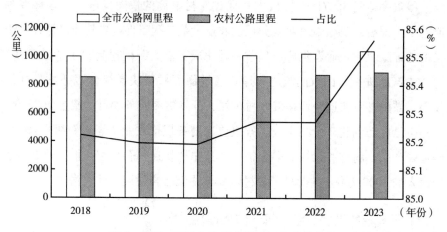

图 1　2018～2023 年许昌市公路里程变化趋势

资料来源：根据各年许昌市国民经济和社会发展统计公报数据统计。

（二）城乡快递物流体系建设初具成效

为全面加速农业农村现代化进程，深化乡村振兴战略实施，许昌市采取一系列创新举措，着重于优化农村快递物流体系，为乡村经济的繁荣与发展

---

① 许昌市人民政府：《2023 年许昌市国民经济和社会发展统计公报》。

奠定坚实基础。首先，大力推行"放管服"改革，激发市场活力。鼓励邮政与快递企业通过自建或合作方式，增设农村快递服务站点，同时，支持电商涉足快递业务，积极参与"互联网+政务服务"平台建设，更好地满足农民群众的服务需求，提供包括政策咨询、在线办事、证件邮寄、辅助审批等在内的全方位服务，极大地方便农村居民的生活。据统计，截至2023年，许昌市已成功备案424处农村快递服务站点，显著提升农村地区的物流服务覆盖率。其次，着力构建全面的农村快递物流网络。实行"一县一策"的差异化策略，确保"农村快递综合服务站"这一民生工程的顺利推进，通过整合邮政、快递企业的末端配送资源，为农村电商提供集产供销服务于一体的解决方案。2023年，许昌累计建立1860个农村快递物流公共服务站点，覆盖率达到86.71%，[①] 极大地促进农村电商的快速发展，缩短城乡物流差距。最后，实施邮政业服务现代农业示范工程，促进农特产品流通。引导本地邮政快递企业聚焦薄弱环节，强化服务能力，构建起"工业品下乡"与"农产品进城"的双向流通渠道。通过稳固村级快递综合服务站的建设成果，鼓励邮政快递企业拓展农村市场，开发更多服务项目。截至2023年，许昌市已成功创建7个国家级、省级快递服务现代农业"金银铜牌"项目，涵盖蜂产品、腐竹、杂粮等多个领域，其中"快递+蜂产品"业务量更是达到惊人的1000万件，[②] 彰显了农村电商与物流融合发展的巨大潜力。

（三）城乡供水、电、气一体化提档升级

为深化城乡融合、实现共同富裕，许昌市正全力以赴推进基础设施均衡发展，尤其是供水、供电和供热三大领域，力求为城乡居民提供更加优质、均衡的基本服务。

---

① 《许昌局多措并举助力乡村振兴建设 成效显著》，许昌市邮政管理局，http://ha.spb.gov.cn/hnsyzglj/c104343/c104345/202401/2bcb713decac48669db277580945f036.shtml，最后检索时间：2024年8月15日。
② 《许昌局多措并举助力乡村振兴建设 成效显著》，许昌市邮政管理局，http://ha.spb.gov.cn/hnsyzglj/c104343/c104345/202401/2bcb713decac48669db277580945f036.shtml，最后检索时间：2024年8月15日。

一是供水一体化建设，确保城乡居民同享优质水资源。一方面政策引领，目标明确。2023 年，河南省水利厅发布《关于支持许昌高质量建设城乡融合共同富裕先行试验区水利高质量发展的意见》，强调加强农村水利设施，为许昌市城乡融合共同富裕先行试验区建设提供坚实水利保障。至2023 年底，城市规划区内供水管网总长已达 560.64 公里，公共供水量5551.08 万立方米，惠及 23.34 万户家庭。[①] 另一方面，加快推进农村供水"四化"工程。许昌市启动"规模化、市场化、水源地化、城乡一体化"农村供水改造项目，计划实施 9 个项目。目前，2 个项目已完工，其中包括一个南水北调水厂，惠及农村人口 26.7 万，农村供水保障率显著提升。2023年，许昌市农村自来水普及率高达 99%，超出全省平均水平 6.5 个百分点、全国平均水平 9 个百分点，共建成 690 处农村集中供水工程，服务人口 388万，集中供水率实现 100%。[②]

二是农村电网改造升级，推进城乡供电服务均等化。一方面，提高政策支持，目标清晰。2023 年，河南省电力公司发布指导意见，承诺支持许昌市农村电网升级，提高供电质量和可靠性，缩小城乡供电服务差距。"十四五"期间，许昌供电公司将继续加大农村配网投资，以高标准建设城乡融合发展试验区，重点提升农配网质量，推动城乡供电服务均等化，促进农业现代化，助力乡村振兴。预计至"十四五"期末，许昌全供电区 10 千伏线路将增至 1012 条，标准化接线比例升至 94.67%，供电半径缩短至 4.53 千米，县域 10 千伏标准化结构比例达 92.16%，供电可靠率 99.96%，以满足民众日益增长的用电需求[③]。另一方面，服务升级，覆盖更广。许昌供电公司响应农村用电新需求，已建立 7 个"村网共建"电力便民服务点，计划至 2025 年实现每个供电所至少一个示范点，全面提升服务质量，确保服务

---

① 《2023 年许昌市国民经济和社会发展统计公报》。

② 《许昌市农村自来水普及率达 99%》，河南省人民政府，https：//www.henan.gov.cn/2024/02-19/2949646.html，最后检索时间：2024 年 9 月 5 日。

③ 《电力赋能 助力许昌高质量发展》，许昌网，http：//www.21xc.com/content/202103/29/c478483.html，最后检索时间：2024 年 9 月 5 日。

"最后一百米"，增强群众满意度。

三是供热项目提速，供热面积扩容。许昌市遵循"上游引气源、中游建管网、下游拓市场"的天然气发展战略，加速天然气基础设施布局，扩大供给范围，尤其注重向乡镇和农村延伸。2022 年，许昌市新建燃气管网 33.4 公里，其中，农村燃气管网 27.6 公里，新覆盖 42 个行政村，各区县的燃气管网建设数据如图 2 所示。2023 年，管道燃气下乡计划覆盖 225 个行政村，目标覆盖率 76.6%。至 2023 年底，覆盖 225 个行政村的目标已完成，新增农村燃气用户 20821 户，超额完成年度任务。①

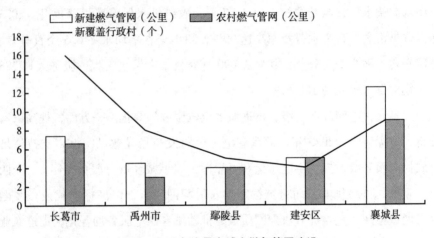

图 2　2022 年许昌市城乡燃气管网建设

资料来源：河南省人民政府官网，https：//m. henan. gov. cn/2022/07–26/2494197. html。

（四）城乡人居环境整体治理成效显著

环境整治成效明显，人居环境全面提升。2022 年，许昌市政府发布《许昌市"十四五"城市更新和城乡人居环境建设规划》，明确城市更新与城乡人居环境建设的战略方向。至 2023 年末，市中心区排水管网总长

---

① 《许昌市今年"燃气下乡"任务已全部完成》，河南省人民政府，https：//www. henan. gov. cn/2023/12–07/2861697. html，最后检索时间：2024 年 8 月 10 日。

达到 1052.66 公里，拥有 5 座污水处理厂，日处理污水能力为 45 万立方米，污水集中处理率达到 100%；再生水回用工程共有 4 座，全年再生水回用量达 3914 万立方米；配套建成并投运 3 片人工湿地。此外，还建成 2 座污泥无害化处理厂，日处理能力为 500 吨，确保市区 100% 的污泥无害化处置。[1]

在农村人居环境整治方面，许昌市致力于全面改善乡村面貌。针对"净"，重点推进农村生活污水治理，2023 年 2181 个涉农行政村中已有 885 个完成生活污水治理，有效控制污水乱排现象[2]。围绕"绿"，实施"果树进村"绿化行动，重点推进"四旁"（宅旁、路旁、村旁、水旁）绿化，其中，268 个行政村（社区）新种植果树总量超过 21.4 万棵，绿化面积达 2300 亩。聚焦"美"，开展"一宅变四园"村容村貌提升行动，全面整治荒宅荒地、残垣断壁，将其改造成花园、果园、菜园、游园，提升村庄美观度。2023 年许昌市整治荒芜宅基地 1976 处、"空心院"2005 个，建成"四园"2614 个，安装健身器材 211 套，种植果蔬 2196 亩。[3]

为激励各级部门积极参与农村人居环境整治，许昌市出台《许昌市农村人居环境整治提升行动奖惩办法》，设立 300 万元专项奖补资金，对每季度评估排名前两位和最后一位的县（市、区）给予奖励和惩罚，有效激发乡村人居环境整治工作的积极性。自 2023 年起，已累计发放奖补资金 180 万元，处罚 30 万元。同时，广泛动员群众参与大扫除、大清洁活动，通过在所有行政村（社区）公开农村人居环境整治和厕所改造监督电话，鼓励群众监督，共同解决环境问题，探索建立常态长效的环境整治机制，推动形成政府引导、社会参与、群众主体的共建共治共享格局。

---

① 《2023 年许昌市国民经济和社会发展统计公报》，许昌市人民政府，https：//www.xuchang.gov.cn，最后检索时间：2024 年 8 月 17 日。
② 《提升污水处理能力 改善农村人居环境》，https：//www.henan.gov.cn/2023/10-12/2828866.html，最后检索时间：2024 年 8 月 17 日。
③ 《许昌市加快农村人居环境整治提档升级》，河南省人民政府，https：//www.henan.gov.cn/2023/11-22/2851544.html，最后检索时间：2024 年 8 月 17 日。

二　许昌城乡基础设施一体化发展的机遇

从国家战略引领到河南省政策支撑，再到许昌市全面落实，许昌在推进城乡基础设施一体化的过程中面临着前所未有的发展机遇。

（一）全国视角：国家战略引领，赋予新使命

从国家战略层面来看，乡村振兴战略与新型城镇化建设的双重驱动，为中国城乡基础设施一体化注入强劲动力。党的二十大报告指出，要"坚持农业农村优先发展，坚持城乡融合发展，畅通城乡要素流动"。在《中华人民共和国国民经济和社会发展第十四个五年规划和 2035 年远景目标纲要》中，城乡基础设施一体化被列为重要内容，提出要推进城乡基础设施互联互通，提升农村基础设施现代化水平。近年来，一系列政策文件的颁布，如《2022 年新型城镇化和城乡融合发展重点任务》《中共中央国务院关于建立健全城乡融合发展体制机制和政策体系的意见》等，明确了城乡融合发展的方向和重点，提出建立健全有利于城乡基础设施一体化发展的体制机制。这些政策、规定、制度的出台有力地推动城乡融合发展，为城乡基础设施一体化提供明确的政策指引，使之取得良好进展。至 2023 年末，农村公路网络总里程已达到 460 万公里[1]，农村供水安全保障水平显著提升，农村自来水普及率达到 90%[2]；全国建制村实现"村村通邮"的目标，拥有 23.4 万处快递服务营业网点，22.8 万条快递服务网络[3]，行政村全面实现宽带网络覆盖，农村电网提前完成升级改造。然而，尽管整体进步显著，城乡基础设施建设的差异性问题仍不容忽视。根据《中国城乡建设统计年鉴 2022》的数据分析，从城市到乡村，基础设施的供给率呈现出明显的阶梯式下降趋势。具体而

---

[1]　《2023 年交通运输行业发展统计公报》。

[2]　《我国农村自来水普及率达到 90%》，中国政府网，https://www.gov.cn/lianbo/bumen/202401/content_ 6925449.htm，最后检索时间：2024 年 8 月 20 日。

[3]　《2023 年邮政行业发展统计公报》。

言，城市与乡村之间的供水普及率存在 13.37 个百分点的差距，燃气普及率的差异更是高达 58.13 个百分点。在环境基础设施领域，城乡间的差距更为显著，城市与乡村之间的污水处理率相差 69.82 个百分点，生活垃圾处理率的城乡差值则为 16.91 个百分点，说明城乡基础设施一体化建设仍有待深化。[①]

（二）省域视角：河南政策支撑，城乡一体促发展

在省域层面，河南省积极响应国家号召，将城乡一体化视为推动全省经济社会全面发展的重要抓手。2023 年河南省新增改建农村公路 9263 公里，农村公路总里程达到 23.8 万公里，91.4% 的乡镇通二级及以上公路，99% 的乡镇通三级及以上公路，所有建制村和 20 户以上自然村均通硬化路。[②] 农村物流基础设施基本覆盖县乡村三级，2023 年建成县级客货站点 281 个、乡镇级 762 个，村级超过 2.4 万个，行政村设立快递物流服务站覆盖率达到 78%。[③]

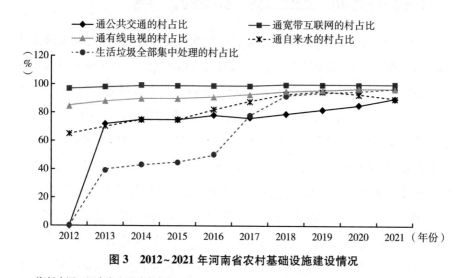

图 3　2012~2021 年河南省农村基础设施建设情况

资料来源：河南省人民政府官网，https://www.henan.gov.cn/2022/10-27/2629651.html。

---

① 《2023 年中国城乡建设统计年鉴》。

② 《串联乡村振兴新图景 河南去年新改建农村公路 9263 公里》，河南省人民政府门户网站，https://www.henan.gov.cn/2024/02-27/2954068.html，最后检索时间：2024 年 8 月 25 日。

③ 《河南全力提升城乡交通运输一体化 服务乡村振兴战略能力》，大象新闻，http://news.hnr.cn/djn/article/1/1740702636697915394，最后检索时间：2024 年 8 月 10 日。

此外，许昌市作为河南省唯一、全国 11 个全域试验区之一，被赋予统筹城乡融合发展与共同富裕的试点重任，获得了省级层面的强力支持。2021年 12 月省委改革办的专门调研团队亲临许昌深入考察，随后，省委明确表态支持许昌打造城乡融合共同富裕先行试验区，并写入了 2022 年省政府的工作报告中，彰显了省级层面对许昌试点工作的高度重视和坚定信心。为进一步细化落实，2022 年 11 月省委、省政府联合发布了《关于支持许昌高质量建设城乡融合共同富裕先行试验区的意见》，并有 46 个省直部门积极响应，相继出台了 43 项具体的支持政策，全面助力许昌的高质量发展。这一系列举措充分体现了省委、省政府对许昌城乡融合共同富裕先行试验区建设的全方位支持，以及对推进城乡交通基础设施一体化提供方向指引和政策支撑。

（三）许昌视角：全域试验区，机遇叠加创共富

早在 2019 年，许昌全域就被国家发展改革委等 18 个部门发文确定为"国家城乡融合发展试验区"。随即，许昌市政府出台《关于深入学习宣传贯彻党的二十大精神高质量建设城乡融合共同富裕先行试验区的决定》，并于 2023 年出台《许昌市高质量建设城乡融合共同富裕先行试验区实施方案》（以下简称《实施方案》）和 9 个配套工作方案，迈出推进城乡融合共同富裕先行试验区建设的重要一步，形成"1+1+9+N"政策体系。《实施方案》提出，到 2025 年，城乡融合共同富裕先行试验区建设取得实质性进展，基本构建城乡融合共同富裕的机制和政策框架，形成一批可复制、可推广的经验。2024 年许昌市城乡融合共同富裕先行试验区建设领导小组发布《2024 年深化拓展"九大行动"推进城乡融合共同富裕先行试验区建设的实施意见》《许昌市城乡融合共同富裕先行试验区示范片区提升行动方案》《2024 年城乡融合共同富裕先行试验区建设工作任务清单》等文件，明确城乡融合共同富裕先行试验区建设的具体目标，指导各部门落实工作，许昌城乡基础设施一体化迎来前所未有的发展机遇。

三 许昌城乡基础设施一体化发展面临的问题

许昌市在城乡基础设施一体化的推进中取得了阶段性的成就，但仍然面临一系列挑战，影响城乡基础设施一体化的进程。

（一）城乡基础设施建设统筹机制还不够健全

许昌市在城乡基础设施一体化建设中，首要面临的挑战便是缺乏有效的统筹规划机制和长效机制。城乡基础设施的一体化发展需要有长远的视野和系统的规划，但目前许昌市在这一领域尚未形成成熟的政策导向。政策规划未能充分结合当地实情，因地制宜地开展统筹和整体规划，导致城乡基础设施未能实现统一规划、统一建设、统一管护的目标。此外，政府对城市基础设施的投入远高于农村，城乡各级政府在基础设施建设上各自为政，缺乏城乡统筹机制，没有形成制度化的激励和约束机制，导致农村持续繁荣发展的长效机制不完善，农村各类市场主体缺乏活力，公共基础设施建设未能充分聚焦乡村，乡村基础设施的提档升级受到制约。

（二）基础设施布局不够均衡、建设标准不统一

许昌市城乡基础设施一体化建设中，城市与农村结构不均衡表现明显。城乡在基本生活设施和环境基础设施方面的投资存在显著差异。2024 年许昌市围绕基础设施提升和民生保障，中心城区谋划实施城市更新项目 137 项，分为道路工程、热力管网工程等 10 类，年度投资约320.9 亿元。[①] 然而，对于农村基础设施方面投入相对较少。此外，城市与乡村之间在供水普及率、燃气普及率、污水处理率和生活垃圾处理率等指标上仍存在差距。城乡基础设施一体化建设在技术标准上存在滞后和不

---

① 《许昌市中心城区今年将实施 10 类共 137 项城市更新项目》，许昌市人民政府，https://www.xuchang.gov.cn/ywdt/001005/20240304/f6fd10ae-15af-43cd-acce-5d1d2c8e6614.html，最后检索时间：2024 年 8 月 25 日。

统一的问题。农村基础设施的技术标准未能跟上城市发展步伐，导致农村基础设施在质量、效率和资源共享方面落后于城市，同类设施之间缺乏统一协调，影响城乡基础设施的一体化发展。以信息通信基础设施为例，城市地区普遍享受高速互联网接入和广泛的移动通信服务，而部分农村地区仍存在网络信号弱、宽带接入难的问题，制约农村经济的发展和深入推进城乡一体化。

（三）财政金融支持力度还有待提升

许昌市城乡基础设施一体化面临财政金融支持不足的困境。农村基础设施建设依赖的财政拨款、政府债券和土地出让收益等资金渠道虽在一定程度上缓解资金短缺，但这些渠道受制于财政收入、债务限额和土地供应等因素，缺乏稳定性、持续性和透明度，难以形成有效和持久的资金支持机制。金融服务在农村基础设施建设中的作用有限，农村金融机构的网络覆盖不足，与基础设施建设相关部门的合作不够紧密，市场化融资方式应用较少，导致许多项目难以获得及时和充足的资金支持。城乡固定资产投资分配不均，农村投资主要依靠乡镇自筹、集体经济或农户个体，与城市相比差距明显，资金缺口制约基础设施建设的推进。

（四）"重建轻管"现象还需重视

许昌市城乡基础设施一体化发展中，"重建轻管"的问题相对凸显。一方面，城市基础设施在农村应用时遭遇管护难度大，如燃气和集中供暖管线的裸露铺设不仅不美观，而且易老化，供暖效果差，管护难度大。另一方面，财政对城乡基础设施的支持力度不一，农村缺乏公共基础设施的管理维护经费。城市基础设施建设在人力、物力和财力上优于农村，而农村基础设施建设往往需要居民自费，加之集体经济实力不足，农村社区难以获得足够的管护经费。许昌市尚未建立城乡一体的公共基础设施长效管护机制，管护主体不明确、标准不清晰，影响农村基础设施的长效管护和持续运行。

四 许昌城乡基础设施一体化发展的对策建议

面对城乡基础设施一体化过程中存在的统筹规划缺失、建设不均衡、财政金融支持不足及长效管护机制不健全等挑战,许昌市应通过优化政策导向、均衡资源分配、创新金融机制和加强维护管理,以确保城乡基础设施的均衡发展,促进区域经济和社会的全面进步。

(一)强化统筹规划,构建长效发展机制

一是制定全面规划。依据各区域的地理、经济和社会特点,通过深入调研,充分了解各区域的自然条件、人口分布、产业发展趋势等,制定涵盖交通、物流体系、供水供电网络等多领域的城乡基础设施一体化的长远规划,确保基础设施建设与地方发展战略相契合,科学设计基础设施的布局和规模,避免重复建设和资源浪费,实现城乡资源的优化配置。二是建立城乡统筹机制。设立专门机构,负责城乡基础设施一体化的规划、建设和监管工作,打破城乡壁垒,推动资源和信息共享,实现城乡基础设施的统一规划、统一建设和统一管护。通过建立跨部门协作机制,集合各方力量,实现政策、资金、技术的协同,有效解决城乡基础设施建设中存在的各自为政、标准不一等问题。三是完善制度体系。建立健全城乡平等的制度体系、投入体系和公共服务体系,通过制度激励和约束机制,确保各级政府在基础设施建设上形成合力,促进农村持续繁荣和激活市场主体活力,推进城乡经济的均衡发展,提升社会整体福祉。

(二)均衡基础设施建设,统一技术标准

一方面,面对城乡基础设施供给的显著差异,特别是城市与乡村在供水、燃气、污水处理和垃圾处理等基本生活和环境设施方面存在的显著差异,许昌市需采取有效措施,优化资源配置,确保基础设施建设与人口分布和经济社会发展需求相匹配,逐步实现城乡基础设施供给的均

衡。同时，许昌市应重新审视并调整基础设施建设投资比例，将更多的资金和资源向农村倾斜。另一方面，完善技术标准对于确保城乡基础设施建设的均衡性和协调性同样重要。许昌市应致力于研究和制定一套适用于城乡一体化的基础设施建设技术标准，充分考虑农村地区的特殊性和实际需求，有效避免城乡基础设施建设中的技术断层和质量参差不齐的问题，为农村地区带来与城市同等水平的基础设施服务，从而促进城乡一体化的深度融合。

（三）创新财政金融支持，拓宽融资渠道

一是建立多元化融资机制。鼓励社会资本参与，通过 PPP（公私合营）、BOT（建设—运营—转让）等模式吸引民间资本投入农村基础设施建设，引入市场机制有效分担政府的财政压力，提高资金使用效率，确保项目建设的经济效益与社会效益并重。同时，探索设立专项基金，专款专用，用于农村基础设施的建设和后期维护，确保资金的持续性和针对性。二是完善金融服务体系。进一步扩大农村金融服务覆盖面，通过增设服务网点、推广线上金融服务等手段，确保农村地区能够便捷地获取金融服务。建立完善的信用评估体系，鼓励金融机构提供多样化的信贷产品，如基础设施建设贷款、农业发展基金等，以满足不同类型的农村基础设施建设需求，通过精细化管理，提高资金的使用效率，减少资金闲置和浪费。三是优化投资分配。通过政策引导和市场调节，对农村基础设施建设给予更多关注和资金倾斜，有效弥补长期以来城乡投资分配不均的问题，为农村经济发展注入新的活力。

（四）构建长效管护机制，确保持续运行

首先，出台相关政策法规，明确地方政府、村委会、专业服务机构等在农村基础设施管护中的具体职责，构建多元化管护体系，同时鼓励地方创新管护模式，如引入专业公司负责运营维护，并探索建立设施使用付费机制。

其次，倡导中央与地方政府联合设立"农村基础设施维护与发展基金"，专款专用，资金来源包括财政预算、社会资本投入、企业捐赠及适度的设施使用者付费，以保障资金来源稳定。再次，强化社区参与，通过宣传教育增强村民自我管理意识，鼓励成立基础设施管理自治小组，负责日常巡查、小修小补等工作，同时提供技能培训。最后，推广物联网、大数据等信息技术，建立设施运行监控平台，实现远程监控、故障预警，降低维护成本，提高响应速度，利用大数据优化维护计划，延长设施使用寿命。

参考文献

杨红卫：《城乡融合的"许昌实践"》，《许昌日报》2023 年 10 月 17 日。

梁予昉：《河南省许昌市实现共同富裕的机理、因素和路径》，《经济师》2023 年第 9 期。

王红茹、孙冰：《许昌市委书记史根治：奋力打造"城乡融合　共富共美"的许昌模式》，《中国经济周刊》2022 年第 20 期。

王红茹：《专访中共许昌市委书记史根治：坚定扛起责任使命　高质量建设国家城乡融合发展试验区》，《中国经济周刊》2023 年第 16 期。

B.20
许昌提升农村人居环境整治水平研究

刘智文*

摘　要：　推进农村人居环境整治、建设宜居宜业和美乡村是全面实施乡村振兴战略的重要内容，也是实现乡村社会有效治理的重要环节和全面实现共同富裕的突破口。本文研究梳理了许昌市提升农村人居环境建设成效，并指出资金短缺、管理机制不完善、农村基础设施建设发展滞后等方面掣肘了许昌农村人居环境整治进程。许昌市高质量高标准提升农村人居环境，必须制定针对性的规划策略：发展乡村经济，提供资金支持；加强顶层设计，完善治理体系；因地制宜分类，细化治理措施；升级基础设施，提升整治效果。

关键词：　人居环境　规划策略　许昌实践

　　党的二十大报告明确指出，"全面推进乡村振兴，坚持农业农村优先发展"，强调要"加快建设农业强国，扎实推动乡村产业、人才、文化、生态、组织振兴"。在此背景下，2022年许昌市正式出台了《许昌市"十四五"城市更新和城乡人居环境建设规划》，对本市农村区域的人居环境改善工作实施了全面而深远的战略部署。该《规划》强调必须加大对垃圾分类工作的关注度，并积极推进垃圾中转站的建设，同时致力于基础设施的完善与污水管理项目的有效开展。此外，该《规划》还提倡加强对农作物秸秆及粪污资源的循环利用，确保道路硬化、厕所改造和公共照明工程等基础设施建设的顺利实施，以此达到显著提升农村社区的整体面貌和居住环境的目的。

---

　　* 刘智文，郑州轻工业大学讲师，研究方向为区域经济、产业经济。

一 农村人居环境整治的内涵

农村地区人居环境改善的过程，实质上是各利益相关方协同合作的体现。通过大力推进联合行动，确保了农村环境的持续优化。基于多中心治理理论的视角，有效推动农村环境整治工作有赖于政府、村民、社会组织及企业等多元主体的积极参与。其中，政府扮演领导角色，村民则是核心实践者，构建一个成熟的人居环境整治合作机制成为提升整治成效的关键所在。

在推进农村人居环境改善的进程中，政府作为统领者，需全方位考量以制定出科学且具操作性的管理策略，亲自操持环境改善行动，并全权负责监督及评估整项工作的执行效果。此外，为确保整治活动的顺畅开展，政府有责任构建一个健全的激励与问责机制，同时界定清晰的任务分配，以强化执行力与责任感。

村民则扮演着参与实践及直接受益者双重角色。这不仅要求村民提升个人对于环境整治的认识，主动学习相关知识和先进理念，深刻领会人居环境改造的重要性，还鼓励他们亲身投入这一行动中，为项目的圆满成功奉献自己的力量，通过积极提出建议、采取实际行动予以强力支持。与此同时，村委会应当充分发挥其作为政府与民众间的桥梁作用，主动传播改善居住环境工作的重大意义与实践可能性，细致开展村民的思想动员工作，引领并激励他们踊跃参与居住环境改善行动。当然，企业应积极介入并切实承担起自身对社会及环境保护的责任，依据具体实情，对居住环境整治项目实施全面评估，为之注入资金资源与技术支撑。此外，不可或缺的社会组织参与，这些组织能通过策划多元化的公益活动，积极采取行动，切实增强村民的环保意识，以便更加深入地理解并积极地参与到人居环境改善工作中来。

农村地区人居环境的改善关键在于确保村民的健康、安全及其福祉的增进，通过对不利条件的综合治理，旨在强化村民的幸福感，推动农村社

会的可持续性发展。这一过程涵盖了多个层面,包括但不限于农村废弃物管理、厕所卫生及粪污处理、生活用水净化、村容美化、村落规划与行政监管,以及建立长期维护机制,所有这些措施都是为了守护生态系统,营造一个既安全又美观、适合居民生活的优质环境。

二 许昌农村人居环境整治取得的成就

许昌市实施乡村建设行动,坚持以城带乡、城乡贯通,推进乡村设施改造、服务提升、乡风塑造和治理创新,先后制定出台一系列规划及支持政策文件,包括《许昌市"十四五"城市更新和城乡人居环境建设规划》《许昌市乡村建设行动实施方案》《许昌市农村人居环境整治提升三年行动实施方案》《许昌市农村人居环境整治提升行动奖惩办法》等,在强力引导和支持下,许昌市的农村人居环境整治取得了良好成效。

(一)农业农村污染治理成效显著

优先对 76 个乡镇政府驻地的村庄、58 个纳入环境整治任务的村庄及 70 个南水北调中线工程总干渠保护区内的村庄,开展生活污水治理。持续推进集中式农村生活污水处理设施整治提升,加强农村生活污水处理设施运行监管。持续开展常态化督导检查和问题专项督办,有效解决农村环境整治成效差、农村生活污水横流、污水直排、沟(渠、塘、坑)水体黑臭等突出问题。统筹农业面源污染治理,推行减少化肥及农药使用并提升其效能的策略,启动农药包装废弃物的回收与再利用试验项目,同时,促进秸秆的多元化利用及大规模畜禽养殖场所产生的粪污转化为资源的有效实践。加强农业面源污染治理监督指导,禹州、长葛、鄢陵、襄城、建安 5 个畜牧大县依法编制畜禽养殖污染防治规划并印发实施。2023 年全市共清理废弃秸秆、树叶、垃圾等 3500 余吨,2181 个涉农行政村已有 885 个完成生活污水治理,新增完成 58 个行政村环境整治、5 个集中式农村生活污水处理设施整治提升，全市 76 个乡镇政府驻地基本实现生活污水处理设施全覆盖。①

（二）村镇环境明显改善

通过树立典范作用，全面推行小城镇综合环境治理项目，着力攻克小城镇普遍存在的"脏乱差"顽疾，全方位增进小城镇的生产、生活环境及生态质量。截至 2023 年底，许昌共有 69 个村落被列入省级传统村落名录，其中 6 个被列入中国传统村落名录。② 农村集中供水率、自来水普及率分别达到 100%、99%。农村生活垃圾收运处置体系行政村覆盖率 100%，非正规垃圾堆放点排查整治任务完成率 100%，农村生活垃圾无害化处理率 100%。③ 通过推广三格化粪池式厕所、水冲式厕所等多种模式，有效改善了农村卫生条件，提高了村民的生活质量。同时，加强厕所粪污后续处理设施建设，确保粪污得到无害化处理和资源化利用。加强农房建设管理，全面开展农村房屋安全隐患排查整治，农村住房安全更加有保障。

（三）村镇面貌焕然一新

为针对性解决阻碍农村人居环境改善的关键问题，许昌市采取阶段性专项治理举措，系统性地推动农村环境整治工作取得实效。2023 年，针对"绿"的主题，许昌市启动了一项名为"果树进村"的乡村绿化专项行动，旨在全面强化宅旁、路旁、村旁及水旁的"四旁"区域绿化工作。据统计，已有 268 个行政村（社区）参与其中，新栽种果树达 21.4 万棵，绿化面积覆盖约 2300 亩土地。围绕"美"的提升目标，许昌市推动了以"一宅变四园"为核心内容的村容村貌改善计划，该计划广泛涉及农村地区的闲置宅基地与破败空地整治，通过创造性转化，将这些曾被视为环境障碍的区域转变为美观实用的花园、果实累累的果园、生机勃勃的菜园以及居民休闲的游

① 《2023 年许昌市生态环境状况公报》。
② 《许昌市积极推动传统村落保护工作》。
③ 《许昌市"十四五"城市更新和城乡人居环境建设规划》。

园，从而大幅度提升了农村的人居环境质量。2023 年，全市整治荒芜宅基地 1976 处、"空心院" 2005 个，建成"四园" 2614 个，安装健身器材 211 套，栽种果蔬 2196 亩。①

（四）群众共建和美乡村积极性持续提升

整治农村居住环境是一项全民参与的"战役"，许昌市着重全面宣传策略，以"五星"党支部建设为指导方针，利用"主题党日""志愿者活动日""文明实践日"作为实践平台，积极推进"党组织+网格管理+党员先锋"的组织模式；周期性地举办"党员家庭""环境卫生模范户"等评选活动，以此激励民众主动投身大规模清扫、清洁与整治行动之中；同时，深入探究建立农村环境整治常态与长效机制的路径。

另外，许昌市还探索"五分钱工程""三捐"等活动，全域推广"136"工作法、"义务工、环境整治大家干"等做法，充分发挥民众的主体作用；引入农村环境改善积分制度，民众可通过参与环境整治积累奖励积分，并在"爱心超市"中兑换日常生活用品，以此"微利"激励"大文明"行为，从"被动执行"到"主动参与"，有效提升民众的积极性。此外，许昌市已在所有行政村（社区）公告栏张贴关于农村环境整治及户厕改造的监督举报联系方式，确保问题反馈渠道畅通无阻，鼓励民众积极参与"随时拍""微信展示"等互动活动，借助民众的监督力量，集中解决农村环境整治方面的关键问题。

三 许昌提升农村人居环境整治水平面临的挑战

近年来许昌大力实施乡村振兴战略，认真贯彻落实国家、省关于农村人居环境整治的意见，不断加大农村人居环境整治力度，取得了良好成效，但仍然存在着一些问题，面临着不少挑战。

---

① 《许昌市加快农村人居环境整治提档升级》。

（一）资金投入还有待提高

农村人居环境整治需要大量资金，资金投入不足会限制和制约农村人居环境整治的效果，具体体现在以下方面。第一，农村地区相对于城市来说，经济发展水平普遍较低，财政收入有限。以鄢陵县为例，2023 年其公共预算收入为 18 亿元[①]，相较于许昌市本级 2023 年公共预算收入 48.7 亿元[②]有一定差距。由于农村地区的经济基础相对薄弱，财政收入有限，可用于农村人居环境整治的资金也较少，导致在人居环境改善方面所能投入的资金有限，很难满足农村地区人居环境改善的全面需求。第二，传统上，农村地区发展主要依靠农业经济，对于其他领域的投资和发展相对较少。人居环境整治需要投入大量的资金，包括改善村庄基础设施、美化环境、推进卫生改进等方面。然而，由于农村地区的经济结构仍以农业为主，资金大部分被用于农田耕作、农业生产等农业领域，导致可用于人居环境整治的资金相对较少。第三，农村地区人口分散，工程建设成本较高，使得改善农村人居环境的投入相对较大。相对于城市，农村地区的人口密度较低，村庄之间距离较远，导致相关项目的规模较大、建设难度较高，从而增加了投资的成本。因此，即使有一定的资金用于人居环境整治，由于经费分散、投资回报周期较长等，资金投入不足，限制了农村人居环境改善的力度和效果。

（二）统一的规划和管理协调机制还不健全

农村人居环境整治过程中缺乏统一的规划和管理协调机制，容易造成资源浪费和重复建设，影响人居环境整治的进程和推进。主要体现在以下方面：第一，由于农村地区的管理涉及多个部门和单位，缺乏统一的规划和管理协调机制，导致各方面的工作相互独立、互不配合。例如，农村人居环境整治涉及土地利用、环境保护、基础设施建设等多个方面，需要不同的部门

---

① 《关于鄢陵县 2023 年财政预算执行情况和 2024 年财政预算（草案）的报告》。
② 《关于许昌市 2023 年财政预算执行情况和 2024 年财政预算（草案）的报告》。

和单位共同参与。由于缺乏综合规划和管理协调机制，各部门之间信息沟通不畅、协同工作不够，导致整治工作进展缓慢，效率低下。第二，缺乏综合规划和管理协调机制也容易造成资源浪费和重复建设。在缺乏整体规划和协调的情况下，各部门往往按照自身的职责范围和利益考虑，只关注自己负责的片面问题，忽视了整个农村地区的综合发展。这可能导致资源的过度投入或分散投入，造成资源浪费和整治工作低效。同时，缺乏综合规划也容易出现基础设施重复建设和冲突问题，进一步影响农村人居环境整治工作的推进。第三，对于农村人居环境整治而言，专业性和综合性的问题也是存在的。农村地区涉及的问题多样复杂，涉及不同领域的专业知识和技术支持。然而，由于缺乏综合规划和管理协调机制，各部门在工作中往往只注重自身的专业角度，难以进行有效的跨部门合作和协调。这导致了整治工作在解决实际问题时，缺乏系统性和整体性，无法全面研究和解决农村人居环境问题，造成进展较慢。

（三）农村基础设施建设还需提升

农村基础设施建设起步晚、发展相对滞后，也加大了人居环境的整治难度。主要体现在以下方面。第一，农村基础设施建设的滞后主要表现在数量和质量上。2024 年，许昌市围绕基础设施提升和民生保障，中心城区谋划实施城市更新项目 137 项，分为道路工程、热力管网工程等 10 类，年度投资约 320.9 亿元。[①] 然而，对于农村道路、供水、供电、通信等方面的基础设施投入相对较少。这些问题导致了农村居民的生活环境与城市相比存在明显的差异，影响了农民的生产生活和整改工作的开展。第二，农村基础设施建设的滞后也导致了改革难度的增加。由于农村地区的人口分散、经济发展水平较低，基础设施建设的投资回报率相对较低，难以吸引足够的社会资本投入。此外，由于土地权属争议、农民流转意愿不强等问题，一些基础设施项目的用地获取和征收程序复杂，进而造成项目推进的困难。

---

① 《许昌市中心城区今年将实施 10 类共 137 项城市更新项目》。

因此，改善农村基础设施需要充分考虑投资效益、土地流转等因素，提出合理且可实施的方案。第三，农村基础设施建设滞后严重影响着高端人才的流入和留住。缺乏便捷的交通、稳定的供水供电、高速的网络以及先进的教育医疗设施，限制了高端人才在农村地区的工作和生活条件。他们更倾向于选择发达城市或城市化程度较高的地区，这也导致了农村地区知识结构和创新能力的匮乏。

四 许昌提升农村人居环境整治水平的对策建议

针对许昌农村人居环境整治存在的问题和面临的挑战，许昌要紧紧抓住国家城乡融合发展试验区建设战略机遇，立足于满足城乡人民美好生活需要的初心，采取切实措施，着力提升农村人居环境质量。

（一）加强顶层设计，完善治理体系

农村人居环境整治工作的核心依据在于，通过科学规划来明确识别当前农村环境整治领域中存在的关键问题，并据此合理规划整治措施，以确保农村人居环境改善工作的精准性和有效性。在此基础上，对人居环境整治工作的体系进行健全和完善，以更为系统全面的地方性法规和文件，为人居环境整治提供制度方面的保障，为人居环境整治工作提供更为精准的指导。农村人居环境整治是一项系统性的工程，涉及的内容较多。在相关的政策文件中，结合当地农村人居环境的实际情况，明确规定进行人居环境整治的时间、方向、重点内容，梳理进行人居环境整治的总体顺序。针对人居环境整治工作开展中遇到的各种困难和问题，可通过成立调查小组的方式，派遣专业技术人员在农村当地进行专业的考察和调研，依据调研结果对农村人居环境的建设情况进行综合分析，进而制定更符合当地情况的整治方案。这一过程中，应避免政策文件出现"一刀切"的情况，以积极听取农村居民意见为前提，对实际的人居环境整治资源进行合理分析。同时，也可通过健全完善地方性法律法规的方式，以推动农村人居环境整治法治化为总体目标，结

合以往农村人居环境整治的经验，将规范性的文件逐步细化落实至地方性法律法规中。在相关文件中，规定政府及其他主体在农村人居环境整治方面的权利和义务。这一过程中，应确保法规内容符合人居环境整治的总体要求，并能够体现专门性和灵活性的特点，能够针对不同的农村人居环境整治情况加以规范。在完善治理体系方面，重点强调以实现多元控制为主要目的，重点发挥农村居民的自主性在公共事务领域的基础性作用。政府在这一过程中主要发挥主导作用，以强化政府服务职能的方式，尽可能将这里的权力交还给农村居民，分享给市场。在实际工作中，政府应能够基于明确的职责范围，以有限主导的方式，发挥自身在制定法律法规、协调主体利益矛盾、治理实施指导等方面的作用。在调动村民参与人居环境整治工作的过程中，应以落实村民的主体责任为前提，在促进村民环保与政治意识转变的基础上，充分发挥基层党组织的带头示范和榜样作用，同时结合农村人居环境整治工作的开展情况，以环境治理评比、环保志愿服务等活动建立奖励机制，激发村民参与人居环境整治的主动性。除此之外，也需要对现有的村规民约进行完善，在尊重当地风俗习惯并获得村民认可的同时，也应确保相关的村规民约内容能够适应人居环境整治的要求，发挥对村民行为的约束作用。

（二）发展乡村经济，提供资金支持

农村人居环境整治工作涉及的项目内容较多，实际项目建设持续的时间也比较长，相应地对资金的需求量较大。在农村人居环境整治工作中，不仅农村基础设施建设需要投入大量的资金，各类基础设施的后期长效维护也需要投入一定的资金，确保各类基础设施充分发挥作用。在这一前提下，考虑到当前我国农村地区的经济发展水平参差不齐，政府在乡村治理方面也缺少充足的资金，为农村人居环境整治提供资金支持，应重点考虑如何更好地促进乡村经济发展，为人居环境整治工作提供必要的资金支持。

政府及相关部门应加大在农村人居环境方面的财政资金投入，以适当提升农村环境治理资金投入比例、设置农村人居环境整治专项资金等方式，对相关项目的资金进行统筹与合理分配，注重提高资金利用效益。在此基础上

搭配一定的政策制度，拓宽用于农村人居环境整治的资金投入渠道，缓解农村人居环境整治方面的资金压力。一方面，可以积极引导社会资本参与农村经济发展和地区环境治理，在充分尊重市场规律的前提下，综合运用市场机制完善社会资本投入机制，以各种科学合理的方式与金融机构及更多社会资本之间开展合作，积极创新投融资模式。另一方面，政府及相关部门还应出台税收优惠、贷款利息减免等政策来提高农村人居环境整治对社会资本的吸引力。此外，还应通过与当地龙头企业积极沟通，吸引资金赞助，为农村人居环境整治提供必要的资金支持。

从农村自身发展的角度来看，增强农村自身的环保资金能力，是推动农村人居环境整治的重要途径。以促进农村经济发展为主要目的，结合农村当地的自然资源和生态环境特点，以培育特色产业的方式带动农村当地总体经济水平的提升。在这一过程中，可以通过开办合作社的方式，结合农村产业经济的发展特点来颁布实施针对性的政策。在形成农村特色产业经济的同时，也可以通过打造农产品品牌战略的方式，不断壮大农村集体经济。这样不仅能够有效增加农村居民的收入，也能够促进农村居民思想观念的转变，提高对于农村人居环境整治的接受和认可程度。

（三）因地制宜分类，细化治理措施

考虑不同农村地区的地理环境及历史发展差异，在实际开展农村人居环境整治工作时，应贯彻因地制宜的原则，在合理划分农村地区人居环境整治类型的基础上，基于普适性的治理措施进行细化，让整治工作更符合农村当地的实际情况。在开展农村人居环境整治工作时，首先应通过对农村整体情况的深入调研和了解，明确农村在人居环境整治方面的特点优势，开展特色宜居乡村建设工作，充分利用农村当地的文化空间及产业资源优势，将示范性村庄规划工作与特色宜居村庄发展有效结合起来。例如，某村庄可以通过重点发展草莓种植行业的方式，利用自身所在的区位优势来带动机械加工产业的发展，以此为基础来促进村庄所在区域的资源互补，让其为农村人居环境的整治提供更好的助力。在具体的人居环境整治内容中，应重点考虑垃圾

处理、污水治理等基本工作对人居环境质量造成的影响，结合村庄的实际情况来进行相关治理措施的合理规划和应用。例如，在村庄环境治理工作中，选择合适的污水治理模式，以推动城市污水管网设施向周边乡镇延伸，同时注重加强农村生活污水管网设施的建设，促进城乡生活污水治理的一体化发展。在此基础上，也将农村厕改与污水治理工作衔接起来，避免因污水处理设施的重复建设提高人居环境整治的总体成本。除此之外，也可以通过对生活垃圾分类体系的不断健全和完善，引导村民在实际的治理工作中逐步形成积极正确的观念意识，进而营造良好的人居环境整治条件。同时，也应注意发挥以垃圾分类为主题的宣传工作引导作用。

（四）升级基础设施，提升整治效果

制定科学合理的基础设施规划是关键。政府应充分考虑农村地区的实际情况和需求，根据人口分布、产业发展和交通需求等因素进行合理布局和决策。这样可以确保基础设施的建设更加精准和有效。同时，规划应注重长期战略，避免重复建设和资源浪费。

强化监管和质量控制至关重要。政府应加强对基础设施建设的监管，确保项目的合规性、安全性和质量可靠性。监管部门要严格把关工程建设过程中的质量，包括材料选择、工程进度、施工质量等方面。此外，建立健全的运维管理机制也是关键，加强基础设施的日常维护和管理，确保其能够持续稳定地为居民提供服务。

政府应积极推动技术创新的应用。新能源、智能化、绿色环保等先进技术在基础设施建设中的应用，可以提高能源利用效率和资源利用效益，同时降低对环境的影响，提升基础设施的可持续性和环境友好性。例如，采用可再生能源技术，如太阳能和风能等，可以减少对传统能源的依赖，降低能源成本。智能监控系统也可以提高设施的管理效率和安全性，提升居民的使用体验。

参考文献

金迪：《和美乡村视阈下农村人居环境整治规划策略研究》，《农业经济》2024 年第 6 期。

王康：《乡村振兴背景下农村人居环境治理优化分析》，《智慧农业导刊》2024 年第 10 期。

张家祺：《许昌市加快农村人居环境整治提档升级》，河南省人民政府门户网站，2023 年 11 月 22 日。

《2023 年许昌市生态环境状况公报》，许昌市生态环境局门户网站，2024 年 6 月 4 日。

《许昌市"十四五"城市更新和城乡人居环境建设规划》，许昌市人民政府门户网站，2022 年 7 月 6 日。

B.21
许昌以数字基础设施赋能城乡融合发展研究

孙克娟[*]

摘 要: 随着信息技术的迅猛发展,数字基础设施已成为推动城乡融合发展的关键动力。许昌市积极响应国家和河南省数字经济发展战略,致力于构建先进的数字基础设施体系,以推动城乡经济的均衡发展和社会的全面进步。本研究梳理分析了数字基础设施的内涵与许昌市数字基础设施建设成效,分析了其在许昌市城乡融合发展中的赋能机理与实践,并提出面临的挑战。许昌市应紧抓城乡融合发展和数字乡村建设的重大机遇,优化政策环境,形成推进合力;加强数字基础设施建设,弥合城乡数字鸿沟;加快城乡产业数字化转型,释放乡村振兴新动能;加强数字人才队伍建设,激发数字乡村建设内生动力;提升城乡数字化治理水平,构建现代乡村治理模式。

关键词: 数字基础设施 城乡融合发展 许昌实践

党的二十大报告指出要着力推进城乡融合。坚持城乡融合发展是促进经济高质量发展和实现共同富裕的关键途径。2019年许昌市成为河南省首个国家城乡融合发展试验区,在协调城乡发展和加快新型城镇化进程中取得了明显成效。当前,随着互联网、大数据、云计算、物联网和人工智能等数字基础设施的覆盖普及与广泛应用,数字技术不仅成为经济增长的重要引擎,也是推动城乡融合发展的关键动能。

---

* 孙克娟,河南财经政法大学经济学院讲师,研究方向为区域经济。

一 数字基础设施赋能内涵与许昌数字基础设施 建设成就

新一轮的信息革命浪潮正在引领世界创新新方向，并且重构国家核心竞争力。互联网、大数据、云计算、人工智能、区块链等技术加速创新，日益渗透经济社会发展各领域全过程，以数字基础设施为核心的新型基础设施建设的重要性、必要性和紧迫性愈发凸显。2018 年中央经济工作会议首次强调了加速 5G 技术的商业化进程，并着重于加强包括人工智能、工业互联网和物联网在内的新型基础设施建设。此后，中央多次强调加快推进以数字基础设施为核心的新型基础设施建设。许昌市紧抓数字技术发展机遇，积极响应和落实国家及河南省数字经济发展战略。在强力引导和支持下，许昌市的数字基础设施建设取得了良好成效。

（一）数字基础设施赋能内涵

从内涵上看，数字基础设施是以数据创新为驱动、通信网络为基础、数据算力设施为核心的基础设施体系。[①] 这种基础设施以其纵深渗透能力和显著的集约整合能力，在消除信息、知识、产业和空间界限方面展现出巨大优势，能够有效促进供需双方的互动，推动产业的快速跃升，为社会经济发展注入新的活力。数字基础设施是数字经济发展的基石，不仅包括建立在信息通信技术上的网络基础设施，还包括建立在数字技术基础上对传统物理基础设施的数字化改造。具体来看，数字基础设施包括：一是网络基础设施，以5G/6G、卫星互联网、新一代通信网络、未来网络等为代表；二是信息服务基础设施，以云计算中心、大数据中心、工业互联网服务平台、物联网服务平台、平台型互联网企业应用服务平台等为代表；三是科技创新支撑类基础

---

① 王美莹、王禹欣：《数字基础设施：打造数字未来坚实底座》，《光明日报》2022 年 11 月 11 日。

设施，如超级计算中心（智能计算中心）等；四是融合基础设施，主要包括支撑社会治理、公共服务及关键行业信息化应用设施等。①

（二）许昌数字基础设施建设成就

一是网络基础设施实现跨越式发展，建设成效明显。"十三五"期间，许昌市大力推进宽带提速及全光网城市建设，积极推进窄带物联网建设，加速 5G 基站及 IPv6 规模部署，在新型基础设施建设方面取得了跨越式发展。全市已开通千兆宽带的小区达到 6032 个，城市 10G-PON 端口占比提升至40%，10G-PON 承载 FTTH 宽带端口达到 57.8 万个，千兆用户占比达到23.1%②，2022 年许昌市被工业和信息化部评选为"千兆城市"。推进窄带物联网建设，积极开展物联网应用示范，围绕智慧城市建设发展需求，已累计开通 572 个 NB-IOT 站点，实现主城区物联网的连续覆盖。全市已开通 5G基站 7666 座③，实现乡镇以上重点区域 5G 信号连续覆盖，抢先布局 5G 产业，5G 示范应用不断拓展。完成 IPv6 规模部署，全市已全部完成 IPv6 网络基础设施的改造升级，完全具备 IPv6 业务承供能力。

二是算力基础设施进入全面建设阶段，夯实数字化服务根基。作为河南省乃至中部地区的公共算力基础设施，基于"华为鲲鹏+昇腾生态"中原人工智能计算中心于 2021 年投入运营。目前，该中心一期已部署 100P 的算力，用户峰值超过 300 个，算力使用率平均超过 90%，不仅支持许昌和河南省的人工智能产业发展，还向全国提供 AI 算力，实现了一二三产业的全面应用。④ 2023 年，中原人工智能计算中心被选为国家新一代人工智能公共算力开放创新平台之一，是全国 16 家、河南省仅有的两家入选机构之一。2024 年许昌市政府工作报告提出，将加速中原人工智能计算中心（二期）

① 徐向梅：《优化升级数字基础设施》，《经济日报》2022 年 11 月 14 日。
② 《许昌市"十四五"数字经济和信息化发展规划》。
③ 《许昌：数智赋能展"新"翼》，河南省人民政府门户网站，https：//www.henan.gov.cn/2024/03-27/2966543.html，最后检索时间：2024 年 3 月 27 日。
④ 《许昌：激发算力新引擎 赋能发展加"数"度》，河南省人民政府门户网站，https：//www.henan.gov.cn/2024/03-15/2961961.html，最后检索时间：2024 年 3 月 15 日。

等重大项目的建设，300P 的总规划人工智能算力指日可待。

三是信息服务基础设施实现纵深式发展，赋能产业数字化转型。许昌市不断推动新一代信息技术和传统产业深度融合，助力一二三产业数字化转型升级，充分利用作为国家工业互联网二级节点城市的资源优势，实施企业"上云"和工业互联网发展行动。当前，已成功构建起 3 家省级工业互联网平台，并持续培育和建设了超过 10 家工业互联网平台，这些平台在推动产业数字化转型中发挥着关键作用。其中，凭借卓越表现许继仪表项目入选国家互联网试点示范项目。在全市范围内，已有高达 12240 家企业实现了"上云"操作，即将其关键业务和数据迁移到云端，以享受更高效、便捷的信息技术服务，上云企业数量居全省第三位[①]。加速构建黄河鲲鹏产业生态系统，黄河信产被认定为省级数字化转型促进中心。在数字经济核心产业的带动下，许昌市形成了以"算力、算法、特色园区"为核心的数字产业集群。其中，许昌 5G 创新应用示范园（许昌市）被纳入河南省软件产业园区名单（第一批）；长葛市及许昌市城乡一体化示范区、禹州市 3 个开发区被认定为省级数字化转型示范区，入选数量居全省首位；魏都区先进制造业开发区被选为省区块链发展先导区创建地区。[②]

四是融合基础设施广泛应用，数字化治理水平持续提升。近年来，许昌市充分利用新一代信息技术，提高城市数字化治理水平，为做好许昌市城市综合管理服务平台项目建设工作，已将城市综合管理服务平台项目纳入新型智慧城市建设（一期）项目，目前已建设城市综合管理软件平台，构建了综合管理服务评价指标体系，形成了城市管理综合数据，并积极利用数字技术推进信息惠民服务的全面覆盖。

---

① 《许昌：数智赋能展"新"翼》，河南省人民政府门户网站，https：//www.henan.gov.cn/2024/03-27/2966543.html，最后检索时间：2024 年 3 月 27 日。
② 《许昌市成功举办 2023 河南省互联网大会许昌分会暨数字化赋能新型工业化发展论坛》，河南省人民政府门户网站，https：//www.henan.gov.cn/2023/12-06/2860728.html，最后检索时间：2023 年 12 月 6 日。

二 数字基础设施赋能城乡融合发展的动力机制与许昌实践

城乡融合发展强调城乡间要素和商品的深度互动与产业和公共服务的协调发展。在推动城乡融合发展的过程中，数字基础设施扮演着至关重要的角色，其在赋能城乡要素融合、商品融合、产业融合与引导城乡公共服务均等化方面具有独特优势。

（一）数字基础设施促进城乡要素融合

生产要素在城乡间的自由流动和有效配置是实现城乡市场融合的内在要求。数字基础设施能够显著提升要素配置效率，促进城乡要素的融合。首先，通过加强网络基础设施建设和算力基础设施部署，乡村生产要素和资源的实际价值和现状得以摸清。这不仅为生产要素的管理提供了科学依据，还有助于提升其管理效能和价值收益，为城乡市场融合提供有力支撑。其次，信息平台及数据资源开发应用有效解决信息不对称问题，降低了城乡经济主体寻找和匹配要素市场交易信息的成本和复杂性，促进了生产要素根据市场供需和城乡产业定位进行合理流动与集聚。进而，生产要素从乡村向城镇单向流动的难题得到有效破解，提高要素配置效率，为城乡融合发展奠定坚实基础。

在土地资源的管理上，许昌市借助农村房屋不动产登记权籍调查成果和统一的交易平台，盘活"地钱"资源，深挖"产权"潜能，使得许昌市所承担的国家城乡融合发展试验区五大试点领域任务中"农村集体经营性建设用地入市"和"完善农村产权抵押担保权能"取得突破[①]，这些突破离不开数字基础设施提供的土地数据采集、存储、加工、分析、应用。在推动城乡人力资本提升及双向流动上，许昌市强化数字基础设施的作用，借助"许昌市公共就业网"网页、App和微信小程序，搭建企业间共享用工调剂

---

① 邓雷、杨红卫：《城乡融合共同富裕的"许昌实践"》，《许昌日报》2022年11月29日。

平台、就业技能培训平台、全市公共服务信息互联共享平台等，为扎实推进创建全国公共就业创业服务示范城市工程、助力城乡融合共同富裕先行试验区建设提供技术和渠道支持。在促进资本要素在城乡间流动的过程中，许昌市于 2020 年制定了普惠金融工作推进方案，重点推行了"一平台四体系"的普惠金融模式。这一模式以数字普惠金融为核心，涵盖了普惠授信体系、信用信息体系、金融服务体系以及风险防控体系。经过多方的持续努力与多年的建设，数字普惠金融在许昌市发挥了显著作用，推动了乡村产业的蓬勃发展，提振了乡村的有效需求，同时也使乡村居民能够享受到更加便捷、高效的金融服务。

（二）数字基础设施助力城乡商品流动

城乡双向流通商贸体系对于扩大内需至关重要，也是加快城乡一体化进程、实现城乡融合发展的关键路径。数字基础设施的建设，为"工业品下乡"与"农产品进城"提供了双向流通的便捷渠道，有助于打破城乡二元贸易结构，推动城乡消费市场的融合与一体化。通过搭建开放的生态系统，数字基础设施将城乡消费的各个环节整合至统一的数字化平台，使得城乡购买力通过平台消费持续释放，进一步促进了城乡经济的互动与融合。平台购物、直播买卖农产品、社区团购等消费渠道进一步打开了农产品的市场，"新消费富农"成为乡村振兴的新动能。此外，数字基础设施能够改造交通物流等传统基础设施，数字技术+互联网的智慧物流有助于打通"最后一公里"，数字赋能下的高效配送体系进一步释放了乡村的消费潜能。

许昌市在推动乡村电子商务发展方面取得了显著成效。通过实施"电商兴农"战略，全市已成功创建 3 个省级以上的电商进农村综合示范县，其淘宝镇、村的数量位居全省第二。为了提升物流服务，全市已实现行政村快递直投服务的全面覆盖。在跨境电子商务方面，许昌市建立了 4 个综合园区，并培养了 3 个跨境电商培训孵化基地以及十余个直播电商基地。① 长葛

---

① 王平、冯晓磊：《许昌打造对外开放新引擎》，《河南日报》2022 年 12 月 9 日。

市因其在农产品电商领域的突出表现，早在 2018 年即被阿里巴巴评为全国农产品电商十强县之一，2020 年在全国县域农产品网络零售排行榜中位列第 63①。许昌市通过"电商+产业"的模式，成功地将本土特色产品推向市场，形成了独特的"农户+网络+公司""农民自发+政府服务"的发展模式。禹州瓷器与粉条、许昌假发、鄢陵花木、建安社火、长葛蜂产品等一批具有地方特色的电商产业逐渐崭露头角。在乡村数字物流建设上，许昌市也取得了显著成果。以禹州市为例，通过建立客货邮网络一体化信息平台发展指挥中心，并依托禹州公交公司和乡镇客货邮综合配送站，形成了覆盖各村配送点的农村物流快递三级架构模式，实现了乡村物流服务的全面覆盖。②

（三）数字基础设施提升城乡产业融合效能

产业融合是乡村振兴战略的重要抓手。未来，乡村经济将围绕现代农业，一、二、三产业融合发展，以及乡村文化旅游等新业态，形成多元化、互补性的经济形态③，在此发展要求下，数字基础设施发挥着重要作用。第一，数字基础设施的大规模覆盖是农业数字化转型的基础，而农业数字化转型有助于提升农业生产效率和附加值，使农业由传统的劳动密集型产业向技术和资本密集型产业转型，支撑现代化农业发展。第二，数字基础设施拓展了城乡产业融合发展的广度和深度。产业链延伸等方式是城乡产业融合的重要途径，数字技术及应用有助于打破城乡产业链融合的信息壁垒，有助于推动农业进一步向前端拓展及后端物流、营销等环节延伸，在数字化供应链带动下，可以反向驱动产业链上游农业生产的标准化、数字化建设，推动形成农业产业集群式发展，为乡村振兴提供内生动力。第三，数字技术的强大渗透性促使产业边界逐渐模糊，催生出众多跨界融合的农业新业态。通过与城市工业、服务业以及农村特色农业、乡村旅游业等产业的融合，新兴产业如共享农业、体验农业、创意农业、观光农业和定制农业等不断涌现，为产业

---

① 《2021 全国县域数字农业农村电子商务发展报告》。
② 付家宝：《"数字许昌"蓬勃而出》，《许昌日报》2022 年 11 月 24 日。
③ 顾阳：《城乡融合发展关键在"融"》，《经济日报》2019 年 5 月 6 日。

的持续发展注入了新的动能。

许昌市在农业发展中积极引入信息技术，通过建立农业综合信息管理平台，显著提升了农业生产的应急处置能力、病虫害预警预报水平，以及土壤环境监测、节水灌溉和耕地产出质量。当前，许昌市已成功推出"农事通"智慧农业社会化服务平台，该平台覆盖了手机 App 和 PC 端，运用物联网、人工智能、大数据、区块链等前沿技术，推动了信息化与现代农业的深度融合，实现农业管理智能化转型。通过"农事通"平台，许昌市致力于打造国内领先的数字农业"许昌样板"，为数字农业的转型升级提供强有力的数字化支撑和示范效应。

（四）数字基础设施引导城乡公共服务均等化

促进公共服务向农村地区扩展、社会事业向农村地区覆盖，实现城乡基本公共服务的一体化是城乡融合发展的重要要求。长期以来，农村公共服务供给不足是制约农村地区发展的关键问题，也是城乡融合发展中亟待加强的薄弱环节。基于数字基础设施的智慧教育、智慧医疗、智慧养老等公共服务"云平台"的兴起，打破了传统公共服务的地理限制。这些平台能够以低成本的方式，将城市的优质公共服务资源引入农村，从而提升乡村优质公共服务的可获取性和共享性，实现城乡公共资源的远程利用和合理分配。此外，在"互联网+政务服务"和"互联网+村务"等"城乡智慧大脑"支撑下，城乡治理正逐步向数字化、智能化和互联化转变。这不仅拓展了城乡治理的广度和深度，也提升了治理效率和质量，为城乡融合发展提供了有力保障。

当下，许昌市的公共服务更突出数字化、智能化和融合化。借助互联网、大数据、人工智能等先进的技术手段，利用"i许昌"平台等全面推行"网上办、掌上办"，提供线上办理，实现全程"不见面审批"等"一站式"政务和民生服务。许昌市大力提升教育、医疗、交通、社会保障、乡村建设、文化旅游等民生领域的数字化水平，公共服务水平得到了大幅提升。积极推进智慧教育云平台、钉钉未来校园平台、"名校同步课堂"等教育平台的应用推广，许昌市智慧教育云平台已分别和河南省基础教育资源平

台、国家基础教育资源平台完成对接。"互联网+政务服务"向村镇一级延伸，开展信息进村入户工程，建设益农信息社站点 1824 个，覆盖全市 80% 行政村，站点激活率已达 86%，实现了公益、便民、电子商务和培训体验四类服务覆盖。①

三 许昌数字基础设施赋能城乡融合发展面临的挑战

当前，许昌在利用数字基础设施赋能城乡融合发展方面，仍存在一些不充分、不平衡的挑战。不充分主要体现在数字产业基础相对薄弱、产业数字化水平有待提升、数字人才匮乏、数据产权制度不完善，不平衡体现在城乡存在数字基础设施建设和数字治理鸿沟。

一是数字产业基础相对薄弱，城乡存在数字鸿沟。具体来说，作为数字基础建设关键的 5G、大数据、人工智能等数字化产业的企业数量相对较少，尚未形成具有强大创新能力和显著带动作用的龙头企业。其次，农村地区的数字基础设施建设进展缓慢，对传统基础设施进行数字化升级的投资也相对有限，这进一步加剧了城乡之间的数字差距。

二是乡村产业发展相对薄弱，产业数字化水平有待提高。目前，数字经济与农业产业的结合尚未达到显著的规模化效益。许昌的农业生产尚未广泛采用信息化和机械化技术，数字化水平相对较低。农产品的电商销售渠道仍然分散，农业数据的应用也不充分，这些因素限制了数字经济与农业产业的深度融合。此外，多数小微企业由于自身实力有限，面临利用大数据、互联网等技术进行数字化转型升级的高投人和动力不足的问题，导致数字化水平在城乡不同企业间发展不均衡。

三是数字经济领域人才匮乏。许昌市在数字基础设施及应用领域的人才储备上显得不足，包括基础硬件类人才、研发创新型人才、产业应用型人

---

① 《许昌市"十四五"数字经济和信息化发展规划》。

才、跨界复合型人才以及伦理法规与政策研究人才等。由于高等教育基础薄弱，研发创新型人才尤为缺失。与东部发达省份相比，许昌对高端互联网人才的吸引力不足，导致信息技术人才集聚水平相对较低。特别是农村地区，精通信息化与生产制造的应用型、复合型人才资源匮乏，严重制约了乡村数字化转型的进展。2020~2022年许昌共遴选156名各领域（主要是农业、林业、畜牧、规划、医疗、经济、法律等领域）专业技术人才，到乡镇挂任科技副职[①]。但仍面临着将引进的乡村数字化转型所需人才留下来，以及培养自有数字人才的严峻挑战。

四是村民数字素养有待提高，数字化村务治理普及率较低。村务电子化是建设数字乡村的重要方向，但许昌市部分村庄的村务电子化平台尚处于初步推广阶段，与常态化运作尚有一定距离。数据显示，像河南这样的中部地区村务办理电子化普及率明显低于东部地区，普及率为48.0%[②]。这主要是由于村干部及村民的数字素养尚未达到电子化平台的要求，特别是在老龄化背景下，这一挑战更为突出。村民在使用数字技术和资源时，大多停留在消费和娱乐层面，而在需要较高数字技能和素养的数字化基本公共服务的深入应用上，与城市居民相比存在明显差异。

五是数据产权制度等标准建设尚不完善。数据产权归属缺乏明确的标准规定，对数据产权的保护不够完善，影响数据的开发利用和顺畅流通，提高了数据的交易成本。

四　许昌数字基础设施赋能城乡融合发展的对策

许昌市高度重视数字基础设施赋能城乡融合发展，出台了《许昌市"十四五"数字经济和信息化发展规划》《许昌市新型城镇化和城乡融合发展规划（2021-2035年）》《许昌市实施数字化转型战略工作方案》《许昌

---

① 王红茹：《城乡融合发展的"许昌经验"》，《中国经济周刊》2023年第16期。
② 华中师范大学中国农村研究院课题组：《为乡村振兴插上"数字翅膀"——来自数字乡村建设情况的调查与思考》，《光明日报》2023年9月21日。

市高质量建设城乡融合共同富裕先行试验区实施方案》等政策文件。许昌市应认真贯彻落实城乡融合发展决策部署，持续实施数字化转型升级战略，形成政策合力；完善数字基础设施建设，缩小城乡"数字鸿沟"；加快城乡产业数字化转型升级，释放乡村振兴新动能；加强数字人才队伍建设，激发数字乡村建设内生动力；提升城乡数字化治理水平，构建现代乡村治理模式。

（一）优化数字基建赋能城乡融合的政策环境，形成推进合力

一是设立工作专班，加强顶层设计，建立跨部门、跨区域、跨领域、跨层级的数字基础设施建设与城乡融合发展的高效协同机制。二是完善财税、金融、人才等配套政策措施，充分发挥许昌数字经济基金的引导作用，在保障数据安全和明确数据产权基础上，鼓励社会资本充分参与数字基础设施的建设和传统基建的数字化改造。三是建立健全数据要素市场秩序、规范数据规则，加快培育数据要素生态，推动相关数据资源汇聚、交换、共享和开放，实现数据资源高效利用。

（二）完善数字基础设施建设，缩小城乡"数字鸿沟"

一是完善乡村网络和信息基础设施覆盖与提升。强化城乡5G、千兆光纤、移动互联网和物联网等通信网络的覆盖与优化，同时，以"农事通"智慧农业社会化服务平台为抓手，加强农业物联网建设，促进信息化与现代农业深度融合。二是加速多个领域如交通、物流、水利、电网等农村传统基础设施的数字化和智能化升级，为智慧农业、农村电子商务以及数字化生活等关键应用场景奠定坚实的基础。三是在保障数据安全的前提下，打破城乡之间的数字壁垒，实现信息开放共享、数字城乡并联管理，构建一个更加高效、智能的数字乡村生态系统。

（三）加快城乡产业数字化转型升级，释放乡村振兴新动能

一是强化数字基础设施与乡村土地资源融合，通过优化土地数字平台，

提升土地数字化管理水平，确保土地资源的有效利用与科学管理。二是以数字普惠金融为切入点，进一步消除城乡资本要素之间的信息障碍，构建从投资到担保的一体化发展模式，提升资金下乡的效率和收益，为乡村产业兴旺提供充足的资金保障。三是利用数字平台和电子商务平台的引领作用，以数字化乡村产业链构建数字乡村经济运行平台。在产业链上游，提升农业基础设施感知能力，促进农业装备智能化，推动农业生产数字化；在中游，构建农业大数据平台溯源体系；在下游，与物流、营销等现代服务业平台进行协同，建立县乡村三级物流网络体系，吸引优质电商企业入驻，发展"网红"农产品。四是从系统上云、人才培训等环节提供配套支持，积极引导中小企业与产业链、供应链的核心企业、龙头企业等生态资源深入合作，基于工业互联网平台加强协作，推动中小企业的数字化转型进程。

（四）加强数字人才队伍建设，激发城乡融合发展内生动力

一是深入实施"许昌英才计划"3.0版政策体系，围绕数字化转型需求，引进和培育数字人才队伍。二是加强数字技能人才培养，强化政校企三方合作与交流，支持高等院校围绕许昌市数字基础设施赋能城乡融合发展实际需求，开展数字化技能人才定向培养。三是充分发挥乡镇挂任科技副职、移动联通等企业人才下乡等人才引领作用，助力乡村产业数字化转型升级。四是积极培育一批具备数字赋能理念、掌握数字应用技能、顺应数字转型趋势的"新农人"，夯实数字乡村人才支撑。

（五）提升乡村数字化治理水平，构建现代乡村治理模式

一是贯彻落实河南省信息进村入户整省推进示范提升工程，推动农村信息化服务平台和应用系统整合，提高村级综合服务信息化水平，补齐农村公共服务短板。二是积极构建并推广更简洁高效的乡村"数字平台"，以农民的实际需求为出发点，提供农村教育、医疗、社会保障、金融、旅游等服务。三是加强对农村留守儿童和妇女、老年人等群体的网络知识普及，帮助其掌握基本的数字技能，培养其获取、处理、创造数字资源的能力，为数字

乡村治理提供广泛而坚实的群众基础。四是在确保数据安全的基础上，合理运用城乡民生、经济和社会发展的数据资源，为城乡居民提供更便捷、更高质量的公共服务，全面深化城乡的综合治理模式。

参考文献

孙涛、王硕：《数字经济赋能城乡多维融合的理论机制与实践方略》，《理论与改革》2023年第1期。

王春晖、李小建、仇建涛：《河南城乡协调发展问题研究：理论探索与政策实践》，社会科学文献出版社，2019。

姚毓春、张嘉实、赵思桐：《数字经济赋能城乡融合发展的实现机理、现实困境和政策优化》，《经济纵横》2022年第12期。

张如意：《城乡双向商贸流通体系建设对策思考》，《经济纵横》2011年第3期。

Abstract

The year 2024 is a crucial year for fully implementing the spirit of the Party's 20th National Congress and for advancing the 14th Five-Year Plan. Henan Provincial Party Committee and provincial government have entrusted Xuchang City with the important mission of combining the experiment of urban-rural integration development with the pilot of common prosperity and exploring the path of common prosperity that is in line with Henan's reality. Xuchang maintains strategic focus, firm confidence in development, with a sense of mission and urgency to seize the day, unswervingly leads high-quality economic and social development with the construction of urban and rural integration and common prosperity pilot zone, and strives to release the potential of domestic demand, enhance innovation capacity, cultivate development momentum, and promote the city's economic and social development to continuously get new achievements.

At present, the world is undergoing profound changes unseen in a century, a new round of scientific and technological revolution and industrial transformation deeply continues, the underlying logic, technological route and organizational form of economic development are undergoing profound changes, China's economic and social structure is facing profound adjustment, and China faces many opportunities and challenges in building a modern socialist country. Henan Provincial Party Committee and the provincial government proposed to carry out planning and layout with a "30-year vision" and deeply implement the "Ten strategies" to ensure the realization of high-quality construction and high-level realization of the goal of modernization of Henan. At present and in the future, the development of Xuchang is still in an important period of strategic opportunities, but at the same time, the opportunities and challenges have

changed.

In the future, Xuchang will lead high-quality development with the construction of the pilot zone for urban and rural integration and common prosperity. It is necessary to fully grasp the current macro situation of international and domestic development, accurately identify changes, respond to changes scientifically, take the initiative to change, plan development with clearer ideas, clearer guidance, more effective policies, and more powerful measures, and constantly promote economic and social development to a new level. Comprehensively promote the new practice of Chinese-style modernization construction in Xuchang, and strive to write a more brilliant new chapter in Xuchang in the new era.

Based on this background, Annual report on development of Xuchang (2024－2025), with the theme of accelerating the construction of a new pattern of urban-rural integration development, systematically and comprehensively studies and discusses the practical basis, experience, situation, promotion ideas and countermeasures for Xuchang to lead high-quality economic and social development with the construction of the pilot area of urban-rural integration and common prosperity.

The general report, entitled " Leading High-quality Development through the Construction of the Pilot Area of Urban-Rural Integration and Common Prosperity Analysis and Prospect of Xuchang's Economic and Social Development Situation in 2024－2025", systematically analyzed and studied the practices and achievements of Xuchang's economic and social development in 2024. This paper analyzed and prospected the environment and the key issues that need to be paid attention to in the future leading the high-quality development of Xuchang by the construction of the pilot area of urban-rural integration and common prosperity in 2025, and put forward the overall ideas and countermeasures for accelerating the high-quality economic and social development of Xuchang in 2025. Other special reports focus on the flow of urban and rural factors, urban and rural industrial collaboration, urban and rural basic public service equalization, urban and rural construction and other aspects, and further put forward the direction of Xuchang's efforts and policy recommendations to lead high-quality development with the construction of the pilot area of urban-rural integration and common prosperity, and promote the new practice of Chinese-style modernization construction in Xuchang.

Keywords: Urban-Rural Integration; Common Prosperity; High-Quality Development; Xuchang

Contents

Ⅰ General Report

Abstract: 2024 is a crucial year for the full implementation of the spirit of
the Party's 20th National Congress and the promotion of the 14th Five-Year
Plan. Xuchang insists on leading the high-quality economic and social development
with the construction of the pilot zone for urban and rural integration and common
prosperity, and promotes the stable and good economic operation, the acceleration
of innovation momentum, the continuous shining of the strong manufacturing
city, the comprehensive deepening of reform and opening-up, the further
improvement of urban and rural integration and development, the continuous
improvement of the ecological environment, and the overall progress of people's
livelihood. At present, the world has accelerated the evolution of great changes

unseen in a century, a new round of scientific and technological revolution and industrial transformation continue to deepen, the underlying logic, technical route and organizational form of economic development have undergone profound changes, and the development situation of Xuchang has undergone profound changes. At the same time, Xuchang is faced with new tasks, such as cultivating and developing new quality productivity, continuously shaping new coordinates for regional development, boosting development confidence and expectations, comprehensively green transformation, and enhancing development resilience. In the coming period, Xuchang, with the construction of the pilot zone of urban-rural integration and common prosperity to lead the high-quality economic and social development, must do a good job in five aspects of overall planning, and must focus on accelerating the construction of new urban and rural relations, promoting openness and innovation, implementing the leading strategy of advanced manufacturing, promoting the deep integration of culture and tourism, improving people's quality of life, and promoting comprehensive green development, so as to strive to walk out of a modernization road with Xuchang characteristics.

Keywords: Pilot Zone for Urban-rural Integration and Common Prosperity; High-quality Development; Economic and Social Development; Xuchang

II   Urban-Rural Factor Flow

B. 2   Research on Promoting the Reform of Rural Collective

Property Rights System in Xuchang   *Zhu Kongchao* / 027

Abstract: This paper studies the measures, effects, difficulties and solutions of the reform of rural collective property rights system in Xuchang. The study found that in recent years, Xuchang has actively responded to the call of the Country and, combined with local realities, comprehensively adopted a variety of measures, such as asset verification, membership confirmation and so on, to

steadily promote the reform of the rural collective property rights system. The reform has achieved remarkable results, clarifying the rural collective assets, promoting the growth of farmers' income, and strengthening the rural collective economy, etc.. The reform faces many difficulties in asset verification, membership identification, equity setting and management, etc.. In the future, Xuchang should further take practical and feasible measures to overcome the difficulties of the reform and continue to deepen the reform.

Keywords: Xuchang; Rural Collective Property Rights; Institutional Reform

B.3 Research on Improving the System of Rural Collective-
operated Construction Land in Xuchang

Liu Fengwei, *Liu Wenyi* / 041

Abstract: Since 2020, under the unified arrangement of the State Council, as one of the pilot areas, Xuchang has explored market access for rural collective-operated construction land, with the aim of opening the way for a unified urban-rural construction land market. Over the past few years, the Jian'an District, Yanling County and Changge under the jurisdiction of the People's Xuchang of China have made various attempts, it has promoted the integration of urban and rural factor markets and the integration of urban and rural development. At present, there are still some problems in the market entry system, such as the need to further optimize the relevant supporting system, the need to further improve the market entry mechanism, and the need to further standardize the market entry income distribution system. The experiences and inspirations of the pilot project in Xuchang are as follows: to explore and establish a unified construction land market between urban and rural areas, to deepen reform and improve the system, and to continuously optimize the income distribution system in order to enrich the people and strengthen the village.

Keywords: Xuchang; Rural Collective-operated Construction Land; Market Entry System

B . 4   Research on Perfecting the Right of Rural Assets

Mortgage in Xuchang   *Xue Long* , *Ai Shijie* / 052

Abstract: In 2019, 18 departments, including the National Development and
Reform Commission, jointly issued a document to determine the whole area of
Xuchang as the "National Urban-Rural Integration Development Experimental
Zone". Among them, as one of the key projects of urban-rural integration
development, the property rights of rural assets mortgage security have been raised to a
new height. In recent years, Yanling County and changge city under the jurisdiction of
Xuchang have made many attempts, and the pilot work has also achieved certain
results. It not only revitalized rural assets, but also promoted the integration of urban
and rural development. Therefore, in order to effectively promote the rural asset
mortgage guarantee financing in Xuchang City and realize the development goal of
urban-rural integration, this paper first analyzes the current situation and predicament
of rural asset mortgage guarantee financing in Xuchang City, and finds that there are
still some problems in the rural asset mortgage guarantee in Xuchang City, such as
unclear asset confirmation, imperfect asset evaluation system, lack of circulating
market elements and imperfect risk transfer mechanism of non-performing loans. On
this basis, this paper analyzes the experience of domestic rural asset mortgage financing
mode, and based on this, puts forward some relevant policy suggestions for Xuchang
City to further promote rural asset mortgage financing.

Keywords: Rural Assets; Mortgage Financing; Urban-rural Integration
Development

B . 5   Changge's Experience in Deepening the Reform of

Mortgage Loans for Operating Rights of Rural Contractual Land

Liu Pu / 064

Abstract: Since 2015, Changge has been carrying out the pilot of mortgage

loans for rural contractual land operating rights under the unified deployment of the State Council, in recent years, we have continued to deepen the reform in this field, with the joint efforts of many parties, including local governments, financial institutions, new-type agricultural operating entities, and so on, innovative implementation of the "Contractual operating Right Mortgage and Loan Guarantee Insurance and Risk Compensation Fund" loan model, the key link is to clarify the relationship between land ownership and issuance of land circulation and use permits, we should establish an effective incentive mechanism for risk mitigation and compensation by adopting a reasonable evaluation method of farmland value. The lessons from Changge's experience are as follows: clearly defining the property rights of rural contracted land is the foundation, perfecting the risk-sharing mechanism is the key, fostering the rural land transaction market is the core, and perfecting the due diligence exemption system of financial institutions is the guarantee.

Keywords: Changge; Operating Rights of Contractual Land; Mortgage Loans

B.6 Research on Improving the Policy of Science and Technology Talents Going to the Countryside in Xuchang

Jing Yanli, Cheng Shuliang and Li Xinrui / 075

Abstract: The introduction of scientific and technological talents to rural areas is of great significance in promoting agricultural technological innovation and application, improving the scientific and technological quality of farmers, promoting rural industrial upgrading, strengthening the construction of rural science and technology service system, promoting urban-rural integration and development, and assisting in the implementation of the rural revitalization strategy. As a traditional agricultural city, Xuchang is rich in agricultural resources and profound farming culture. However, there are also some practical situations, such as the relatively weak development of the primary industry, the insufficient supply of scientific and technological talents in rural areas, and the insufficient retention of talents. By sorting out relevant policies and investigating the actual situation, it is found that the current introduction of scientific and technological talents to rural areas faces practical difficulties, such as insufficient total number and weak team, weak subjective willingness and fear of going to rural areas, insufficient and incomplete safeguard mechanism, weak and lacking entrepreneurial platform, and difficult and small number of scientific and technological achievements. It is necessary to optimize the policy environment for the introduction of scientific and technological talents to rural areas from the aspects of attaching importance to talent development to enable scientific and technological talents to "go down", innovating incentive policies to make scientific and technological talents "want to go down", improving the safeguard mechanism to make scientific and technological talents "go down", strengthening platform construction to make scientific and technological talents "stay", and promoting the transformation of scientific and technological achievements to make scientific and technological talents "play a role", so as to comprehensively promote the implementation of the rural revitalization strategy in Xuchang.

Keywords: Deployment of Science and Technology Talents to Rural Areas; Xuchang City; Policy in Novation

B.7　Research on Promoting the Urbanization of Agricultural
　　　　Transfer Population in Xuchang　　　*Li Lin*, *Li Hanbing* / 089

Abstract: The urbanization of agricultural transfer population is crucial for advancing new urbanization construction and achieving urban-rural integration development, playing a pivotal role in promoting the goal of common prosperity. The willingness of agricultural transfer population to reside in cities is undoubtedly a decisive factor affecting the process of urbanization. In recent years, the Xuchang municipal government has issued several policy documents to promote the

urbanization process of agricultural transfer population and achieved good results. Even so, there is still much room for improvement in the urbanization of agricultural population in Xuchang. Therefore, deeply analyzing the various influencing factors of the residence willingness of agricultural transfer population and accurately identifying the dominant factors have far-reaching theoretical and practical implications for Xuchang to scientifically formulate and adjust population policies and urbanization development strategies. Based on the national dynamic monitoring data of migrant population, this study constructs an identity index covering four dimensions using principal component analysis, and then evaluates the influencing factors of migrant workers' residence willingness under a unified analytical framework of subject, object, and subject-object interaction using the random forest model. It also proposes targeted suggestions based on the specific situation of Xuchang.

Keywords: Agricultural Transfer Population; Urbanization; Principal Component Analysis; Identity

III　Urban-Rural Industrial Coordination

B.8　Research on Establishing and Improving the Transformation Mechanism of Scientific and Technological Achievements into the Countryside in Xuchang　　　　*Liu Fangyu* / 104

Abstract: The report of the 20th National Congress of the Communist Party of China clearly requires "focusing on promoting urban-rural integration and regional coordinated development", and has carried out planning, design and arrangement around the strategic goal of common prosperity. Xuchang, as the "National Pilot area for Urban-Rural Integration Development" and the pilot area for common prosperity in Henan Province, actively explores the "Xuchang experience" that can be replicated and promoted. At present, there are some deep-rooted problems in the construction of the transformation mechanism of scientific and technological achievements in Xuchang City, such as insufficient vitality on the supply side, lack of professional institutions and professionals, relatively insufficient demand, and imperfect system and mechanism. Xuchang City should speed up the improvement of the system and mechanism to stimulate the vitality of scientific and technological innovation, establish and improve the multi-collaborative research and development and transformation mechanism of scientific and technological achievements, build a demonstration case base of scientific and technological achievements into the countryside, improve the system and mechanism of scientific and technological achievements into the countryside transformation, promote the establishment and improvement of scientific and technological achievements into the countryside transformation mechanism, and further promote the transfer, transformation and application of agricultural scientific and technological achievements.

Keywords: Scientific and Technological Achievements; Transformation Mechanism; Common Prosperity

B.9 Research on Promoting the Integrated Development of Primary, Secondary and Tertiary Industries in Rural Areas in Xuchang

Hu Yalan, Shi Mengzhen and Liang Meiting / 117

Abstract: Agriculture is not only the cornerstone of the national economy, but also the link to maintain social stability. After China's economy has entered the new normal, the transformation from traditional agriculture to modern agriculture, from single industry to diversified industry, and from inefficient production to efficient development is particularly urgent, and promoting the integrated development of rural primary, secondary and tertiary industries has become an inevitable requirement for transforming the agricultural development mode. Xuchang City actively promotes the integrated development of the primary,

secondary and tertiary industries in rural areas, continuously optimizes the agricultural industrial structure, achieves obvious results in the cultivation of new business entities, continuously improves the agricultural science and technology system, and continuously enhances the industrial vitality. However, it still faces some problems, such as insufficient extension of agricultural industry chain, imperfect mechanism of industrial integration and interest connection, insufficient play of agricultural multi-functionality, and short board of factor allocation. Based on this, combined with the actual situation of rural areas in Xuchang city, this paper puts forward industrial integration models and countermeasures, such as industrial chain extension, agricultural function expansion, new technology penetration and agricultural industry agglomeration, so as to improve the level of integration and development of rural primary, secondary and tertiary industries in Xuchang City and promote the high-quality development of agriculture and rural areas.

Keywords: Rural Primary, Secondary and Tertiary Industries; Integration and Development; Agricultural Industry Chain; Agricultural Industry Agglomeration

B.10　Research on Building a Collaborative Development Platform

for Urban and Rural Industries in Xuchang

He Chun, Ouyang Xiaoyang / 130

Abstract: The coordinated development of urban and rural industries is an effective way to eliminate the dual structure of urban and rural areas and achieve integrated urban-rural development. As a national pilot zone for integrated urban-rural development, building a platform for coordinated development of urban and rural industries in Xuchang can optimize the layout of urban and rural industries, facilitate the flow of urban and rural factors, promote integrated urban-rural development, and is of great significance for achieving rural revitalization and high-quality urban development. In recent years, under the correct guidance and policy incentives of the Xuchang Municipal Party Committee and Government, the industrial system of Xuchang has been continuously optimized. Modern agriculture has grown rapidly, manufacturing has developed with high quality, and the modern service industry system has gradually become complete, laying a good industrial foundation for building a platform for coordinated development of urban and rural industries. However, there are still many problems, such as incomplete infrastructure, unreasonable allocation of public services, incomplete policy system, and insufficient talent reserves. In the future, Xuchang should focus on optimizing the platform for coordinated development of urban and rural industries by strengthening infrastructure construction, promoting equalization of public services, enhancing policy system construction, and improving mechanisms for talent introduction, training and retention, in order to promote deep integration of urban and rural development.

Keywords: Urban-rural Industry Collaborative Development Platform; Urban-rural Integration; Xuchang

B.11 Research on the Smooth Urban and Rural Commercial
Logistics System in Xuchang   *Han Ke* / 145

Abstract: With the development of urban-rural trade and circulation integration, there is a rapidly growing demand for material circulation in urban and rural areas. Logistics has become crucial in achieving urban-rural economic integration and plays an important supporting role. Urban and rural logistics acts as the bridge between urban and rural economies, serving as not only the fundamental link of supply chains and value chains but also an "accelerator" for promoting the integration of urban and rural trade and circulation. This is particularly important for accelerating the integration of urban and rural economies. The development of urban and rural commercial logistics in Xuchang has progressed rapidly, but it also faces certain challenges that limit the integration of urban and rural commercial

logistics. Therefore, based on an analysis of the current situation of commercial logistics development in Xuchang, this paper proposes strategies, such as strengthening logistics infrastructure construction, improving informationization, promoting green logistics development, reducing logistics costs, and enhancing policy support to optimize the urban-rural commercial logistics system in Xuchang while promoting urban-rural integration.

Keywords: Urban-rural Economic Integration; Urban and Rural Commercial Logistics ; Optimization of Logistics System

B. 12 Experience and Enlightenment of Changge in Building Modern Seed Industry Research and Development Platform   *Li Guozheng* / 157

Abstract: Modern seed industry is the national basic, strategic and high-tech core industry, which is the fundamental element to promote the stable development of agriculture and ensure the national food security. Changge City is an important grain production area in the country. In recent years, relying on seed towns, it has actively built the whole industrial chain system of modern seed industry, and achieved remarkable results in the breeding, promotion and planting of new crop varieties. Increasing the investment in science and technology and creating modern seed industry research and development platform is an important gripper for Changge City to promote the high-quality development of modern seed industry. The main ways include striving for policy support, strengthening the construction of research and development platform, giving full play to the main role of enterprises, and cultivating high-quality agricultural science and technology teams, etc. .

Keywords: Changge; Modern Seed Industry; Research and Development Platform

IV　Equal Access to Basic Public Services in Urban and Rural Areas

B . 13　Study on Establishing the Balanced Allocation Mechanism

of Urban and Rural Educational Resources in Xuchang

Cui Xuehua , Hu Jiayu / 169

Abstract: Balanced allocation of educational resources is an important foundation for promoting urban-rural integration, promoting regional education equity, and achieving high-quality education development. The article combines relevant literature and statistical data to analyze and find that Xuchang City has achieved certain results in promoting the balanced allocation of urban and rural education resources. The total amount and distribution of education resources have been significantly improved, the overall quality of urban and rural teacher teams has been greatly improved, and the gap between urban and rural education has been further narrowed. At the same time, Xuchang City also faces some problems and challenges in promoting balanced allocation of urban and rural education resources, mainly manifested in investment in urban and rural education infrastructure, balanced allocation of urban and rural teacher resources, and the need to improve the quality of urban and rural education. This requires local governments as the main driving force, with active and effective participation from schools, teachers, families, and society, to accelerate the establishment of a mechanism for balanced allocation of urban and rural education resources. Need to improve relevant laws and regulations to ensure educational equity; Improve education policies and measures to promote balanced development of urban and rural education; Increase funding and resource allocation in rural areas; Strengthen the construction of rural teacher team; Promote the sharing of educational resources and the application of digital technology; Advocate for the participation of the whole society and assist in improving the level of family

许昌蓝皮书

education.

Keywords: Balanced Allocation of Urban and Rural Education; Education Equity

B . 14 Research on Improving the Rural Medical and Health Service System in Xuchang　　　　*Ye Yaping*, *Yang Ziru* / 182

Abstract: In recent years, in order to meet the multi-level and diversified health needs of the people, Xuchang Municipal People's Government has introduced a series of measures to improve the rural medical and health service system, including focusing on improving medical service technology and capacity, promoting the construction of a tight county medical community, supporting the inheritance and innovation of traditional Chinese medicine, and improving the public health service system. It has actually improved the health index of the people, but it also faces some problems. In the future, we need to continue to deepen reform, improve the rural medical and health service system, and make up for the shortcomings of rural medical and health development. It is necessary to strengthen the construction of talents and stabilize the rural medical talents. Implement overall planning and coordination to improve the operation system of rural medical and health service system; Promote the county community construction, promote the balanced distribution of medical resources; Strengthen health publicity and education, improve the health awareness of the masses, and accelerate the construction of a more high-quality and efficient rural medical and health service system that adapts to the characteristics of rural Xuchang and meets the needs of farmers.

Keywords: Rural Medical; Rural Health; Service System

B. 15   Research on Improving the Urban and Rural Public

Cultural Service System in Xuchang   *Zhang Kai* / 195

Abstract: Promoting the high-quality development of the public cultural service system is an inherent requirement for building a strong socialist cultural country, and it is also a necessary measure to meet the people's needs for a better cultural life. By analyzing the theoretical basis and practical needs of the construction of the public cultural service system, this paper analyzes the practical achievements of Xuchang City in the construction of the urban and rural public cultural service system, sorts out the current issues in the construction of the urban and rural public cultural service system in Xuchang, and finally proposes countermeasures and suggestions for building a new type of integrated urban and rural public cultural service system. The research aims to focus on regional cultural characteristics, further integrate Xuchang's cultural tourism resources, and promote the high-quality development of the local urban and rural public cultural service system.

Keywords: Public Cultural Services; Urban-Rural Integration; Xuchang City

B. 16   Research on Improving the Unified Social Insurance

System in Urban and Rural Areas of Xuchang

Liang Wenhua / 205

Abstract: At the current stage, as the main contradiction in Chinese society has transformed into the contradiction between the growing needs of the people for a better life and the unbalanced and inadequate development, establishing and improving a unified social insurance system for urban and rural areas has important theoretical and practical significance. Based on the actual situation in Xuchang, this article analyzes the necessity of improving the unified social insurance system

between urban and rural areas from the perspectives of achieving social equity and justice, comprehensively promoting rural revitalization, and achieving common prosperity. It also elaborates on the current situation of building a unified social insurance system between urban and rural areas in Xuchang from the aspects of basic pension insurance, basic medical insurance, social insurance participation quality, and fund risk prevention and control. Finally, after analyzing the current obstacles to improving the unified social insurance system between urban and rural areas in Xuchang and drawing on the experience of relevant cities in China, relevant countermeasures and suggestions are proposed from the aspects of strengthening information network construction, social security fund risk prevention and control management, and improving institutional mechanisms.

Keywords: Urban-Rural Unification; Social Insurance; System Integration

B.17 Research on Creating the "Xuchang Model" for Elderly Care Service Supply　　　　　　*Xu Mingxia, Yan Xiangzhe* / 217

Abstract: Based on the accelerated development of aging population, Xuchang City is committed to creating a relatively mature urban-rural elderly care model, building an elderly friendly society, and further developing and improving the city's elderly care service system in the future. However, influenced by a series of factors, such as the level of economic development, the proportion of rural population, the allocation of medical resources, digital platforms, and scientific and technological advancements, the development and optimization of the elderly care model in Xuchang still face some difficulties and challenges, and there is still a certain distance to go before building a mature elderly care service system. Xuchang City needs to continue to closely follow national policies, based on specific city conditions and characteristics, fully utilize the advantages of community elderly care, home-based elderly care, institutional elderly care and other models, and combine digital technology to comprehensively upgrade and create the "Xuchang Model" that radiates the elderly care needs in the region through regional elderly care service centers, bringing Xuchang experience to the development of the national elderly care industry.

Keywords: Population Aging; Reform of Elderly Care Mode; Public and Private Construction; Digital Elderly Care

V   Urban-Rural Construction

B. 18   Research on the Urban-Rural Integration Development
in Xuchang's Counties   *Wang Guangji* / 232

Abstract: The county is the intersection of urban and rural areas and a natural carrier connecting cities and serving rural areas. The integrated urban-rural development in counties is an important means to promote urbanization, enhance economic linkages between urban and rural areas, and facilitate the circulation of urban and rural factors. It is also a crucial goal for comprehensively advancing rural revitalization. As the only "National Urban-Rural Integration Development Pilot Zone" in Henan Province and one of the two such zones in the whole country, Xuchang bears the significant mission of exploring new paths and models for urban-rural integration development. To promote the urban-rural integration development in Xuchang counties, it is necessary to consider the overall scope, focus on key elements, promote industrial collaboration, and center on practical tasks, thereby forming a county development community where urban and rural areas complement and integrate with each other in terms of functions and coexist and blend symbiotically.

Keywords: Xuchang; County; Urban-Rural Integration

许昌蓝皮书

B . 19   Research on the Development of Urban and Rural

Infrastructure Integration in Xuchang   *Qiao Yurong* / 243

Abstract: This study presents an overview of the integrated development of urban and rural infrastructure in Xuchang across the domains of transportation, logistics, energy, and environment. It discusses the successful outcomes of the pilot project "Four Good Rural Roads," the initial progress in establishing urban and rural postal logistics systems, the enhancements in integrated urban and rural water, electricity, and gas supply, and the notable improvements in overall governance of urban and rural living environments. The opportunities and challenges faced by Xuchang in advancing the integration of urban and rural infrastructure in the new development phase are examined from national, provincial, and local perspectives. The article identifies various obstacles, including the absence of comprehensive planning and sustainable mechanisms, disparities in infrastructure development and standards, lack of financial and market support, emphasis on construction over management, and deficiencies in long-term management strategies. Policy recommendations are put forth in the areas of refining policy direction, equitable resource allocation, innovative financial mechanisms, and enhanced maintenance and management practices to ensure the continuous advancement of urban and rural infrastructure integration in Xuchang. These suggestions aim to establish a "Xuchang model" for the pioneering trial zone of high-quality construction promoting urban and rural common prosperity.

Keywords: Infrastructure; Integration; Policy Recommendations

B . 20   Research on Improving the Level of Rural Human

Settlements Environment Renovation in Xuchang

Liu Zhiwen / 258

Abstract: Promoting the renovation of rural human settlements and building livable, prosperous, and beautiful villages is a crucial aspect of comprehensively implementing the rural revitalization strategy. It is also a vital segment in advancing effective governance in rural societies and a breakthrough point for achieving common prosperity. This report summarizes the achievements of Xuchang City in enhancing the rural living environment and identifies several constraints that have hindered the progress of rural human settlements renovation in Xuchang, including funding shortages, inadequate management mechanisms, and lagging development of rural infrastructure. To improve the rural living environment in Xuchang with high quality and standards, targeted planning strategies must be formulated: develop the rural economy to provide financial support; strengthen top-level design to improve the governance system; categorize and refine governance measures according to local conditions; upgrade infrastructure to enhance the effectiveness of renovation.

Keywords: Living Environment; Planning Strategies; Xuchang Practice

B . 21 Research on Empowering Urban Rural Integration Development with Digital Infrastructure in Xuchang

Sun Kejuan / 270

Abstract: With the rapid development of information technology, digital infrastructure has become a key driving force for promoting urban-rural integration. Xuchang City actively responds to the national and Henan Province's digital economy development strategy, and is committed to building an advanced digital infrastructure system to promote balanced development of urban and rural economies and comprehensive social progress. This report comprehends the connotation of digital infrastructure and the effectiveness of digital infrastructure construction in Xuchang. On this basis, it analyzes the enabling mechanism and practice of digital infrastructure in the integrated development of urban and rural areas in Xuchang City, and puts forward the challenges faced. Xuchang City should grasp the major

opportunity of urban-rural integration and digital village construction, optimize the policy environment and form a synergy of promotion; strengthen the construction of digital infrastructure to reduce the urban-rural "digital divide"; accelerate the digital transformation of urban and rural industries, and release new momentum for rural revitalization; strengthen the construction of digital talent team, stimulate the endogenous momentum of digital village construction; enhance the level of urban and rural digital governance, and build a modern model of rural governance.

Keywords: Digital Infrastructure; Urban-rural Integration Development; Xuchang

社会科学文献出版社

皮书

智库成果出版与传播平台

❖ 皮书定义 ❖

皮书是对中国与世界发展状况和热点问题进行年度监测，以专业的角度、专家的视野和实证研究方法，针对某一领域或区域现状与发展态势展开分析和预测，具备前沿性、原创性、实证性、连续性、时效性等特点的公开出版物，由一系列权威研究报告组成。

❖ 皮书作者 ❖

皮书系列报告作者以国内外一流研究机构、知名高校等重点智库的研究人员为主，多为相关领域一流专家学者，他们的观点代表了当下学界对中国与世界的现实和未来最高水平的解读与分析。

❖ 皮书荣誉 ❖

皮书作为中国社会科学院基础理论研究与应用对策研究融合发展的代表性成果，不仅是哲学社会科学工作者服务中国特色社会主义现代化建设的重要成果，更是助力中国特色新型智库建设、构建中国特色哲学社会科学"三大体系"的重要平台。皮书系列先后被列入"十二五""十三五""十四五"时期国家重点出版物出版专项规划项目；自2013年起，重点皮书被列入中国社会科学院国家哲学社会科学创新工程项目。

权威报告·连续出版·独家资源

皮书数据库
ANNUAL REPORT(YEARBOOK)
DATABASE

分析解读当下中国发展变迁的高端智库平台

所获荣誉

- 2022年，入选技术赋能"新闻+"推荐案例
- 2020年，入选全国新闻出版深度融合发展创新案例
- 2019年，入选国家新闻出版署数字出版精品遴选推荐计划
- 2016年，入选"十三五"国家重点电子出版物出版规划骨干工程
- 2013年，荣获"中国出版政府奖·网络出版物奖"提名奖

皮书数据库

"社科数托邦"
微信公众号

成为用户

登录网址www.pishu.com.cn访问皮书数据库网站或下载皮书数据库APP，通过手机号码验证或邮箱验证即可成为皮书数据库用户。

用户福利

- 已注册用户购书后可免费获赠100元皮书数据库充值卡。刮开充值卡涂层获取充值密码，登录并进入"会员中心"—"在线充值"—"充值卡充值"，充值成功即可购买和查看数据库内容。
- 用户福利最终解释权归社会科学文献出版社所有。

社会科学文献出版社 皮书系列
SOCIAL SCIENCES ACADEMIC PRESS (CHINA)

卡号：751192899498
密码：

数据库服务热线：010-59367265
数据库服务QQ：2475522410
数据库服务邮箱：database@ssap.cn
图书销售热线：010-59367070/7028
图书服务QQ：1265056568
图书服务邮箱：duzhe@ssap.cn

S 基本子库
UB DATABASE

中国社会发展数据库（下设 12 个专题子库）

紧扣人口、政治、外交、法律、教育、医疗卫生、资源环境等 12 个社会发展领域的前沿和热点，全面整合专业著作、智库报告、学术资讯、调研数据等类型资源，帮助用户追踪中国社会发展动态、研究社会发展战略与政策、了解社会热点问题、分析社会发展趋势。

中国经济发展数据库（下设 12 专题子库）

内容涵盖宏观经济、产业经济、工业经济、农业经济、财政金融、房地产经济、城市经济、商业贸易等 12 个重点经济领域，为把握经济运行态势、洞察经济发展规律、研判经济发展趋势、进行经济调控决策提供参考和依据。

中国行业发展数据库（下设 17 个专题子库）

以中国国民经济行业分类为依据，覆盖金融业、旅游业、交通运输业、能源矿产业、制造业等 100 多个行业，跟踪分析国民经济相关行业市场运行状况和政策导向，汇集行业发展前沿资讯，为投资、从业及各种经济决策提供理论支撑和实践指导。

中国区域发展数据库（下设 4 个专题子库）

对中国特定区域内的经济、社会、文化等领域现状与发展情况进行深度分析和预测，涉及省级行政区、城市群、城市、农村等不同维度，研究层级至县及县以下行政区，为学者研究地方经济社会宏观态势、经验模式、发展案例提供支撑，为地方政府决策提供参考。

中国文化传媒数据库（下设 18 个专题子库）

内容覆盖文化产业、新闻传播、电影娱乐、文学艺术、群众文化、图书情报等 18 个重点研究领域，聚焦文化传媒领域发展前沿、热点话题、行业实践，服务用户的教学科研、文化投资、企业规划等需要。

世界经济与国际关系数据库（下设 6 个专题子库）

整合世界经济、国际政治、世界文化与科技、全球性问题、国际组织与国际法、区域研究 6 大领域研究成果，对世界经济形势、国际形势进行连续性深度分析，对年度热点问题进行专题解读，为研判全球发展趋势提供事实和数据支持。

法律声明

"皮书系列"（含蓝皮书、绿皮书、黄皮书）之品牌由社会科学文献出版社最早使用并持续至今，现已被中国图书行业所熟知。"皮书系列"的相关商标已在国家商标管理部门商标局注册，包括但不限于 LOGO（▮）、皮书、Pishu、经济蓝皮书、社会蓝皮书等。"皮书系列"图书的注册商标专用权及封面设计、版式设计的著作权均为社会科学文献出版社所有。未经社会科学文献出版社书面授权许可，任何使用与"皮书系列"图书注册商标、封面设计、版式设计相同或者近似的文字、图形或其组合的行为均系侵权行为。

经作者授权，本书的专有出版权及信息网络传播权等为社会科学文献出版社享有。未经社会科学文献出版社书面授权许可，任何就本书内容的复制、发行或以数字形式进行网络传播的行为均系侵权行为。

社会科学文献出版社将通过法律途径追究上述侵权行为的法律责任，维护自身合法权益。

欢迎社会各界人士对侵犯社会科学文献出版社上述权利的侵权行为进行举报。电话：010-59367121，电子邮箱：fawubu@ssap.cn。

社会科学文献出版社